Patrick Poivre d'Arvor

Éloge des écrivains maudits

Philippe Rey

Cet ouvrage a été publié
sous la direction éditoriale de Michel Goujon

7, rue Rougemont – 75009 Paris

www.philippe-rey.fr

À mes enfants et aux leurs.
Qu'ils soient bénis des dieux et des écrivains.

« Puis vient le jour des révélations de l'Apocalypse, où l'on comprend qu'on est maudit, et misérable, et aveugle, et nu et alors, fantôme funeste et dolent, il ne reste qu'à traverser les cauchemars de cette vie en claquant des dents. »

Jack Kerouac, *Sur la route* (1957)

Avant-propos

Très jeune déjà, je ne pouvais m'empêcher d'être fasciné par le malheur. Étrange affection que je ne vivais pas trop douloureusement. Sans doute la tenais-je d'une nature solitaire, sauvage jusqu'à l'extrême. Sans doute aussi fut-elle exacerbée par des ennuis de santé à la préadolescence, qui auraient pu me faire basculer du mauvais côté, celui dont on ne revient pas. Et le simple fait de m'en être sorti, de me considérer en quelque sorte comme un survivant, m'a poussé à aller tout naturellement vers ceux pour qui la vie fut plus cruelle.

Comme j'étais d'une timidité maladive, je ne savais pas lier connaissance. Et c'est ainsi que je recrutais mes amis, virtuels il va sans dire, parmi tous ces écrivains que je dévorais avec passion pour peupler cette solitude qui devait me peser malgré ma jeune sœur et des parents aimants. Je ne faisais pas de distinction entre les héros de ces livres, auxquels je rêvais de ressembler et grâce auxquels je vivais par procuration, et les auteurs qui les avaient créés et sortis de leur imagination. Très vite donc je me suis rapproché des plus singuliers d'entre eux, les désaxés (*The Misfits*, disait Arthur Miller), les pestiférés, les abandonnés, les malheureux… Bref, les écrivains maudits.

Qu'est-ce qu'un maudit ? Selon le Larousse, un être voué à la damnation éternelle, tel un ange maudit. Ou un réprouvé, rejeté par la société, tel un poète maudit. C'est bien sûr cette seconde définition qui m'intéresse car je me sens loin des sorcières du Moyen Âge ou des anathèmes des Églises.

Quels furent donc mes critères pour établir cette liste, parfaitement subjective, donc injuste, mais dont je revendique la partialité ? Il fallait que ces auteurs aient été frappés par une sorte de malédiction. Une malédiction infligée par la société, par les autres, mais aussi une malédiction qu'ils se sont imposée à eux-mêmes en s'ostracisant, une peine à vivre intérieure contre laquelle ils ne purent combattre. Beckett fut un illustre exemple de cette deuxième catégorie, côtoyant le désespoir malgré son prix Nobel de littérature.

J'ai aussi inclus certains auteurs disparus beaucoup trop jeunes, fauchés dans la fleur de l'âge, soit qu'ils aient décidé de leur propre fin, soit que le tragique se soit invité au bal de leur vie.

Il fallait surtout qu'ils me parlent, que leur vie me parle et me fasse regretter de ne jamais les avoir rencontrés. Ils avaient tout, j'en suis sûr, pour devenir les amis que je n'ai pas eus et, j'en suis tout aussi sûr, orgueilleusement, j'aurais pu les aider, les sortir de leur mal-être ou de leur désespérance.

Évidemment, j'ai été bourrelé de remords en achevant cet éloge très sentimental, trop sentimental sans doute. J'ai eu un compagnonnage si fort avec ces écrivains, pour certains depuis l'enfance, pour la plupart à l'adolescence, que j'en ai perdu tout sens critique et que j'ai forcément laissé sur le bas-côté des auteurs qui auraient mérité de monter dans ce train des maudits. Je pense à Germain Nouveau, à Emmanuel Bove, à Jean Follain, à Tony Duvert, à Jack-Alain Léger, à Gérald Neveu, à Charles Cros, à Jean-Pierre Martinet, à François Augiéras, à Copi l'Argentin, à Jacques Stephen Alexis le Haïtien, à Richard Brautigan l'Américain, à Stéphane Mallarmé bien sûr, et à tant d'autres. Beaucoup moins de femmes que d'hommes, et je le regrette (il y en a quand même treize ici, et j'aurais pu ajouter la poétesse Catherine Pozzi ou la résistante Charlotte Delbo). Je les aime, mais je n'avais pas le droit de considérer George Sand, Marguerite Duras ou Françoise Sagan comme frappées de malédiction, alors que tout nous prouve que la première a déjà traversé et traversera encore les siècles, et que les deux autres sont bien placées pour laisser une trace durable dans l'histoire de la littérature.

Je n'ai pas retenu non plus ceux dont l'Académie française s'est sottement passée, comme Zola qui s'est présenté vainement à vingt-cinq scrutins, ou Jules Verne qui a jeté le gant parce qu'on n'a pas voulu de lui. Ni tous ces auteurs dont la vie fut douloureuse, voire malheureuse. Dépressifs ou accablés par un sort contraire, ils me touchent infiniment mais ne peuvent être qualifiés de maudits, en premier lieu Proust, Balzac ou Hugo. L'un passa la moitié de sa vie dans un lit mais il eut le prix Goncourt et goûta à la notoriété. Le deuxième déroula son existence à essayer de joindre les deux bouts mais son œuvre fut célébrée en son temps. Quant au troisième, il eut droit à tous les honneurs et à des obsèques nationales après s'être exilé pendant vingt ans hors de son pays et avoir souffert dans sa chair en perdant sa fille Léopoldine, dix-neuf ans. L'âge de ma fille Solenn au moment de sa disparition, Solenn dont le souvenir lancinant m'a beaucoup inspiré pour mes recherches sur ce livre.

Mais ce tombeau que j'offre aux écrivains maudits, tombeau au sens le plus littéraire – à savoir mausolée et hommage –, chacun peut s'y glisser à son tour à sa guise. C'est le vaste cimetière de ceux à qui on a refusé une sépulture ou dont le cercueil n'était pas encore prêt, tant ils sont morts jeunes. L'une, Anne Frank, a disparu à quinze ans. Dix n'ont jamais atteint l'âge de trente ans, et trente-cinq ont quitté le monde avant quarante ans, le mitan de la vie auquel, adolescent, je ne pensais même pas parvenir. Le fallait-il d'ailleurs ? me demandais-je à l'époque, persuadé qu'à partir de cet âge on entrait dans le confort ou la compromission.

Désormais plus personne n'a le droit d'abandonner ces fantômes partis trop tôt. J'aimerais que les nouvelles générations les découvrent ou les relisent, pour que plus jamais le grand linceul de l'oubli ne les recouvre. Leur chemin de vie n'a pas été parsemé de pétales de roses. Leur œuvre ne s'est pas faite sans heurts violents. Ils méritent donc tout notre respect.

*

Le Tour du monde en quatre-vingts jours de Jules Verne est l'une de mes plus belles découvertes littéraires d'adolescence. Hasard et magie des chiffres et des nombres – ou déterminisme ? –, j'ai retenu dans cet éloge sentimental quatre-vingts écrivains. Le nombre quatre-vingts, Pé dans la Kabbale, la dix-septième lettre, signifie la bouche qui crée la parole et le monde, la vibration primitive. Les Maudits auxquels je rends hommage dans ce livre furent, par la puissance et la beauté de leur verbe, de magnifiques démiurges.

Alain-Fournier
Le maudit de l'amour
1886-1914

Il est le symbole de l'amour impossible. Et il a façonné, quand j'avais treize ans, ma vision de l'amour, insaisissable. L'auteur du *Grand Meaulnes*, roman qui a bouleversé des générations d'adolescents, est un écorché vif. Dans son enfance au cœur du Berry, ce fils d'instituteur est attiré très tôt par un idéal, il ne sait lequel. Son quotidien est triste et blafard, à l'image des matins d'hiver sur la campagne noyée d'un brouillard impénétrable. Il rêve d'un autre monde, plus grand, plus beau, plus lumineux, plus fort, plus vrai. Pendant sa brève vie d'adulte, il court après une femme, toujours la même, sans arriver à la séduire. Le délicat jeune homme, qui mourra sur le front au début de la Grande Guerre, raconte cette quête désespérée dans un unique roman qui deviendra mythique.

Né Henri-Alban Fournier à La Chapelle-d'Angillon, village au nord de Bourges, à l'orée de la Sologne secrète et mélancolique, il habite ensuite à quelques lieues du château de Meillant, joyau médiéval ciselé de sculptures au milieu de bois, d'étangs et de landes. Est-ce le « domaine sans nom » évoqué dans *Le Grand*

Meaulnes, comme le suggèrent certains critiques ? Je n'en sais rien, et qu'importe, car le monde imaginé par le romancier n'est pas le nôtre. Il est transfiguré par la beauté de l'écriture.

Enfant, il ne rêve pas encore de littérature ou d'amour, mais d'un ailleurs géographique : celui des immensités marines. Le jeune Berrichon qui n'a jamais vu la mer et qui grandit au milieu de gras pâturages, veut devenir navigateur. La poésie des fermes et des mornes ondulations chère à sa voisine George Sand le fait bâiller. À douze ans, il étudie à Paris, puis à Brest où il prépare l'École navale. Il passe quinze mois en Armorique, exilé, solitaire, fasciné par le bruit des vagues et le chant du vent, travaillant un concours qu'il n'obtiendra jamais. Il est trop fragile pour endosser le destin de matelot. Fin d'un premier rêve. Il ne bourlinguera pas sur les mers du globe le nez dans les embruns et les yeux gorgés de lumière. Le cœur gros, il retourne à Bourges où il passe son baccalauréat. Il l'obtient sans mention et repart à Paris, ou plutôt à Sceaux, au lycée Lakanal, grand navire de brique construit à l'orée du parc dessiné par Le Nôtre pour Colbert. Lakanal, c'est l'internat des provinciaux qui préparent l'École normale supérieure : Charles Péguy, Jean Giraudoux, Jacques Rivière, Maurice Genevoix et tant d'autres. Mon père a adoré ses études à Lakanal et ne cessait de nous parler d'Alain-Fournier quand nous étions enfants.

La tristesse, celle des brumes de Sologne, ne quitte pas le bel étudiant romantique. Il cherche une femme pour noyer un spleen qui l'étouffe. L'amour est devenu sa seule bouée de sauvetage.

En juin 1905, il croise une jeune fille qui le hantera jusqu'au dernier jour de sa vie : Yvonne de Quièvrecourt. Il vient de visiter une exposition de peinture au Grand Palais, la Nationale des beaux-arts. Il a dix-huit ans, son cœur déborde. Il se retrouve nez à nez avec un être de lumière qui le laisse sans voix, désemparé, abasourdi, en apesanteur. Son ami Jacques Rivière écrira : cet « événement si discret fut l'aventure capitale de sa vie et ce qui l'alimenta jusqu'au bout de ferveur, de tristesse et d'extase ».

Le destin d'un être humain peut basculer en une fraction de seconde. Alain-Fournier devient l'amoureux éternellement maudit après cette rencontre assourdissante. « Un homme qui a fait une fois un bond dans le paradis, comment pourrait-il s'accommoder ensuite de la vie de tout le monde ? » écrit-il dans *Le Grand Meaulnes*. Il suit Yvonne sans se faire repérer, quelques pas derrière elle, jusqu'à son appartement du boulevard Saint-Germain. Il n'ose monter à l'étage et frapper à sa porte. Sa gorge est sèche, ses doigts tremblent. Étrange histoire, irréelle, à l'image des rêves éveillés du jeune homme. Les jours suivants, il l'espionne, la traque, fou d'amour et de désir. Il la guette au pied de son immeuble. Quelque temps plus tard, il la revoit. Son cœur explose. Elle est surprise, mais consent du bout des lèvres à discuter avec lui. La conversation est légère, aérienne. Elle marque à jamais le futur écrivain. Ils échangent leurs noms. Elle lui annonce qu'étant fiancée, il lui est impossible de le revoir. Il est anéanti. Il rentre par la ligne de Sceaux à l'internat Lakanal où il essaie de l'oublier. Impossible. Comble de l'horreur, il découvre qu'elle va se marier avec un médecin de marine, cette marine qui n'a pas voulu de lui. Et le voilà qui rate à son tour le concours de l'École normale supérieure. Il s'en fiche.

Les années passent. Il ne pense qu'à elle. Elle ne pense plus à lui. Il apprend qu'elle a accouché d'une petite fille. Alain-Fournier a envie de mourir. L'amour s'éloigne, mais il est toujours plus grand, plus fort. Indomptable. Impitoyable. Après son service militaire, l'écrivain en herbe devient chroniqueur littéraire, mais chaque nuit il revoit Yvonne en rêve. C'est à cause d'elle qu'il entreprend d'écrire *Le Grand Meaulnes*, seule consolation à sa tristesse infinie. Il met toute sa joie, tous ses désirs, toute sa passion, toutes ses attentes, toute sa frustration, toute sa quête, tout son rêve, toute sa poésie, toutes ses larmes dans ce livre-là. Yvonne de

Quièvrecourt prend le nom d'Yvonne de Galais. Le Grand Palais devient un domaine perdu dans une forêt profonde de Sologne. L'exposition de peinture se métamorphose en une fête étrange et poétique, mais le coup de foudre est le même coup de foudre, l'amour le même amour, la traque la même traque, le désespoir le même désespoir.

Plus tard, il s'éprend vaguement d'une jeune femme, Pauline Benda, célèbre au théâtre, plus âgée. Il couche avec elle par défaut. La relation est orageuse. Il ne l'aime pas, mais ne supporte plus d'être seul.

En 1913, huit ans après la rencontre au Grand Palais, Alain-Fournier revoit Yvonne à Rochefort-sur-Mer. Elle a deux enfants, c'est une femme installée, bourgeoise, Mme Brochet de Vaugrigneuse. Il est bouleversé, au bord de la syncope, si l'on en croit son carnet de notes.

Les mois suivants, ils échangent quelques lettres. Il ne la reverra pas. Il lui adresse *Le Grand Meaulnes* qui a failli avoir le Goncourt, elle ne répondra jamais. Le 14 mars 1914, il lui envoie une carte postale. Nouvelle bouteille à la mer. La dernière.

En août, la guerre mondiale éclate, absurde, orage de haine et de feu en plein été. Il est mobilisé comme officier. Il a vingt-huit ans à peine. Sa compagnie est engagée dans des combats du côté de Verdun. Pense-t-il encore et toujours à Yvonne de Quièvrecourt ? Sans doute. Essaie-t-il de l'oublier en plongeant à corps perdu dans l'enfer de la guerre ? Peut-être. Le 26 septembre 1914, par une journée ensoleillée, sa patrouille effectue une mission au lieu-dit des Hauts-de-Meuse face à l'ennemi teuton. Une compagnie prussienne prend les hommes à revers et les mitraille. Le jeune romancier est criblé de balles en même temps qu'une vingtaine de ses camarades.

L'image radieuse de la belle inconnue croisée à la sortie du Grand Palais fut-elle son dernier mirage ensanglanté ?

Son corps ne sera retrouvé qu'en 1991, enseveli dans une fosse commune creusée à la hâte par les Allemands.

Yvonne, elle, traverse les deux guerres mondiales sans dommage, enfermée dans sa vie bourgeoise de femme de médecin. Sait-elle qu'elle a inspiré Yvonne de Galais, personnage central d'un des grands romans du siècle ? Elle meurt dix ans après son mari, en 1964, à l'âge de soixante-dix-neuf ans. Elle repose au cimetière du Père-Lachaise dans le caveau familial.

La dépouille d'Alain-Fournier a été transférée dans la nécropole nationale de Saint-Remy-la-Calonne, à quelques mètres de l'endroit où il a été tué, au milieu d'une pelouse surmontée de croix blanches et d'un drapeau français flottant dans le vent de Lorraine. Pas de femme à ses côtés, comme si la solitude éternelle était sa seule compagne.

Louis Althusser

Face à son double meurtrier

1918-1990

Le thème de la dualité m'a toujours fasciné : un être humain peut-il être double ? Peut-il présenter deux visages ? Qu'est-ce que l'altérité ? Et la normalité ?

Les psychiatres, les neurologues n'en auront jamais fini d'explorer les profondeurs abyssales de la psyché, et de tenter de comprendre pourquoi et comment certains individus peuvent y abriter des monstres, des avatars mortifères qui, parfois, sommeillent en leur sein toute leur vie d'homme, ou alors, pour peu que les circonstances de l'existence les y invitent ou que des forces obscures et ténébreuses l'exigent, remontent à la surface pour avoir, outre leur part de lumière, leur part aussi de cette violence, de ce mal qui accompagne de façon inexorable l'humaine condition.

La dualité, le bien, le mal, le « dédoublement » de la personnalité interrogent toute l'œuvre de Dostoïevski. C'est aussi le sujet de *L'Étrange Cas du docteur Jekyll et de M. Hyde*, un immense et tragique roman dans lequel Robert Louis Stevenson exprime tout son génie. Un véritable choc narratif lorsque j'en fis à quinze ou seize ans une première lecture. Le héros de ce livre – brillant chimiste couvert d'honneurs, estimé par la « bonne société » pour son humanisme et ses œuvres caritatives, à l'état « normal » – partage sa vie avec un autre « soi », un être abject et ultraviolent qui n'est en réalité qu'une métamorphose monstrueuse, terrifiante de lui-même.

Sur ce thème vertigineux de l'être double, j'aurais pu encore évoquer *Psychose* d'Alfred Hitchcock ou *L'Adversaire* d'Emmanuel Carrère. L'ennemi, l'adversaire est en soi. C'est ce qu'avait démontré Vladimir Nabokov dans une brillante étude du roman de Stevenson : Docteur Jekyll et Hyde résident sous le même toit ou, plutôt, le même crâne.

Chez Louis Althusser, aussi, deux personnages coexistent en un seul. D'un côté – Docteur Jekyll – le théoricien du marxisme, le brillant professeur de l'École normale supérieure, l'un des grands philosophes français ; et de l'autre – M. Hyde – l'individu désespéré, habitué des hôpitaux psychiatriques où il finira par se laisser mourir après avoir commis l'irréparable. Pendant des années, personne – ni ses élèves ni ses collègues ni ses admirateurs – ne sait que deux êtres cohabitent à l'intérieur d'un même corps, qu'Althusser n'est pas Louis et que Louis n'est pas Althusser. Jusqu'au dimanche 16 novembre 1980, vers 9 heures du matin. Dans son appartement de la rue d'Ulm, il s'aperçoit que sa femme Hélène, couchée sur son lit, en robe de chambre, ne respire plus. Il descend chez le médecin de l'École. Il hurle. Sa panique est incommensurable. Il vient d'étrangler l'amour de sa vie.

On ne peut comprendre Louis Althusser sans avoir lu sa bouleversante autobiographie écrite après la mort de sa femme, *L'avenir dure longtemps*. Considéré comme irresponsable de son acte, il n'a pas été jugé par une cour d'assises. Dans ce livre, il cherche à expliquer les raisons de son geste insensé. Il explore les arcanes de son enfance, de son adolescence, de sa vie d'adulte. Il fouille dans son inconscient d'homme crucifié.

Il naît à l'extrême fin de la Grande Guerre, le 16 octobre 1918, en Algérie, dans la maison forestière dite du « bois de Boulogne », à quelques kilomètres de la capitale. La tragédie commence avant sa naissance. Sa future mère, Lucienne Berger, aime passionnément un certain Louis Althusser, un homme cultivé. « Aussi sages et purs – surtout purs – l'un que l'autre, vivant dans le même monde de spéculations et de perspectives éthérées, sans conséquence aucune pour le corps, cette chose périlleuse, ils (deviennent) vite complices pour échanger leurs passions pures et leurs rêves désincarnés ». En 1914, Louis part à la guerre, il est pilote dans l'aviation naissante. Il écrit tous les jours à la femme dont il est éperdument amoureux. Trois ans plus tard, son aéroplane s'écrase à Verdun. Il meurt. Le grand frère, Charles, annonce la nouvelle à la famille Berger. Lucienne est anéantie. Charles lui propose de prendre la place du défunt. « Ma mère fut sans doute bouleversée par l'annonce de la mort de Louis, qu'elle aimait profondément à sa manière, mais interdite et déconcertée par l'inattendu de la proposition de Charles. » Ils se marient au début de 1918, ils attendent un enfant. La mère l'a décidé : si c'est un garçon, il s'appellera Louis Althusser en l'honneur du fiancé martyr de la guerre. Louis – le deuxième – l'apprend dès sa plus tendre enfance : il a pris la place d'un mort, le nom d'un mort. Il sent confusément qu'il ne compte pas. Il *remplace* l'être aimé tué à Verdun : « Cette mère que j'aimais de tout mon corps en aimait un autre à travers et au-delà de moi, un être absent. » Toute sa vie, le second Louis Althusser sera à la fois vivant et mort. Deux personnes en une.

En apparence, tout va bien. En apparence seulement. Jusqu'au meurtre de sa femme, tout va bien dans l'existence du nouveau Louis Althusser. Le jeune homme suit une brillante scolarité à Alger, puis à Marseille, puis au lycée du Parc de Lyon où il prépare l'École normale supérieure. Il est l'élève de Jean Guitton, l'écrivain mystique Sa mère exige qu'il soit « pur ». Dans son adolescence, il est scout, puis chef de patrouille. Il est sage, très sage, vierge, vertueux, désincarné, intellectuel, ultra-catholique jusqu'en 1947. Lors d'un voyage à Rome avec des camarades, il rencontre le pape Pie XII, discute en tête à tête avec lui après avoir chanté le Credo.

En 1939, il est admis à l'École normale supérieure de la rue d'Ulm. Sa mère en éprouve une fierté immense. Inconsciemment, Louis cherche à séduire sa génitrice, il estime qu'elle ne l'aime pas assez. Elle pense toujours à l'autre Louis, mort en plein ciel au-dessus de l'enfer de Verdun. La Seconde Guerre mondiale éclate. Louis est mobilisé. Les Allemands déferlent sur la France. Il est fait prisonnier et passe le reste de la guerre en captivité. Il n'intègre la rue d'Ulm qu'à la fin de l'année 1945.

En janvier 1946, il fait la connaissance d'Hélène Rytmann, la femme qu'il aimera, la femme qu'il tuera. Il la voit pour la première fois rue Lepic. Paris est enseveli sous la neige. D'instinct, ils se tiennent le bras, Louis l'aide à monter la pente glissante de Montmartre. Ils sont seuls l'un et l'autre. Louis souffre à cause de sa mère. Hélène aussi : la sienne la rejette, l'humilie, la déteste. Si l'amour est l'union de deux êtres qui se ressemblent, alors ils sont faits l'un pour l'autre. Hélène a peur de devenir odieuse comme sa marâtre. En réaction, elle a de l'empathie pour le genre humain. Elle est membre du parti communiste, milite pour la classe ouvrière, mais elle n'influencera pas Althusser dans son parcours politique.

Un jour, Louis l'embrasse. Il n'est pas précoce. Il a presque trente ans. C'est la première fois qu'il embrasse une femme, le désir monte, ils font l'amour. « C'était neuf, saisissant, exaltant et violent. Lorsqu'elle fut partie, un abîme d'angoisse s'ouvrit en moi, qui ne se referma plus. » L'amour est une impasse, un délice mortel. Le jeune homme sombre dans une dépression causée, selon des spécialistes, par une « névrose d'angoisse sans objet ». Il est hospitalisé à Sainte-Anne. Un médecin lui diagnostique une « démence précoce », un autre parle de « mélancolie très grave ».

Déjà l'ambivalence. D'un côté l'amour pour Hélène. De l'autre son dégoût d'Hélène.

Entre 1947 et 1980, Althusser traverse une quinzaine d'épisodes dépressifs, brefs, horribles, mais sans conséquence sur sa vie professionnelle. Il les explique de trois manières : la peur panique d'être abandonné, la peur panique d'être exposé à une demande d'amour trop insistante, la peur panique d'être exhibé en public dans sa nudité. Il devient maniaco-dépressif, traverse des phases d'euphorie suivies de périodes de prostration. Il a peur des femmes en général et d'Hélène en particulier. Malgré tout, il aime Hélène. Passionnément. Il la revoit. Il sent que c'est la femme de sa vie. De son bonheur. De son malheur. Il commence une analyse. Il veut comprendre l'étendue de sa détresse.

Un premier texte est publié, *Montesquieu, la politique et l'histoire*. Nouvelle dépression. Il veut détruire son livre, mais impossible, on le trouve partout en France. Il veut se tuer. Il retourne à l'hôpital. Hélène, aussi, est en proie à des troubles psychiatriques. Elle commence à son tour une analyse. Sur les conseils de Louis, elle va voir le même analyste, une grave erreur selon certains de leurs proches.

En parallèle, comme détachée de l'autre vie, s'élabore l'une des grandes œuvres philosophiques de la seconde partie du XXe siècle. Après avoir obtenu l'agrégation, Althusser devient secrétaire puis professeur à l'École normale supérieure de la rue d'Ulm. De 1945 à 1980, sans interruption, il travaille au même endroit. Dans ce cocon, il se sent en sécurité, protégé du monde. L'École est « le substitut [...] d'un milieu maternel, du liquide amniotique ». Tout est à portée de main : la bibliothèque, le médecin, l'infirmier, les réfectoires, la poste, le tabac, les artisans qui entretiennent l'ENS. Une « quasi-réclusion monastique ascétique », écrit-il. Hélène s'installe avec lui. Jacques Derrida est son voisin. Il invite Jacques Lacan et Gilles Deleuze. Il est marxiste et sera membre du parti communiste jusqu'à la mort de sa femme. En 1965, il publie *Lire le Capital* avec Étienne Balibar, Roger Establet, Pierre Macherey et Jacques Rancière, un ouvrage qui révolutionne la pensée communiste. En 1967, il crée le groupe Spinoza, un cercle de réflexion philosophique où adhèrent quelques grands noms de l'intellectualisme français.

Les dépressions alternent avec des périodes de rémission, de création, d'accomplissement. Il trouve dans le marxisme des réponses à ses angoisses existentielles, à sa détresse. Dans son autobiographie, il sous-entend que son adhésion au communisme est dictée par une envie irrépressible de croire à un combat qui rend le monde plus satisfaisant, mais au fond de lui, il est sceptique : « Hélène avait eu raison de longue date : le Parti a, sinon directement, du moins indirectement, trahi la classe ouvrière dont il se réclamait. »

En 1979, il a l'impression d'atteindre une sorte d'équilibre psychologique. En dépit de fréquents conflits avec sa femme, la relation devient plus belle, plus satisfaisante. Ils voyagent, événement rare dans leur vie corsetée par le train-train universitaire. Mais à la fin de l'année, les nuages s'amoncellent. Il souffre de douleurs abdominales qu'il n'arrive pas à soigner. Il est opéré, les anesthésiants le plongent dans une nouvelle dépression. Il va de plus en plus mal. En 1980, il est hospitalisé plusieurs mois dans une clinique parisienne. C'est lors d'une permission de sortie que la tragédie éclate.

Le 16 novembre 1980, par un matin triste et brumeux, dans un état de totale confusion mentale – il dit ne se souvenir de rien –, il étrangle Hélène. Le grand penseur du marxisme, le normalien, le philosophe, le communiste tue celle qu'il aime. Les intellectuels français sont sidérés, incrédules. La nouvelle fait la une des quotidiens. Certains journalistes insinuent que le marxisme et le communisme mènent au crime, que la philosophie est une forme de folie, qu'un homme dangereux enseignait à l'École normale supérieure de la rue d'Ulm sans que personne ait jamais bronché. On se déchaîne contre les « hautes protections » dont aurait bénéficié le célèbre philosophe.

Le juge d'instruction lui rend visite à Sainte-Anne. Il le découvre dans un état de prostration absolue. L'année suivante, la justice le considère comme irresponsable. En vertu de l'article 64 du Code pénal, « il n'y a ni crime ni délit lorsque l'accusé était en état de démence au moment des faits ». Il n'est pas poursuivi devant un tribunal.

Le philosophe est contraint à l'enfermement dans différentes maisons de santé. Malgré des tentatives d'explication émanant de grands médecins qui lui rendent visite, il n'arrive pas à trouver de rationalité à son geste insensé.

Le 22 octobre 1990, il meurt à l'hôpital psychiatrique de La Verrière après avoir refusé de s'alimenter pendant des semaines. Un quasi-suicide. Le désespéré n'avait plus envie de vivre. Il est enterré à Viroflay où ses parents, au moment de la retraite, ont acheté un pavillon et choisi leur sépulture. Il est aux côtés du père qui a pris la place du premier Louis Althusser et de la mère inconsolable de sa mort. Un matin, après que j'eus terminé la veille la lecture de *L'avenir dure longtemps*, j'ai rejoint en scooter la paisible petite ville des Yvelines, entre Chaville et Versailles, poussé par je ne sais quelle nécessité, le désir de rendre hommage, ou celui de comprendre. Le cimetière est entouré de bois qui s'étendent à perte de vue. Paris et son tumulte, au-delà de la colline de Meudon, n'est qu'à sept kilomètres. Le second Louis Althusser repose là, accroché à la pente du coteau. Il est né dans une forêt, il gît dans une forêt, loin d'Hélène Rytmann, la femme qu'il aimait tant et qu'il a étranglée. En ce lieu si tranquille et si beau, a-t-il enfin compris pourquoi il l'avait tuée ? Interrogation à jamais sans réponse.

Devant cette sépulture, dans le silence du petit cimetière ombragé, m'est revenue l'image d'un universitaire célèbre, brillant et charmeur. Dans l'ouvrage collectif, *Althusser et nous*, l'écrivain Aliocha Wald Lasowski a brossé un portrait plein d'empathie de celui qui fut un temps adulé par l'intelligentsia parisienne: « Svelte, d'une grande force physique, l'homme est féru de tennis, de cyclisme et de football. Discret et mystérieux, visage mélancolique et cigarette aux lèvres, il alterne entre humour vif et écoute attentive, glisse un sourire à ses élèves de l'École normale supérieure… » Oui, Althusser était aussi cela. On ne pourra jamais réduire un homme à une seule dimension, à un seul de ses actes, fût-il terrible.

Je ne suis pas un grand amateur du marxisme structuraliste, mais *L'avenir dure longtemps*, qualifié d'autofiction, est un roman familial aussi passionnant que terrifiant. La lecture de ces pages est une plongée vertigineuse dans les abysses noirs d'un cerveau tourmenté. Dans ce livre, on ne comprend toujours pas la folie meurtrière mais on est bouleversé: Louis Althusser est revenu parmi les hommes.

« Ce que je recherchais, écrit-il, était bien évidemment la preuve, la contre-preuve de ma propre destruction objective, la preuve de ma non-existence, la preuve que j'étais bel et bien déjà mort à la vie, à toute espérance de vie et de salut […] Mais ma destruction propre passait symboliquement par la destruction des autres et avant tout de mes amis les plus chers et les plus proches, y compris de la femme que j'aimais le plus. C'était bel et bien le travail du deuil […] le travail de la destruction de soi à l'occasion de la destruction d'Hélène qui était mon fait. »

Antonin Artaud

Enfermé dans son propre charnier

1896-1948

Son existence est une cascade de drames, de maladies, de traumatismes. Interné pendant des années à l'hôpital psychiatrique de Rodez, il hurle au monde que sa poésie et son théâtre sont les seuls exutoires à sa souffrance intolérable. Contrairement à la plupart de ses contemporains, l'homme des maisons de santé et des crises de démence refuse de s'engager en politique, considérant qu'aucun idéal ne peut l'extirper de la prison mentale dans laquelle il est enfermé. J'aime son œuvre, sa folie créatrice, son beau visage émacié où se devine un désespoir illuminé par la grâce de l'écriture.

Antonin Arnaud est issu d'une famille unie et aisée où l'enfant est choyé. Mais dès l'âge de quatre ans, le cauchemar commence : maux de tête, angoisses, agressivité, engourdissements. Il voit double. Sans certitude, on lui diagnostique une méningite à moins que ce ne soit une neurasthénie. Son père, capitaine au long cours, tente lui-même de le soigner en posant sur sa tête des électrodes reliées à une étrange machine. Ce sont les premiers électrochocs de sa vie. Déjà le théâtre de la cruauté. À six ans, il manque de se noyer. Puis une petite sœur qu'il adore meurt accidentellement, bousculée par une bonne. Il fréquente les premières maisons de santé. Outre une possible méningite et une possible neurasthénie, une syphilis héréditaire est découverte dans son corps torturé. En réalité, c'est bien pire : on ignore ce dont il souffre. Maladie de l'âme ? Adolescent, il connaît une première expérience sexuelle vécue comme un traumatisme. En 1915, sur les conseils d'un spécialiste des maladies nerveuses, il séjourne dans un sanatorium. Il ne partira pas au front, le conseil de révision le déclare inapte à se battre. Il se battra toute sa vie contre des fantômes insaisissables.

En 1920, pour tenter de fuir ses démons, le jeune homme entre en littérature comme d'autres en religion. L'écriture sera son salut, pense-t-il. Dans sa folie naissante, il fréquente les dadaïstes et les surréalistes. Il rencontre André Breton, Louis Aragon, Max Jacob. Tout en étant comédien amateur dans diverses compagnies parisiennes dont celle de Charles Dullin au théâtre de l'Atelier, il compose ses premiers poèmes qu'il adresse à Jacques Rivière, directeur de *La Nouvelle Revue française*. Celui-ci, circonspect, refuse de le publier. Commence une correspondance entre les deux hommes que l'on peut qualifier d'œuvre littéraire, une de celles écrites sans plan préalable, sans volonté d'être éditées et de plaire. Voici les premiers mots d'Artaud à Rivière, prologue et explication d'une œuvre en gestation : « Je souffre d'une effroyable maladie de l'esprit. Ma pensée m'abandonne à tous les degrés. Depuis le fait simple de la pensée jusqu'au fait extérieur de sa matérialisation extérieure dans les mots. Mots, formes de phrases, directions intérieures de la pensée, réactions simples de l'esprit, je suis à la poursuite constante de mon être intellectuel. Lors donc que je peux saisir une forme, si imparfaite soit-elle, je la fixe, dans la crainte de perdre toute la pensée. Je suis au-dessous de moi-même, je le sais, j'en souffre, mais j'y consens dans la peur de ne pas mourir tout à fait. »

Mais les lettres, les amitiés, le théâtre ne suffisent pas pour échapper à la souffrance. Artaud commence à se droguer. L'opium, très répandu à l'époque, devient une autre patrie, une réalité supérieure, très proche de l'éblouissement littéraire. Grâce à lui, il revendique une extase qui lui permet « de libérer, surélever l'esprit ». Le jeune homme invente une écriture personnelle, très forte, extrêmement poétique, hallucinée, qui devient à son tour une addiction, un stupéfiant.

En 1924, après avoir hésité, il adhère au mouvement surréaliste. Il en devient l'un des apôtres. Sa prose est incandescente et balaie tous les conformismes. Il publie *L'Ombilic des limbes*, son premier grand texte, où il proclame : « Je souffre que l'Esprit ne soit pas dans la vie et que la vie ne soit pas dans l'Esprit. » Tout est dit. Mais l'aventure surréaliste ne dure pas. Le pape André Breton adhère au Parti communiste français. Pour Artaud, c'est une erreur et un crime. « Que me fait à moi toute la révolution du monde si je sais demeurer éternellement douloureux et misérable au sein de mon propre charnier », écrit-il. Il claque la porte du surréalisme avec fracas, en pleurs. À moins que Breton, censeur intolérant, l'en ait exclu. Sans doute les deux à la fois.

Antonin Artaud découvre alors le théâtre d'Alfred Jarry, autre halluciné des mots, autre fou, autre clown, autre génie. C'est une révélation, un bouleversement : l'absurdité de l'existence est exhibée magnifiquement par ce frère d'outre-tombe. Des années plus tard, Jean-Louis Barrault soulignera le lien qui existe entre les deux hommes, ces deux délirants de l'art pour qui le théâtre est l'orgasme suprême.

Le texte majeur d'Artaud paraît en 1938 : *Le Théâtre et son double*, une série d'essais dans lesquels il expose l'idée de théâtre de la cruauté. Leur forme poétique est très libre, très éloignée des canons du genre. Pour lui, l'acteur doit être incandescent, en état de transe, incarner le sacré, la métaphysique et plonger le spectateur dans une dimension irréelle grâce à une mise en scène onirique : « Tout spectacle contiendra un élément physique et objectif, sensible à tous. Cris, plaintes, apparitions, surprises, coups de théâtre de toutes sortes, beauté magique des costumes pris à certains modèles rituels, resplendissements de la lumière, beauté incantatoire des voix, charme de l'harmonie, notes rares de la musique, couleurs des objets, rythme physique des mouvements dont le crescendo et le decrescendo épousera la pulsation de mouvements familiers à tous, apparitions concrètes d'objets neufs et surprenants, masques, mannequins de plusieurs mètres, changements brusques de la lumière, action physique de la lumière qui éveille le chaud et le froid, etc. »

À sa grande déception, l'ouvrage passe quasi inaperçu. Il a quarante-deux ans. Il lui reste dix années à vivre, dix années de crucifiements et d'extases poétiques.

Pendant quelque temps, en quête d'un idéal qui le sauverait de ses démons, il cherche un autre chemin. Il est attiré par le cinéma. Il rencontre Abel Gance, autre génie fou. Il joue le rôle de Marat dans son film *Napoléon*. Il tourne dans une vingtaine de films sans obtenir de rôle majeur. Nouvel échec. Nouveau dépit. Il est poussé vers de nouveaux rivages : Mexique, Irlande où son état s'aggrave. Il se sent abandonné de tous.

À l'aube de la guerre, il sombre dans la folie furieuse. Il est jugé violent et dangereux. On l'interne. À l'hôpital Sainte-Anne, il refuse qu'on lui rende visite. La France est occupée, mais il s'en fiche, la terreur brune des nazis n'explique pas son état de délabrement avancé. Toujours la même indifférence aux événements politiques. Il pèse une cinquantaine de kilos. Il a le visage émacié, comme s'il revenait d'un camp de concentration. Squelettique. Décharné. Mais le camp de concentration se trouve dans son cerveau, tapi, indestructible.

De 1942 à 1946, il séjourne à l'hôpital psychiatrique de Rodez d'où il enverra une cinquantaine de lettres magnifiques à son médecin, le docteur Ferdière, qu'il voit pourtant chaque matin. Séjour en enfer. Des mots pour le dire: «Je ne vous ai écrit cette lettre que pour vous demander de vous en souvenir littéralement et objectivement car en réalité ce qui est votre âme est un Ange et vous êtes un Ange de Jésus-Christ.» Viennent d'autres textes, illuminés par la folie et le soleil incandescent: *L'Adresse au dalaï-lama, L'Adresse au pape, Le Retour d'Artaud le Momo.*

Après la guerre, il retourne à Paris libéré de l'occupant mais la situation politique ne l'intéresse toujours pas. En 1947, il organise une conférence au théâtre du Vieux-Colombier. La salle est comble. Sur l'affiche on lit: «Histoire vécue d'Artaud-Momo, Tête à tête par Antonin Artaud, Le Retour d'Artaud le Momo Centre Mère et Patron Minet – La Culture indienne». Il s'exhibe, crie son désespoir, vitupère. Il est sublime de vérité et de folie. André Gide écrit dans *Combat*: «Nous assistâmes à un spectacle prodigieux, Artaud triomphait, tenait en respect la moquerie, la sottise insolente, il dominait [...]. Jamais encore Antonin Artaud m'avait paru plus admirable. De son être matériel plus rien ne subsistait que d'expressif.» Quand le rideau tombe, il retourne dans une triste clinique psychiatrique, à Ivry-sur-Seine, où il a élu domicile. Juste avant sa mort, comme Vincent Van Gogh – son double auquel il consacre un livre –, il crée de manière compulsive. Il noircit quatre cents cahiers d'écolier, écrit, dessine. Des dizaines de milliers de pages lacérées par le plus fou des écrivains.

Pour moi, à jamais, il restera la figure tourmentée de l'huissier Jean Massieu dans la sublime *Passion de Jeanne d'Arc* de Carl Dreyer. Son face-à-face avec Renée Falconetti, qui incarne la pucelle d'Orléans, reste l'un de mes plus grands éblouissements de cinéphile.

Antonin Artaud ne meurt pas de sa folie comme il l'avait imaginé. Il ne s'est pas suicidé comme l'homme à l'oreille coupée.

Un cancer diagnostiqué trop tard l'emporte le 4 mars 1948. Une vie de malheur, irradiée par quelques-uns des plus grands textes du siècle, s'achève dans un isolement carcéral absolu. Dans *Van Gogh ou le Suicidé de la société*, il martèle : « Nul n'a jamais écrit ou peint, sculpté, modelé, construit, inventé, que pour sortir en fait de l'enfer. »

Georges Bataille

De l'extase mystique à la littérature du mal

1897-1962

Georges Bataille est obsédé par Dieu, la mort et le sexe. Il conduit son œuvre comme une barque au milieu du Styx, fleuve des Enfers où nagent les âmes damnées, sans savoir qui il est, où il va. Une existence hors de toutes les conventions sociales, religieuses, idéologiques, littéraires. Elle est difficile à résumer tant elle est prolifique, multiple, ambivalente, ambiguë. Bataille est un écrivain, mais aussi un historien, un sociologue, un anthropologue, un économiste, un philosophe, un bibliothécaire. Un esprit encyclopédique ? En quelque sorte. Un être mosaïque pétri de contradictions ? Peut-être, mais lui ne décèle aucune contradiction entre le mysticisme et l'érotisme, entre la poésie et la violence, entre la beauté et la laideur. Nous sommes nombreux à le considérer comme l'un des grands écrivains du siècle.

Quand Georges vient au monde, son père est syphilitique, à moitié fou, paralysé, aveugle. La maladie fait des ravages et le tue à petit feu. Elle progresse pendant des années. Il devient une vermine maléfique. Il hurle des insanités. Il est violent. Le père aimant est monstrueux. Il incarne le mal. Dans ses écrits, Georges

Bataille sous-entendra qu'il a subi des attouchements sexuels de la part de celui qu'il ne reconnaît plus.

À dix-sept ans, en août 1914, quelques jours avant la déclaration de guerre, alors que sa famille ne s'intéresse pas à la religion, l'adolescent se tourne vers Dieu. Et c'est là qu'il vient à moi parce que cinquante ans plus tard, j'apprends que lui aussi a habité au pied de la cathédrale de Reims, là où je suis né. Tel Paul Claudel, il se convertit lors d'une messe. Mais la ville est bombardée par les Allemands. Mon grand-père Jean d'Arvor a publié des poèmes bouleversants sur cet incendie interminable. La famille Bataille s'enfuit dans le Massif central, à Riom. Le père meurt l'année suivante.

Après la tragédie, le calme plat de la vie de province, malgré la guerre qui gronde au loin. Georges, sage et dévot, prépare son baccalauréat. Il pêche, randonne, contemple la nature. Il lit. Il se cherche. Il caresse l'idée de devenir prêtre. Il écrit son premier livre, une plaquette pieuse intitulée : *Notre-Dame de Reims.*

En 1924, le jeune homme cultivé et mystique vit à Paris. Peu à peu, il s'éloigne de toute forme de piété. Il découvre le manifeste du surréalisme. Il trouve le texte ennuyeux et ses concepteurs prétentieux mais il n'est pas indifférent à ce mouvement artistique qui remet tout en cause, à commencer par ses convictions forgées par une éducation traditionnelle. Il veut se métamorphoser, il ne sait pas comment s'y prendre. S'ouvre une période décousue où son ancienne vie, celle du catholique tentée par la prêtrise, vole en éclats. Selon la vision de l'Église, il passe alors du paradis à l'enfer. Sans préalable, il se vautre dans la débauche de manière compulsive, comme son père pornographe et syphilitique. Il hante les maisons closes, multiplie les aventures, pénètre toutes les femmes qui lui passent sous la main.

En 1930, sa chère maman, son seul amour, meurt. Il a vécu avec elle jusqu'à l'âge de trente et un ans dans une fusion incestueuse. « Je me suis branlé nu, dans la nuit, devant le cadavre de ma mère », écrit-il. Vérité ? Provocation ? Fanfaronnade ? Désespoir ? Je l'ignore.

Dès lors, son existence explose comme une bombe. Il fornique comme un diable, il change d'avis et de vie quasiment tous les jours, le bien et le mal se confondent dans un cocktail poétique qu'il savoure et recrache. Il est obsédé par le sexe, la souffrance, la finitude, l'humour noir, l'érotisme, la provocation, le non-conformisme : « Ma propre mort m'obsède comme une cochonnerie obscène et par conséquent horriblement désirable » (*Les Larmes d'Éros*). Mais, pour moi, Bataille ne peut se réduire à une seule pulsion, à un seul thème, jamais. Il est protéiforme.

Bientôt, il s'oppose violemment à André Breton, pape du surréalisme, qu'il juge infect. Il collabore à plusieurs revues – *Documents*, *Minotaure*, *Acéphale* – où son style, ses thèmes, ses rêves, son souffle sont singuliers, éloignés de tous les conformismes, fussent-ils révolutionnaires.

Georges Bataille est passionné par les femmes. Elles sont trois à avoir vraiment compté dans sa vie. En 1927, il fait la connaissance de Sylvia Maklès, une Juive roumaine qui a vu le jour en France. Elle est comédienne. Il l'épouse l'année suivante, ce qui ne l'empêche pas de continuer à hanter les maisons de plaisir. Pour lui, l'amour n'est jamais exclusif. Ou du moins, les sentiments qu'il éprouve à l'égard d'un être n'annihilent pas le désir sexuel pour d'autres femmes. En 1930, le couple a une fille, Laurence ; il se sépare quelques années plus tard.

D'autres femmes passent dans sa vie, il les aime à sa manière, de toutes ses forces, avec le mystère qui est en lui : Colette Peignot, qui meurt en 1938, Denise Rollin ou bien encore Diane Kotchoubey de Beauharnais, sa seconde épouse avec qui il aura une fille en 1948.

En Europe, au début des années 1930, le paysage politique est bouleversé de fond en comble. Les nuages de sang s'amoncellent à l'horizon. Hitler prend le pouvoir en Allemagne, le péril nazi monte comme un raz de marée ; il est plus inquiétant que toutes les haines littéraires. Bataille se réconcilie avec Breton avec qui il fonde le mouvement Contre-Attaque pour sauver le monde du cauchemar, mais aussi du conformisme. Le collectif rassemble des personnalités hétéroclites. Bataille fustige les mœurs bourgeoises, prône la liberté sexuelle et la libre expression, sous le signe de Sade, Fourier et Nietzsche. Mais l'initiative ne dure pas. Bataille est trop libre, trop indépendant pour s'enfermer dans une quelconque chapelle. Toujours ailleurs, éternel paria. Depuis des années, il écrit des poèmes et des nouvelles érotiques magnifiques, qui seront rassemblées dans un recueil en 1999. Sans doute étaient-elles trop scandaleuses pour être éditées plus tôt.

Lorsque la Seconde Guerre mondiale éclate, malgré sa haine du nazisme, Bataille n'entre pas en Résistance. Il habite plusieurs lieux, notamment la colline de Vézelay qui deviendra l'un de ses ports d'attache. Le conflit passe, il est toujours vivant.

Après la Libération, il erre de ville en ville, il est pauvre, au bord de la mendicité. Le maigre héritage maternel a fondu comme neige au soleil. Malgré leur beauté éclatante, ses livres et ses articles ne lui rapportent rien.

En 1949, il devient conservateur de la bibliothèque de Carpentras. Il est malheureux, dépressif, ses amis de Paris lui manquent, il habite là-bas pour des raisons financières, pas pour savourer le soleil radieux de la Provence. Le dilemme n'est pas très exaltant : agent municipal ou mourir de faim. Il se marie avec Diane Kotchoubey de Beauharnais, qui s'ennuie elle aussi à Carpentras. Il rend visite à son ami le poète René Char, son voisin de L'Isle-sur-la Sorgue.

En 1951, il est nommé directeur de la bibliothèque d'Orléans. Un gouffre existe entre le sage conservateur et l'étendue de ses fantasmes. Pour certains, le diable s'est installé dans une calme ville de province sous les traits d'un paisible bureaucrate. C'est ignorer qu'il existe une différence fondamentale entre la vie et l'œuvre de Georges Bataille.

Sur les bords de la blonde Loire, il écrit ses textes les plus scandaleux. D'un côté un métier répétitif, étriqué, où la routine, les fichiers, les fiches, les nomenclatures, les tampons de caoutchouc, les commandes de livres, les prêts aux lecteurs, les lettres de rappel pour retard sont le pain quotidien. De l'autre, des écrits maudits, violents, pornographiques, scatologiques, qui scandalisent. Bataille est une bataille, celle du conformisme contre la folie, celle de la folie contre le conformisme.

En 1955, à la suite de violentes douleurs, on lui diagnostique une artériosclérose cérébrale. Il n'a que cinquante-huit ans. Il se sait condamné à court terme. Il est au bord de l'abîme. Cette mort qui l'excitait tant l'effraie. Il n'a plus rien à perdre. Dans un ultime mouvement de vie, il écrit trois livres majeurs qui paraissent la même année (1957) : *La Littérature et le Mal, L'Érotisme, Le Bleu du ciel.* Événement rare dans la vie de Bataille, il participe à une émission de télévision, interviewé par Pierre Dumayet.

Il va mourir. Avant qu'il parte, les lecteurs cherchent à trouver une unité dans une œuvre et une existence qui semblent décousues et indéchiffrables. Il répond à leurs interrogations dans un entretien qu'il donne à Madeleine Chapsal : « Ce dont je suis le plus fier, c'est d'avoir brouillé les cartes [...], c'est-à-dire d'avoir associé la façon de rire la plus turbulente et la plus choquante, la plus scandaleuse, avec l'esprit religieux le plus profond. »

Grâce aux médias, on parle de lui au-delà des cercles littéraires. Une vente de charité est organisée pour l'aider à survivre. Des amis peintres – Giacometti, Picasso, Miró – offrent des toiles qui sont vendues à son profit chez Drouot. Il achète un appartement rue Saint-Sulpice mais sa fin est proche, toute proche. Il meurt le 9 juillet 1962 à l'hôpital Laënnec, brouillé avec la plupart de ceux qu'il a connus.

Il est enterré dans le petit cimetière de Vézelay, sur la colline éternelle, sans cérémonie religieuse. Ses funérailles dépenaillées sont à l'image de sa vie, partagée entre l'envie de croire et le refus de croire. Des paysans l'accompagnent jusqu'à la tombe. Il n'a jamais eu de vrais amis, à l'exception du philosophe Michel Leiris, qui pleure à chaudes larmes en voyant le cercueil disparaître dans la fosse.

Après la mort de Georges Bataille, sa « part maudite », hérétique, sa quête de l'impossible séduisent toute une génération, la mienne, celle qui voit sous les pavés la plage et écrit sur les murs qu'il est interdit d'interdire. L'auteur est porte-drapeau – *post mortem* – de la contestation. Mais il reste écrivain des marges, mal connu. Ceux qui se réclament de lui le lisent-ils vraiment ? Ils ne retiennent de *L'Histoire de l'œil* et de *Madame Edwarda* que quelques phrases en forme de slogans. Ils simplifient sa pensée afin d'en faire un vade-mecum pour révolutionnaires en herbe. La figure obscure et mystique descend dans la rue.

En 1970, Michel Foucault écrit : « On le sait aujourd'hui : Bataille est un des écrivains les plus importants de son siècle. [...] Nous devons à Bataille une grande part du moment où nous sommes ; mais qui reste à faire, à penser. » Au Japon, aux États-Unis, en Europe, on découvre l'écrivain, le penseur, le poète. On l'encense. Son œuvre accède à une reconnaissance internationale. Je découvre dans ces années-là ses écrits érotiques, un choc émotionnel et sensuel. Les textes conjurent le néant, le provoquent, le nient, comme ces quelques vers du recueil *L'Archangélique et autres poèmes* :

> Je bois dans ta déchirure
> J'étale tes jambes nues
> Je les ouvre comme un livre
> Où je lis ce qui me tue.

Ce quatrain – magnifique – ressemble à Georges Bataille : le sexe, la littérature, la mort.

Charles Baudelaire

Sublime beauté du mal

1821-1867

Lorsque lycéen en classe de seconde, je fis une première lecture de *L'Albatros*, je trouvai ces vers allégoriques magnifiques, tels que mon grand-père m'avait appris à les admirer. Leur rythme, leur musicalité touchaient à la perfection. Et puis je me sentais rempli d'empathie et de compassion pour le grand oiseau des mers, « maladroit et honteux » une fois sur les « planches » du navire.

J'étais timide, comme je le confesse dans l'avant-propos de ce livre, un peu gauche et romantique. J'aimai immédiatement le contraste saisissant entre l'évocation du grand large qui ouvrait le texte et me parlait intimement, et la dénonciation, plus la métaphore avançait, de la situation calamiteuse réservée au poète : cloué au sol, alors qu'il aspire à l'infini, paria parmi les siens, incompris et malheureux. D'une certaine façon, tous les Maudits de mon panthéon de papier sont des albatros : sur la terre ferme de leurs semblables, ils sont d'incurables inadaptés.

Baudelaire, comme tous ces infirmes de la vie, en butte à la souffrance et – souvent – au mépris, est l'écrivain du malheur transfiguré en poésie à la beauté céleste. Toute sa vie, toute son œuvre s'expliquent par ce passage incessant entre l'enfer du quotidien et le paradis de la création. Il n'a jamais été heureux, sa vie sociale et amoureuse a été une catastrophe permanente. Son œuvre a été conçue comme un exutoire à sa détresse mais aussi comme un dérivatif au « cul des femmes » qu'il aimait tant. Le titre de son livre le plus célèbre, *Les Fleurs du mal*, résume à lui seul cette ambivalence sans laquelle on ne peut comprendre cet écrivain majeur. En ce bas monde triomphe le spleen mais il existe un autre monde, celui de la poésie « où la splendeur éclate », bleue, claire, profonde ainsi que la virginité. J'ai besoin de relire ses poèmes, hymne à la beauté la plus pure. Et j'aime les partager avec le public lors de concerts-lectures avec des amis musiciens.

Sa brève existence – il disparaît à l'âge de quarante-six ans – est triste et vagabonde, à l'exception de quelques heures, quelques jours d'éblouissement. À sa naissance, le père biologique, Joseph-François, est déjà âgé. Il meurt quand l'enfant a six ans. L'épouse se remarie avec un officier, Jacques Aupick, que Charles déteste. Le futur écrivain est amoureux de sa mère. Le rude soldat est un intrus, un imposteur, un gougnafier qui, de plus, est hostile aux passions de son beau-fils : la grandeur de la poésie, l'enchantement de l'art, la vie sans contingence.

Bien que bon élève, le jeune homme est renvoyé du lycée Louis-le-Grand pour une broutille. Après son baccalauréat qu'il obtient de justesse, il mène une existence de bohème. Il commence à boire. Sa vie sexuelle est débridée. On ne connaît ni le nom ni le nombre de ses partenaires. Il contracte une première maladie vénérienne. L'enfer n'est jamais loin du paradis.

Il lit beaucoup, il a déjà ses maîtres. La création littéraire l'attire comme un aimant. Après avoir assisté à une représentation de *Marion Delorme*, il écrit à Victor Hugo une lettre enthousiaste : « Je vous aime comme j'aime vos livres. » L'a-t-il rencontré ?

Son beau-père, devenu haut gradé, est effrayé par sa vie dissolue et par ses projets d'écriture qu'il estime dégradants. Il lui impose un voyage aux Indes pour le faire mûrir. À Bordeaux, Charles s'embarque pour Calcutta sur un navire, le « paquebot des mers du Sud ». Après une violente tempête qui manque de le couler, le bateau accoste à l'île Maurice, qui s'appelait alors Isle de France, où le jeune adulte débarque. Il est ému par la douceur de vivre et la sensualité des femmes. Cette escale sur une île perdue dans l'océan Indien hantera sa mémoire et nourrira sa poésie illuminée par le soleil austral.

Après Maurice, l'île Bourbon (actuelle Réunion). Il aime ses paysages grandioses et la gentillesse de ses habitants. Il ne veut plus aller aux Indes, on ignore pourquoi. Il désobéit à son beau-père qui ne lui pardonnera jamais.

Quelques mois plus tard, il est de retour en France. Devenu majeur, il demande à hériter de la fortune de son père biologique, comme la loi l'y autorise. Jacques Aupick, quant à lui, promu général, devient commandant militaire du département de la Seine et habite place Vendôme. Rien ne va plus entre le jeune bohème et l'officier d'état-major. Le poète en herbe jette l'argent par les fenêtres, c'est un dandy à la chevelure romantique, parfumé, précieux, élégant, il aime le luxe, le sexe, il refuse les contraintes, y compris ses obligations militaires. Pour s'y être soustrait, il est condamné à une peine de prison. Le divorce avec son beau-père est définitif.

Un an après avoir hérité, il n'a plus d'argent. Il a tout dépensé de manière compulsive : parfums rares, parures de prince, nuits dans les palaces, prostituées de luxe, sexe en tout genre. Il est obligé de vendre le domaine de son père à Neuilly pour survivre. Sa mère engage une procédure judiciaire contre lui, il est mis sous tutelle, il en souffre.

Insatisfait de tout, frustré, alcoolique, il sombre pour la première fois dans un désespoir sans fond. En 1845, à vingt-quatre ans, il annonce à son notaire qu'il va se suicider, mais il se ravise. Il n'arrête pas de changer d'adresse, il est malheureux partout. Il espère trouver l'apaisement ailleurs, toujours ailleurs. Il déménage plus de quarante fois en vingt ans. Certains écrivains comme Rimbaud ou Augiéras ont vagabondé à travers le monde, Baudelaire, lui, a erré à l'intérieur de Paris, mais c'est la même chose.

Malgré ses dettes, il continue à fréquenter des prostituées. Il éprouve une passion immodérée pour les femmes depuis son adolescence, comme il l'écrit dans un texte publié à titre posthume : « Le goût précoce des femmes. Je confondais l'odeur de la fourrure avec l'odeur de la femme. Je me souviens… Enfin j'aimais ma mère pour son élégance. J'étais donc un dandy précoce. »

Il fornique et fornique encore. Il rencontre Jeanne Duval, une jeune mulâtresse, Vénus noire, qui vend ses charmes et joue des petits rôles dans des théâtres de second rang. On ne sait pas grand-chose d'elle, sinon qu'elle devient la muse et la maîtresse du poète. Elle arrive des îles, celles que Baudelaire a aimées lors de son seul grand voyage. Martinique ? Guadeloupe ? Haïti ? Maurice ? Île Bourbon ? On l'ignore. Mais elle sent bon la sensualité et le sexe. Ils vivent une relation orageuse, libidinale, poétique, sentimentale : amour, haine, séparations, retrouvailles. Baudelaire lui dédie une partie de ses poèmes, qu'on surnommera le « cycle Jeanne Duval » auxquels appartiennent *Parfum exotique, La Chevelure, Je t'adore à l'égal de la voûte nocturne, Sed non satiata, Le serpent qui danse, Le Balcon.*

Charles restera attaché à Jeanne jusqu'à sa mort. Une autre femme très différente compte pour lui, Marie Daubrun, comédienne mystérieuse à laquelle il consacre une dizaine de poèmes comme *Le Poison, Le Ciel brouillé, L'Irréparable, Les Chats, L'Invitation au voyage*, qui est un des plus beaux textes de la langue française. Il offre à son auteur l'éternité littéraire. À chaque lecture musicale, le public réagit.

Mon enfant, ma sœur,
Songe à la douceur
D'aller là-bas vivre ensemble !
Aimer à loisir,
Aimer et mourir
Au pays qui te ressemble !
Les soleils mouillés
De ces ciels brouillés
Pour mon esprit ont les charmes
Si mystérieux
De tes traîtres yeux,
Brillant à travers leurs larmes.

Là, tout n'est qu'ordre et beauté,
Luxe, calme et volupté.

Marie Daubrun joue dans les théâtres parisiens des rôles parfois importants, mais on ne sait pas grand-chose de sa relation avec Baudelaire, sinon qu'il l'a beaucoup aimée, admirée, désirée. Certains biographes considèrent que la relation fut purement platonique, mais qu'importe, son souvenir luit dans quelques-uns des plus beaux poèmes de la littérature française.

Un jour, Baudelaire découvre l'opium et le haschich. Il fréquente le club des Haschischins qui accueille à l'hôtel de Lauzun, sur l'île Saint-Louis, des scientifiques, des écrivains et des artistes se livrant aux délices de drogues par curiosité ou récréation. Théophile Gautier est du nombre. En quelques mois, Baudelaire devient dépendant à l'opium. Il a également contracté une syphilis qui le fait souffrir atrocement. La drogue masque quelques heures ses maux de tête et ses douleurs intestinales. L'opium est un piège infernal : il passe du désespoir à l'extase, de l'extase au désespoir. Il a besoin d'argent pour acheter sa dose quotidienne. Il quémande auprès de sa mère. Il dépend de l'opium et de sa mère.

Contrairement à Hugo ou Lamartine, les deux grands poètes du début du XIXe siècle qui menaient une vie publique, politique, littéraire et mondaine, Baudelaire a une existence misérable, recluse, apolitique, quasi asociale. Certes, il fréquente des groupes d'écrivains, mais à la marge. Ce pestiféré est pourtant le plus grand poète français du siècle, le génie absolu. Il s'enthousiasme pour Edgar Poe, autre écrivain maudit, à qui il voue une admiration sans limite et qui nourrira son œuvre. Il traduit plusieurs de ses livres : *Contes extraordinaires, Histoires extraordinaires, Nouvelles histoires extraordinaires, Les Aventures d'Arthur Gordon Pym.*

À mesure que les années passent, la poésie devient sa seule consolation, le seul moment où il accède subrepticement au monde idéal après lequel il court depuis des années et qui s'échappe sans cesse. Quel est ce monde ? D'où vient-il ? Est-ce celui des premiers jours de l'enfance comme il le suggère dans *Moesta et Errabunda* ?

Désormais, sa seule « vraie vie », pour reprendre l'expression chère à Proust, c'est la littérature (« La vraie vie, la vie enfin découverte et éclaircie, la seule vie par conséquent réellement vécue, c'est la littérature ; cette vie qui, en un sens, habite à chaque instant chez tous les hommes aussi bien que chez l'artiste », *Le Temps retrouvé*). Charles Baudelaire se lie à des écrivains. Il défend Balzac quand celui-ci est vilipendé. Il publie des textes critiques et des recueils en prose – *Salon de 1845, Salon de 1846, La Fanfarlo, L'Art romantique, Morale du joujou* – qui passent inaperçus, mais son livre majeur, l'un des chefs-d'œuvre de la littérature mondiale, s'appelle *Les Fleurs du mal.* Ce recueil en perpétuel devenir est le navire amiral de son existence, le bateau à bord duquel il trouve refuge et où il se sent heureux, réconcilié, coupé du monde, voguant sur la vaste mer qui console de ses souffrances, de sa pauvreté, de sa maladie, de son alcoolisme, de son addiction à l'opium.

Les poèmes des *Fleurs du mal* sont écrits à partir de 1841 et publiés d'abord dans des revues. Le premier, *À une Dame créole*, paraît en 1845. Il est dédié à une très belle femme, madame Autard de Bragard, qu'il a rencontrée à l'île Maurice et qu'il a désirée secrètement. Baudelaire n'a pas conscience qu'il a mis le pied dans un engrenage inéluctable : accéder à l'idéal grâce à la poésie, elle seule. Plus il écrit, plus l'éblouissement est grand, plus les textes sont beaux, comme illuminés par une lumière venue d'ailleurs. Le poème *Lesbos* est publié en 1850. Baudelaire chante sa fascination pour l'amour saphique. Il n'existe rien de plus excitant que des femmes se livrant à des jeux érotiques mutuels. Le texte provoque un scandale, le premier d'une longue série.

Baudelaire va toujours plus loin dans le dépassement et le rêve. La poésie procure du bonheur, la vie ne lui apporte que du malheur. Il écrit partout, à tout moment, dans l'urgence, l'exaltation, l'ivresse, sur un coin de table, dans la rue, sur un banc public, dans les bistrots. Son emploi du temps est chaotique. Tout l'oppose à Hugo, qui se lève le matin à une heure précise et travaille jusqu'au déjeuner debout devant un pupitre. Baudelaire n'a pas de lieu, pas de moment pour écrire. Pas d'endroit pour vivre.

L'ouvrage est édité à quatre reprises de 1857 à 1868. La première édition comporte cent poèmes, nombre d'or. Il dédie ces « fleurs maladives » à Théophile Gautier, « poète impeccable ». Il espère une reconnaissance de ses pairs, mais il déchante vite. N'ayant pas trouvé d'éditeur à Paris, il est publié à Alençon par son ami Auguste Poulet-Malassis, amateur d'écrivains licencieux – Nerciat, Crébillon – et le poète ne s'attend donc pas à ce qu'un scandale éclate. Certains de ses poèmes choquent le lecteur. Un article du *Figaro* résume l'écœurement d'une partie du public :

« Ce livre est un hôpital ouvert à toutes les démences de l'esprit, à toutes les putridités du cœur ; encore si c'était pour les guérir, mais elles sont incurables. » En réalité, ce point de vue résume assez bien la problématique baudelairienne, sauf qu'il oublie l'essentiel : la beauté.

En juillet 1857, quelques mois après le procès de *Madame Bovary*, s'ouvre celui des *Fleurs du mal*. Toujours le même procureur, l'implacable Ernest Pinard. Baudelaire est condamné – pour délit d'outrage à la morale publique – à une amende importante et à la suppression de six pièces du recueil : *Les Bijoux, Le Léthé, À celle qui est trop gaie, Lesbos, Femmes damnées, Les Métamorphoses du vampire*. Les écrivains parisiens brillent par leur lâcheté en refusant de le soutenir. Seul Hugo, en exil à Guernesey, le défend. Il lui adresse des mots de consolation qui bouleversent son cœur meurtri : « Vos *Fleurs du mal* rayonnent et éblouissent comme des étoiles. »

Les dernières années de Charles Baudelaire sont un cauchemar sans fin, à l'exception des moments où il compose de nouveaux poèmes maladifs. Si le livre, amputé des pièces condamnées, est republié, augmenté, enrichi, son succès de librairie reste modeste. À cause de lourdes dettes, Baudelaire est condamné à trois mois de prison. Il est contraint de s'exiler en Belgique où il espère recommencer sa vie. Il donne des conférences dans un pays où la liberté de parole est plus grande, mais il est déçu. Personne ou presque ne vient l'écouter. Le cauchemar ne le quitte pas. Il n'a que quarante-deux ans, mais sa santé vacille. La syphilis gagne du terrain. Il perd l'usage de la parole.

En 1866, sa mère le ramène à Paris où il est admis dans une maison de santé près de la place de l'Étoile. Rongé par son mal, il meurt le 31 août 1867. Le surlendemain, il est enterré dans l'indifférence générale au cimetière Montparnasse au côté du beau-père, le général Aupick, qu'il haïssait tant.

Sa poésie sublime ne l'a pas sauvé de son malheur inextinguible. A-t-il trouvé consolation dans l'éternité, comme le suggère *La Mort des artistes*, l'un des derniers poèmes des *Fleurs du mal* ?

Samuel Beckett

Fin de partie burlesque

1906-1989

Solitaire asocial, cet immense dramaturge n'aime qu'une seule chose : se noyer dans l'écriture pour fuir ses démons sans chercher de reconnaissance. Il vient de nulle part, comme ses textes, qui n'appartiennent à aucun mouvement, aucune école. On ne peut les comparer à aucun autre et ils n'auront jamais de descendance. Beckett est clos sur lui-même, impénétrable, à l'image de son œuvre incomprise, puis adulée. Rétif à la comédie sociale et aux honneurs, il a vécu l'attribution du prix Nobel de littérature comme une catastrophe.

L'Irlande, la verte Irlande, riante et conservatrice, douce et pudibonde, pluvieuse et radieuse comme ma Bretagne, est sa première patrie, mais il descend de huguenots français. Son enfance bourgeoise, dans une villa cossue des environs de Dublin, est sans histoire. Du moins en apparence. Calme et studieuse. Le français n'est pas sa langue natale, mais il l'apprend dès l'école primaire. Bon élève, lecteur précoce, il joue au piano et au cricket. Il aime se baigner dans les froides rivières et se promener à bicyclette sur les collines émeraude. Rien ne présage sa carrière d'écrivain hors de toute norme et de tout contrôle. C'est au fameux Trinity College de Dublin qu'il découvre la littérature européenne, notamment Dante dont la lecture le bouleverse.

Ce très bon élève a conscience de ses dons et de sa culture. Pour la première fois, il a le sentiment confus d'être un étranger dans son propre pays, un homme à part, coupé des autres. Il a le plus grand mal à s'insérer dans une société dont le conformisme l'effraie. Il est souvent malade. Maladie psychique, déjà. Sa première aventure sentimentale est un échec cuisant.

À la fin de ses études, à vingt-deux ans, il obtient une bourse et s'exile à Paris où il devient lecteur d'anglais à l'École normale supérieure de la rue d'Ulm. Après le puritanisme irlandais, la capitale française ressemble à un lieu enchanteur au moment où explosent les années folles. Il découvre Proust et se lie d'amitié avec Joyce, son compatriote, son mentor, qui séjourne dans la capitale française.

Un voyage en Irlande le plonge dans une dépression dont il n'arrive pas à s'extirper. Il décide de repartir, d'exil en exil : Allemagne. Londres. Retour en France. Il écrit un premier roman refusé par tous les éditeurs. En 1932, il essaie de revenir à Dublin. Nouvelle dépression. Sa santé se détériore. Il se met à boire. Il ne voit aucune issue à sa vie de ténèbres.

Il écrit encore, plongé dans une absolue solitude et la certitude, du moins l'espoir, que la lumière se trouve au bout du terrifiant tunnel. Son père qu'il aime meurt. Il ne s'entend pas avec sa mère, bourgeoise et conservatrice. À Londres, il entreprend une psychanalyse pour tenter de comprendre l'état de décrépitude dans lequel il se trouve. Sa mère est cause de sa castration, de son asociabilité, de son désespoir. Depuis la plus tendre enfance, elle l'a enfermé dans un cocon pudibond, étouffant, tout en le considérant comme un être supérieur. Un dilemme impossible à surmonter, sinon par l'écriture. Il retourne à Paris et rencontre celle qui sera sa compagne jusqu'à sa mort, Suzanne Descheveaux-Dumesnil.

Il réussit à publier un roman en anglais, *Murphy*, que la presse britannique accueille avec bienveillance, sans plus.

Lors d'un séjour à Dublin, il apprend que la guerre est déclarée. Il se rue en France, sa patrie véritable, et s'engage comme ambulancier. Les combats ne durent pas, l'armée française est terrassée par le dragon nazi, il entre dans la Résistance. Il s'en faut de peu qu'il ne soit arrêté. Il se réfugie à Roussillon, dans le Vaucluse, où il s'adonne à l'agriculture faute de mieux.

Son œuvre postérieure, écrite en français, est fortement marquée par la guerre, le sang, les larmes, la déportation, l'absurdité. Après la Libération, il retourne au chevet de sa mère frappée par la maladie de Parkinson, ce qui le bouleverse. Il dira que ce moment a agi sur lui comme une « révélation ». Il se consacre aux autres et, de retour en France, travaille pour la Croix-Rouge. Beckett le maudit est une sorte d'abbé Pierre sans religion. Il est touché par la misère humaine, la pauvreté, le désespoir, alors qu'il est lui-même dans une situation précaire.

D'un côté, une forme d'humanisme concret, de l'autre une créativité extraordinaire, compulsive, sans limite. Les textes s'accumulent, il n'a pas d'éditeur. Personne ne veut publier ces galimatias de mots éloignés de toutes les modes. Tant pis, il continue à écrire. Il n'a d'autre choix.

Jérôme Lindon, jeune directeur des éditions de Minuit, finit par accepter ses textes. Lindon est un précurseur, un visionnaire, il découvre les génies qui ont été refusés partout : Michel Butor, Alain Robbe-Grillet, Claude Simon – autre futur prix Nobel de littérature.

Les livres de Beckett n'ont guère de succès commercial jusqu'à la parution d'une pièce, *En attendant Godot*, qui le fera connaître grâce au metteur en scène Roger Blin. Ce texte est une métaphore de l'auteur : deux clochards attendent pendant toute la pièce un certain Godot (*God*? *Dieu*?). Qui est ce Godot ? Ils l'ignorent. Qu'attendent-ils ? Ils n'en savent rien. Quand va-t-il arriver ? Ils n'en ont pas la moindre idée. Beckett ne sait pas pourquoi il est là, sur terre, ni pourquoi il agit ainsi, ni vers quoi il se dirige. Il *est*, c'est tout. Il écrit ce qui lui passe par la tête, refusant tous les codes, toutes les écoles, tous les modèles, toutes les concessions.

Les textes se multiplient, toujours plus forts, plus chaotiques, plus humoristiques, plus désenchantés, plus grands, plus fous. Jusqu'où ? Jusqu'à quand ? Dans quel but ? « Fini, c'est fini, ça va finir, ça va peut-être finir », crie un personnage à l'ouverture de *Fin de partie*, une farce macabre où s'affrontent un bourreau, un condamné et deux hommes enfermés dans une poubelle.

Beckett devient célèbre, il est joué et lu partout dans le monde, il n'en a cure. Il écrit de plus en plus. La création occupe une grande partie de ses jours et de ses nuits. Il est souvent malade. Et toujours dépressif malgré la psychanalyse, le succès et la présence d'une femme qu'il aime.

En 1969, il obtient le prix Nobel de littérature. Il vit cette consécration comme une catastrophe, un événement burlesque. La gloire n'est pas sa patrie. Il veut rester en marge de tout, y compris des honneurs, des conventions universitaires et des reconnaissances officielles. Il refuse d'aller chercher le prix à Stockholm et distribue l'argent à ses amis.

Au lieu de l'extirper de son désert, ce couronnement le précipite dans une solitude encore plus grande. Il repousse les sollicitations qui viennent de partout. Il reste cloîtré dans son appartement face à la prison de la Santé, étrange adresse pour un être qui s'est toujours senti enfermé.

Ses amis meurent les uns après les autres. Auréolé de gloire, il traverse vingt ans de solitude, ou presque. Il continue à écrire, seule bouée pour ne pas se noyer. Sa destinée se lit dans ses textes, en filigrane, comme dans *Oh les beaux jours !*, joué magnifiquement par Madeleine Renaud, qui évoque la vacuité de l'existence. C'est une pièce que j'ai découverte dans ma solitude champenoise, un soir à 20 h 30 à la télévision, à une époque où il n'y avait qu'une chaîne… Merci à celui qui la programma car elle m'a ouvert les yeux sur un monde moins absurde qu'il n'y paraît. Quarante ans plus tard, j'ai croisé Samuel Beckett à Montparnasse. Je n'ai pas osé l'aborder pour lui exprimer ma gratitude.

Après la mort de sa femme le 17 juillet 1989, l'écrivain entre sur la pointe des pieds dans une petite maison de retraite. Les autres pensionnaires savent-ils qu'ils côtoient l'un des plus grands génies du siècle ? Il meurt le 22 décembre de la même année, à l'aube de la révolution roumaine, un mois après la chute du mur de Berlin. Dans ce contexte de fin du monde, sa mort passe inaperçue.

Au cimetière Montparnasse, il a pour voisin d'éternité son éditeur Jérôme Lindon, le premier à avoir compris son génie, sa folie, son humour, son désespoir. Dans le très beau livre de Jean-Philippe Toussaint sur la littérature et les écrivains intitulé, bel oxymore, *L'Urgence et la Patience*, on est invité à entrer dans l'atelier de quelques génies : Dostoïevski, Proust, Kafka… et Beckett. Pour Toussaint, ce dernier est le plus haut placé dans ces sphères « stratosphériques » : « C'est la lecture la plus importante que j'ai faite de ma vie. Mon seul modèle », écrit-il en hommage au « mentor » littéraire qu'il s'est choisi et dont il a tenu à honorer la mémoire *in situ* : « Jérôme Lindon est mort en avril 2001, et un jour de 2002 que je passai au cimetière Montparnasse à la recherche de sa tombe, je suis tombé par hasard sur la tombe de Beckett qui est enterré non loin de lui. Il faisait très beau. Des jardiniers étaient en train d'arroser les pierres tombales à grande eau. Je me suis arrêté et, debout dans l'allée du cimetière, j'ai regardé longtemps la surface lisse du marbre mouillé de la tombe de Becket qui brillait au soleil… »

Dans *Malone meurt*, Beckett écrit : « C'est le commencement qui est le pire, puis le milieu, puis la fin ; à la fin, c'est la fin qui est le pire. »

Et pourtant…

Sur les planches des théâtres, Estragon et Vladimir, les deux clochards de l'immense chef-d'œuvre en deux actes qu'est la pièce *En attendant Godot*, continuent, eux, de jouer au pied d'un arbre à la nuit tombante. Tels des clowns dérisoires, cherchent-ils à déjouer le tragique de la vie ?

– Et si on s'en allait ?
– On ne peut pas.
– Pourquoi ?
– On attend Godot.
– Ah oui.

Dialogue absurde mais magnifique d'humanité. Dans une lettre adressée au journaliste Michel Polac en 1952, Samuel Beckett écrit : « Je ne sais pas qui est Godot. Je ne sais même pas, surtout pas, s'il existe. »

Si Godot n'existe pas, les vagabonds du crépuscule accroupis au pied de leur arbre ne seraient-ils que deux pauvres hères n'attendant que la lune ? Pour moi, ils incarnent le malheur du monde mais aussi sa beauté.

Michel Bernanos

Le fils maudit

1923-1964

Michel est le fils du grand Georges Bernanos, auteur de *Sous le soleil de Satan*, des *Grands Cimetières sous la lune*, du *Dialogue des Carmélites*, et de tant d'autres chefs-d'œuvre dont la lecture m'a profondément marqué… Michel admire ce père aimant mais peut-être un rien distant, et tellement occupé par son métier d'homme de lettres. Mais le fils, très jeune, se sent écrasé par la statue du Commandeur que représente le *Pater familias*. Un peu à l'image de Yann Queffélec face à son père Henri.

Alors, tout va très mal se passer, et surtout mal finir. On pense aussi au tragique destin de Klaus Mann (évoqué dans ce livre), fils de Thomas.

Pour essayer de se défaire de l'image paternelle qui l'inhibe, lui colle aux basques, très jeune, Michel voyage. Il fait un long séjour au Brésil. Il écrit aussi des romans fantastiques de belle facture. Comme son père, il a du talent. Mais lui n'a ni la notoriété ni les honneurs, pas même la reconnaissance. En tant qu'auteur, il choisit des pseudonymes (il garde son prénom, mais change son patronyme – surtout, ne pas signer « Bernanos ») : Michel Talbert,

Michel Drowin… En vain ou presque : l'essentiel de son œuvre – poèmes, romans fantastiques – paraîtra… à titre posthume… Michel Bernanos se suicide en forêt de Fontainebleau le 27 juillet 1964 à l'âge de quarante et un ans.

Il a eu le temps d'écrire – lui aussi en était donc capable ! – un chef-d'œuvre, un joyau éclatant intitulé de façon énigmatique *La Montagne morte de la vie*. L'éditeur-découvreur Jean-Jacques Pauvert publiera ce court roman sous la belle couverture blanche à son label. Plus tard, le Livre de Poche assurera à l'ouvrage une plus large diffusion. Il acquerra auprès de ses nombreux lecteurs l'envié statut de livre culte. Presque les sentiers de la gloire, mais *post mortem*.

Ce récit est un petit bijou de littérature. Une première partie en forme de roman maritime avec tous les codes et les archétypes du genre : un navire en perdition sur les océans, on manque d'eau, de nourriture, mais pas de rhum, le scorbut et la famine s'invitent à bord. La violence aussi. Beuveries, scènes d'anthropophagie, convoitises… Le galion dérive et finit par faire naufrage. Deux survivants seulement, un vieux loup de mer et un jeune mousse, rescapés sur une île mystérieuse.

Mon amour des romans maritimes remonte à mes années d'enfance. J'eus la chance et le bonheur de découvrir nombre de classiques du genre dans de belles éditions illustrées pour la jeunesse. Le volet maritime du roman de Bernanos (que je lus à l'âge de dix-huit ans, l'année de sa parution) est une réussite.

Mais le génie de *La Montagne morte de la vie* réside dans la deuxième partie du récit. Le roman bascule dans un univers onirique, un imaginaire fantastique d'une immense poésie qui n'a d'égale dans le genre que celle des *Aventures d'Arthur Gordon Pym* d'Edgar Poe, ou des *Montagnes hallucinées* de Lovecraft. L'île des deux naufragés de Bernanos est une île rêvée, surréelle, une terre de cauchemar sous un soleil rouge, où la forêt est un être vivant, où les plantes sont carnivores, où les habitants sont des êtres non pas de chair, mais de pierre : « Lorsqu'ils furent l'un et l'autre au pied de la montagne, ils virent, accrochés par grappes à ses flancs, d'innombrables silhouettes d'êtres de tous genres qui semblaient pétrifiés, les yeux dirigés vers le sommet. Alors, ils se dévisagèrent et ils virent qu'ils étaient eux aussi devenus horribles… La seule preuve de vie de leur figure n'était plus que la flamme ardente du regard… »

C'est beau, oppressant, tragique.

Il faut lire ce petit livre rare et somptueux, cette pépite noire dont la portée littéraire atteint une dimension métaphysique et psychanalytique. L'ouvrage refermé, on s'interroge sur le destin tragique de cet écrivain. Il est permis de se demander si la terrible Montagne surplombant l'île « rougeoyante » n'est pas une extraordinaire métaphore de l'ombre tutélaire du père – Georges – qu'un fils aimant, talentueux et sensible, mais trop fragile n'aura pu supporter…

Frédéric Berthet

Du rire et des larmes

1954-2003

Amoureux de littérature dès son adolescence, Frédéric Berthet a toujours été précoce. Trop précoce. Trop lucide. Désenchanté par le monde. Son seul salut est d'écrire et de rire. Ce dandy triste meurt de manière mystérieuse à l'âge de quarante-neuf ans.

Le jeune homme est excellent élève. Il entre à l'École normale supérieure, devient secrétaire d'Edgar Faure, puis attaché culturel à New York. Il fréquente Roland Barthes, Philippe Sollers, Julia Kristeva. Il a un sens exacerbé de l'humour qui étonne, enchante ou choque. Il écrit dans des revues. Ses idoles sont Marcel Proust et Franz Kafka. En moins de dix ans, il publie cinq livres drôles, noirs, inclassables, étranges, salués par une critique unanime: *Simple Journée d'été, Daimler s'en va, Felicidad, Paris-Berry, Le Retour de Bouvard et Pécuchet.* Ces textes sont beaux, tout simplement: « Mélancolique, je regrette le temps des chapeaux. Dire bonjour en soulevant légèrement le bord de son chapeau, voici la mode que j'entends lancer, à Saint-Amand-Montrond. Comme je n'y connais personne, on ne risque pas grand-chose » *(Paris-Berry).*

Happé par le charme de la province, il essaie de s'habituer aux rituels germanopratins par nécessité, il n'y parvient pas. Bien que publié dans de prestigieuses maisons d'édition, il exècre le parisianisme et les mondanités. Et pourtant nous sommes nombreux à l'avoir aimé et soutenu. Patrick Besson et Éric Neuhoff l'ont accompagné fraternellement.

En 2003, il fuit la capitale. Il s'installe dans un village perdu en pleine campagne : Chambon-sur-Voueize, département de la Creuse, l'un des moins peuplés de France. Il aime les rivières, les parties de pêche, les prairies, les forêts, les montagnes, la lumière de l'aube au-dessus des arbres. L'enfance revient. Le paradis perdu. Il s'attelle à un roman où il veut donner le meilleur de lui-même. Un roman total, dans lequel le gamin qu'il a été, le dandy, l'homme à femmes se côtoient et se comprennent. Il ne l'écrira jamais. Berthet a un ami et un ennemi : l'alcool. Marié à une ex-mannequin, il divorce. Puis son père adoré meurt. Il bascule dans l'ivresse et les crises de désespoir.

Le soir de Noël 2003, il s'écroule, foudroyé par la boisson et la dépression. Il est seul. Il se fend le crâne. De quoi est-il mort ? Crise cardiaque ? Accident ? Suicide ?

Outre ses livres étranges, vivaces, au vitriol, gorgés d'humour, il reste de lui une magnifique correspondance adressée à Jean Échenoz, Roland Barthes, Philippe Sollers, Michel Déon. Son dernier livre, celui auquel il tenait tant, est resté enfermé dans sa tête fendue.

Robert Brasillach

L'ange du diable

1909-1945

Sulfureux mais talentueux, Robert Brasillach a écrit de beaux textes, c'est incontestable. Dans ma collection de livres de poche, achetés à l'époque un franc en solde, figure en bonne place *Comme le temps passe*, empreint de poésie et de douceur. L'auteur a une écriture, une grandeur esthétique. Mais le même homme a milité activement en faveur des nazis pendant la Seconde Guerre mondiale. Arrêté à la Libération, il est fusillé en février 1945. Il fait partie des quelques écrivains – staliniens ou nazis – écartelés entre la grâce de l'écriture et les démons du fanatisme politique. Terrible ambivalence.

Enfant, Robert Brasillach est mystique, avant de s'éloigner de la religion. À l'adolescence, il est fasciné par *Le Grand Meaulnes*, une lecture qui l'incitera à embrasser une carrière d'écrivain. Après une brillante scolarité, il entre à l'École normale supérieure qu'il décrira dans les premières pages de *Notre avant-guerre*. Dans un premier temps, il adhère à l'Action française et se méfie du nazisme. Il dit de *Mein Kampf*: « C'est très réellement le chef-d'œuvre du crétinisme excité… Cette lecture m'a affligé. »

Il écrit quelques beaux romans qui comptent dans l'histoire des lettres : *Le Voleur d'étincelles, Le Procès de Jeanne d'Arc, L'Enfant de la nuit, Le Marchand d'oiseaux, Les Sept Couleurs.* C'est également un brillant critique de cinéma.

Comme le temps passe, son livre le plus attachant, raconte la vie d'un couple, René et Florence, qui traverse l'Europe avant et après la Première Guerre mondiale. René est mobilisé en 1914, puis retrouve Florence. Le temps a passé, mais l'amour est resté le même. La guerre est perçue comme une activité noble, chevaleresque. « Ce que j'ai voulu écrire, disait Brasillach, c'est le roman de la jeunesse qui fuit et renaît tour à tour, en même temps que celui de deux êtres qui peuvent se chercher, se perdre, se retrouver, sans jamais cesser d'être faits l'un pour l'autre [...]. Plus encore qu'à peindre mes amis, je me suis attaché à peindre ces ombres, ces personnages passagers compagnons de leur destin. »

Mais lors de la Seconde Guerre mondiale, le destin du jeune homme bascule du mauvais côté. Après avoir été prisonnier dans un *Oflag*, il devient rédacteur en chef du journal collaborationniste *Je suis partout* où il laisse éclater sa haine des Juifs, des communistes, des socialistes et de la démocratie. Il a changé d'avis : depuis la défaite, il est devenu un fervent admirateur du Troisième Reich et de son Führer. Il s'éloigne de Charles Maurras, son mentor, qui refuse de pactiser avec l'Allemagne, l'ennemi héréditaire. Il prône le fascisme à la française, allié des nazis, et souhaite la victoire de l'Axe, même si, à partir de 1942, il n'y croit plus.

En 1943, il s'en va sur le front de l'Est afin de soutenir la Légion des volontaires français (LVF) proche de la SS. Il se rend à Katyn, sur les lieux du fameux massacre, avec le journaliste Fernand de Brinon envoyé par le gouvernement de Vichy.

À la Libération, après l'arrestation de sa mère et de son beau-frère, il se constitue prisonnier. On lui a proposé de fuir à l'étranger, mais il refuse de se dérober, comme s'il voulait expier ses crimes. Selon son ami Saint-Loup, il aurait dit: « Je ne pars pas, voyez-vous, je suis comme Danton. Je ne peux pas emporter ma patrie à la semelle de mes souliers ! » Il est enfermé à la prison de Fresnes pour intelligence avec l'ennemi. Dans sa geôle, il médite sur son destin, il retrouve la foi de son enfance, il relit les Évangiles, écrit des poèmes et des lettres impressionnantes. Il est jugé en janvier 1945 dans une ambiance survoltée. Le procès dure moins de six heures. Il est condamné à la peine de mort. Son avocat est maître Isorni, qui défendra le maréchal Pétain quelques mois plus tard. Une pétition circule pour demander sa grâce, signée par Paul Valéry, Paul Claudel, François Mauriac, Daniel-Rops, Albert Camus, Marcel Aymé, Jean Paulhan, Roland Dorgelès, Jean Cocteau, Colette, Arthur Honegger, Maurice de Vlaminck, Jean Anouilh, Jean-Louis Barrault, Thierry Maulnier. Le général de Gaulle rejette la requête et le jeune homme est fusillé au fort de Montrouge le 6 février, à la date anniversaire de l'insurrection des ligues fascistes contre la République en 1934. Robert Brasillach n'a que trente-cinq ans.

À cause de son engagement mortifère, la critique a négligé son œuvre romanesque, très différente de l'homme qu'il a été à partir de 1940. Comment expliquer ce basculement dans l'ignominie ? Adhésion sincère ? Opportunisme – ce qui serait pire ? Rien ne pourra jamais excuser l'engagement de Brasillach en faveur du nazisme et de la collaboration. Qu'il ait été un écrivain doué n'est pas une excuse, au contraire. Les mots peuvent tuer autant que les fusils. Les crimes de Brasillach sont « imprescriptibles », pour reprendre la formule de Jankélévitch.

Emily Brontë

Cloîtrée dans un monde infini

1818-1848

Emily Brontë n'a écrit qu'un seul roman, *Les Hauts de Hurlevent*, l'un des plus beaux de la littérature anglaise. Qui n'a pas entendu parler de ce livre ? En revanche, on connaît moins la vie tourmentée, chaotique, singulière de cette jeune femme morte à trente ans qui a passé la quasi-totalité de ses jours dans un presbytère du Yorkshire où son père était pasteur, entouré de landes couvertes de bruyères, face à un cimetière tapissé de tombes grises.

Enfant, elle vit dans un monde clos depuis la mort de sa mère et de deux sœurs. Elle s'évade dans le rêve. Le rêve est une seconde vie, mais il est surtout un exutoire à la détresse, un exil intérieur, un infini. On lui offre des soldats de bois. Avec deux sœurs survivantes, Charlotte et Anne, et son frère Branwell, elle joue, elle construit des histoires, des scénarios, s'évade dans des mondes parallèles. Son imagination est en mouvement perpétuel ; l'enfant écrit de petits récits, des poèmes, des articles, des piécettes. Sa vie est ailleurs, dans un autre royaume, celui de son imagination malade et débridée. Elle n'est pas à l'aise à l'école. Ailleurs. Toujours ailleurs. De l'autre côté du miroir.

Jeune adulte, elle essaie de devenir institutrice, mais c'est un échec cuisant. Elle se sent étrangère à la société victorienne puritaine et répressive. À vingt-quatre ans, elle séjourne à Bruxelles, poursuivie par ses rêves et ses démons. C'est son seul voyage à l'étranger, en terre catholique, très différente de l'austère Angleterre. Elle apprend à jouer du piano, autre forme d'évasion, où elle excelle. Les notes s'envolent, elles inspirent son texte à venir. Son texte en germe. Tapi en elle. Déjà magnifique.

Elle retourne dans le presbytère familial. Sauvage, originale, amoureuse des animaux, elle reste là jusqu'à la fin de sa courte vie en compagnie de son frère et de ses sœurs. Avec ces dernières, enfant éternelle, elle crée un royaume imaginaire, le pays de Gondal, à la frontière du fantastique et du mysticisme. En 1846, elle édite un recueil de poésies à compte d'auteur sous un nom masculin par peur d'être raillée par les lecteurs misogynes.

Sous un autre pseudonyme (Ellis Bell), toujours à compte d'auteur, elle publie *Les Hauts de Hurlevent*, un roman où les personnages sont cruels, obsédés par la mort, inquiétants. Il raconte l'histoire d'une famille sur des terres balayées par les vents du nord. Le père, M. Earnshaw, adopte un jeune bohémien, Heathcliff, qui sèmera la désolation. Le livre, un chef-d'œuvre, s'inspire du romantisme allemand très en vogue à l'époque, mais il est aussi imprégné par le théâtre de Shakespeare. Emily Brontë est pourtant affranchie de tous les courants littéraires, ce qui a provoqué la perplexité de certains lecteurs. Le récit est singulier, inclassable, indéfinissable. Le conformisme est l'idéologie la mieux partagée, mais Emily Brontë n'en a cure. Elle crée sans se soucier de plaire. Georges Bataille écrit à propos de ce livre : « Peut-être la plus belle, la plus profondément violente des histoires d'amour... Car le destin, qui, selon l'apparence, voulut qu'Emily Brontë, encore qu'elle fût belle, ignorât l'amour absolument, souhaita aussi qu'elle eût de la passion une connaissance angoissée : cette connaissance qui ne lie pas seulement l'amour à la clarté, mais à la violence et à la mort... »

Malgré son génie, Emily Brontë ne connaîtra jamais la gloire de son vivant. Les problèmes familiaux se multiplient. Après une déconvenue amoureuse, son frère Branwell, écrivain lui aussi, sombre dans l'alcoolisme et meurt de tuberculose en 1848. Elle contracte elle-même la maladie et disparaît brutalement en décembre de la même année à un âge où la vie adulte commence à peine.

Une existence méconnue, quasi légendaire, dont il est resté un texte immense, œuvre d'une femme enfermée, libre, et dont chaque page provoque mon émerveillement, tout comme celui de ma fille Dorothée qui vient de réaliser un documentaire sur ces terres survolées par les corbeaux.

Diane de Margerie a subtilement parlé des *Hauts de Hurlevent* : « Comme tout roman, celui-ci prend racine dans la vérité singulière de l'auteur. Avec la même matière, la romancière aurait pu choisir une autre trame : ce qu'elle a privilégié, c'est la solitude absolue de Heathcliff. Il est à part. Il n'appartient à rien, ni à personne. Seul au monde, il vient du néant malgré un départ, et un retour qui aurait pu se transformer en renaissance. Condamné à la solitude, il assouvit son mal intérieur par la violence retournée sur le moi... »

Louis Calaferte

Maudit par conviction

1928-1994

Une œuvre d'écorché vif. Partagé entre la décadence et la révolte, Louis Calaferte s'est mis volontairement en retrait de toutes les modes et de toutes les chapelles car pour lui un écrivain doit être maudit en toutes circonstances.

Dans son adolescence, il est ouvrier : laveur de sang dans un abattoir, manœuvre dans une usine de piles électriques. Ses parents sont alcooliques, ils se battent, ils se blessent, le spectacle est terrifiant. Dans *Partage des vivants*, il écrit : « Nous vivions dans la fange. Nous drainions en nous la fange énorme et collante de plusieurs générations de soûlards et de criminels qui nous avaient engendrés par l'intermédiaire du ventre de leur femme. [...] Très jeunes, nous avions eu l'accoutumance à la cruauté et au sang versé. »

À dix-neuf ans, presque par hasard, il fait de la figuration au théâtre de l'Odéon à Paris. Sans qu'on sache ce qui le motive, il écrit ses premières pièces. À vingt ans, il est joué au théâtre d'Angers. Le public est enthousiaste. Un nouveau Molière ? Tout commence sous de bons auspices. Il rencontre Joseph Kessel, qui l'adoube. Il a moins de vingt-cinq ans, il a déjà publié deux livres : *Requiem des innocents* et *Partage des vivants.*

L'envol est fulgurant mais l'exil intérieur aussi. Il écrit pour survivre à un désespoir qui le tenaille. À moins de trente ans, il se réfugie dans un petit village des monts du Lyonnais, Mornant. Là-bas, au milieu des forêts, il écrit un ouvrage au parfum de scandale, *Septentrion*, qui sera interdit à la vente pendant vingt ans, une condamnation rare pour un livre. Pourquoi un tel opprobre ? Car il raconte sa vie d'homme libre rencontrant une femme libre, Nora la Hollandaise. La France d'après-guerre est pudibonde, hostile à toute forme d'émancipation personnelle. L'heure est à la reconstruction, à la réparation, à la reproduction, au réarmement moral. Le baby-boom bat son plein. Les maternités débordent. Oui au travail, au sacrifice, aux naissances, non à la frivolité, à la liberté sexuelle, à la débauche. Les mots de Calaferte, pourtant si beaux, sont contraires à la morale publique : « Dans le noir, un corps en remplace un autre. Je fais l'amour à mes propres désirs. Je fais l'amour à l'homme que je suis dans ma solitude et qui n'a que les mots pour s'exprimer. Quelle est la voix qui me demande d'un ton suppliant si je vous aime ? La vieille litanie qui recommence. Avez-vous donc tellement besoin de cette imposture les unes des autres ?

Bien que très prolifique et déjà bien connu dans le milieu des lettres, Calaferte rejette toute forme de mondanité. Il abhorre le parisianisme. Écrire, c'est écrire, pas faire des ronds de jambe dans les cocktails de la Rive gauche. Il compose des pièces – *Trafic, Chez les Titch, Les Miettes, L'Entonnoir, Opéra bleu, Le Roi Victor* – proches du théâtre d'avant-garde des années 1960 : personnages d'ombre et de lumière, caricatures, stéréotypes, silhouettes inquiétantes et désespérées. Ses récits, ses poésies, ses essais sont éclairés par une lumière singulière. En marge, toujours en marge.

Il continue à vivre en pleine cambrousse, aux côtés de sa femme Guillemette qu'il aime à la folie. Pour des raisons alimentaires plus que par passion, il travaille une dizaine d'années dans une radio lyonnaise puis à l'ORTF. Il termine son existence d'écrivain marginal dans un village bourguignon, Blaisy-Bas, près de Dijon, aux côtés de sa femme et de ses animaux domestiques. Il meurt le 2 mai 1994 comme il a toujours vécu, à l'écart du monde.

Il reste ignoré du grand public car il a fui la reconnaissance. On dirait qu'il l'a même empêchée. Comme Guy Debord, il haïssait la société du spectacle. Pour lui, un écrivain doit être un solitaire ou ne pas être, tel l'ermite du désert. Cette attitude originale le rend attachant, dans un monde où les médias occupent une place prépondérante, y compris dans les milieux littéraires. Avec une grande courtoisie, il avait décliné par écrit deux invitations à mon émission *Ex-Libris*. Il laisse de fascinants *Carnets* où il exprime son désir de marginalité, son amour pour les femmes, pour la nature et pour Dieu, ses angoisses existentielles, sa passion inextinguible pour la peinture et la littérature.

Paul Celan

Le poète de l'indicible

1920-1970

«Tous les poètes sont des Juifs». Ces mots sont de la Russe Marina Tsvetaïeva (qui figure, elle aussi, dans cet abécédaire sentimental.) Paul Celan fut à la fois Juif et poète maudit dans un monde tragique. De son vrai nom Paul Pessach Antschel, il est encore mal connu. Pourtant, dans l'histoire de la poésie germanique, l'avenir lui réserve sans doute une place sur les cimes où sont installés Heine et Rilke. Son verbe, parole du rien, du vide, du non-être. Il est d'une puissance extraordinaire. Celan a inventé – pour tenter de se sauver – une poésie violente, coupante comme une lame d'acier, sublime et noire, qui parvient à s'approcher de l'abîme, à regarder le mal absolu. Dans une lettre au journal zurichois *Die Tat* datant de 1946, il écrit: «Je tiens à vous dire combien il est difficile pour un Juif d'écrire des poèmes en langue allemande. Quand mes poèmes paraîtront, ils aboutiront bien aussi en Allemagne et – permettez-moi d'évoquer cette chose terrible – la main qui ouvrira mon livre aura peut-être serré la main de celui qui fut l'assassin de ma mère [...]. Pourtant, mon destin est celui-ci: d'avoir à écrire des poèmes en allemand.» Cette langue germanique, Celan en a fait le choix, lui qui, multilingue, aurait pu aussi bien écrire en hébreu, roumain, russe ou français. L'écrivain Pierre Assouline, fin connaisseur de l'œuvre de Celan, donne raison au poète juif : « On ne peut même pénétrer l'énigme d'Auschwitz qu'en allemand, de l'intérieur même de la langue qui a donné la mort. »

Paul Celan suggère, évoque plus qu'il ne dit. Elliptique, il chemine au cœur de la nuit, sonde la dureté de la pierre, traque le néant. Par sa dimension mystique, et esthétique, il suscite en moi – s'il faut user de « correspondances » baudelairiennes – les mêmes émotions vertigineuses, étourdissantes, le même émerveillement, la même sidération que lorsqu'il m'est donné, grandeur nature dans un musée, d'admirer un tableau de Mark Rothko. Dans l'anthologie de ses écrivains préférés intitulée *À la recherche des racines,* Primo Levi choisit de présenter *Fugue de mort*, l'un des plus émouvants poèmes de Celan, écrit à Bucarest en mai 1945, quatre mois seulement après la libération du camp d'Auschwitz par l'Armée rouge. Ce texte est aussi sublime que sombre :

Lait noir de l'aube nous le buvons le soir
Le buvons à midi et le matin nous le buvons la nuit
Nous buvons et buvons
Nous creusons dans le ciel une tombe où l'on n'est pas serré
Un homme habite la maison il joue avec les serpents il écrit
Il écrit quand il va faire noir en Allemagne Margarete tes
cheveux d'or
Écrit ces mots s'avance sur le seuil et les étoiles tressaillent il
siffle ses grands chiens
Il siffle il fait sortir ses Juifs et creuser dans la terre une tombe
Il nous commande allons jouez pour qu'on danse
Lait noir de l'aube nous te buvons la nuit
Te buvons le matin puis à midi nous te buvons le soir
Nous buvons et buvons...

Terrible beauté de cette poésie à la lucidité crue, écrite « du dedans de la langue-de-mort ». « Un chant aux limites de l'orphisme, note l'écrivain italien germaniste Claudio Magris, qui descend dans la nuit et dans le royaume des morts, qui se dissout dans l'indistinct murmure vital… » La référence à Orphée est bien vue : l'initiateur mythique se rendit aux Enfers, pour y chercher sa femme Eurydice ; il circonvint Cerbère, le chien à trois têtes, puis les terribles Érinyes, et obtint d'Hadès de le laisser repartir avec son aimée. Celan lui aussi traversa l'enfer qui était concentrationnaire et barbare. Il en revint.

Savoir que « Pessach », le nom hébreu de Celan, signifie « la bouche qui raconte » ou « le passeur » ajoute au mystère de cette poésie incantatoire.

Juif roumain né à Cernauti en 1920, au sein d'une communauté germanophone, Celan voit ses parents partir en 1942 dans un camp d'internement en Transnistrie. Ils ne reviendront pas. Sa mère sera exécutée d'une balle dans la nuque tandis que son père périra du typhus. Paul, envoyé en 1943 dans un camp de travaux forcés en Moldavie, survivra. Il sera libéré par les Russes en 1944.

Après la guerre et la Shoah, Celan s'installe en France, à Paris. Cet exil le coupe de sa mémoire, de lui-même. Il vit son identité comme interdite. Il devient paria.

En 1952, il épouse Gisèle de Lestrange. Il lui écrira plus de sept cents lettres en dix-neuf ans. Mais, pour lui, le monde est irrémédiablement cassé. Celan est rongé par la culpabilité des survivants. La folie rôde. Elle le frôle plusieurs fois sans parvenir à s'emparer de lui : dépressions, angoisses, nuits d'insomnie, délires… À partir de 1965, il subit des internements réguliers en hôpital psychiatrique. En 1967, l'inévitable séparation avec Gisèle intervient. La même année, il se rend à Todtnauberg, la ville allemande de Bade-Wurtemberg où réside Martin

Heidegger. Il attend du grand philosophe qui fut adhérent du parti national-socialiste un mot de condamnation du nazisme, une parole pour les Juifs, il n'en sera rien. Malgré la camisole chimique de sa lourde médication, Paul Celan continue à écrire des poèmes magnifiques. Mais en dehors d'un cercle d'initiés, il n'est pas reconnu.

Il entretient une correspondance soutenue avec celle qu'il appelle la « femme aimée », la nouvelliste et poétesse autrichienne Ingeborg Bachmann. En 1969, il se rend pour la première fois de sa vie en Israël. Un voyage aux origines, une quête des racines, de la mémoire ancienne. Mais de retour à Paris, la blessure profonde se rouvre. Elle saigne à nouveau. Plus rien ne pourra la cautériser.

Paul Celan se suicide dans la nuit du 19 au 20 avril 1970, à l'âge de quarante-neuf ans. Sans doute faut-il voir dans la mise en scène de sa mort l'intention de rendre un ultime hommage : « [il] se jette dans la Seine, relève Assouline, enjambant le parapet du pont Mirabeau d'Apollinaire qu'il avait traduit, sous les fenêtres de la dernière chambre parisienne de Marina Tsvetaïeva qu'il avait traduite elle aussi, tous trois réunis dans le temps sans aiguilles de la poésie… » Son corps ne sera retrouvé que le 1er mai, et inhumé quelques jours plus tard dans le petit cimetière parisien de Thiais.

La Rose de personne, un poème du 20 septembre 1962, était étrangement prémonitoire :

De la dalle
Du pont, d'où
Il a rebondi
Trépassé dans la vie, volant
De ses propres blessures, -du
Pont Mirabeau
Où l'Oka ne coule pas. Et quels

Amours ! (oui mes amis, du cyrillique aussi
J'ai chevauché par-dessus la Seine,
Chevauché par-dessus Rhin.)

Les plus beaux chants sont toujours désespérés. Ceux de Paul Celan, sublimes, nous élèvent jusqu'aux « cimes du désespoir ».

Louis-Ferdinand Céline

L'amour et la haine

1894-1961

Ce Janus – dieu romain aux deux visages antagonistes – est à la fois l'écrivain de la souffrance humaine et le complice des bourreaux du genre humain. Pourquoi l'auteur génial du *Voyage au bout de la nuit* est-il devenu antisémite et défenseur des collabos ? Pourquoi nous oblige-t-il à reconnaître que tant de talent masque aussi tant de haine ?

Louis Ferdinand Destouches est né dans une famille banale, petits bourgeois d'origine provinciale travaillant dans la capitale. En 1912, devançant l'appel, il s'engage dans l'armée française. Au moment de la déclaration de guerre, il est sous-officier. Les champs de bataille, la boucherie générale le fascinent et l'effraient. Il est gravement blessé au bras en 1914, décoré pour sa bravoure puis démobilisé en raison de son infirmité. Il évoquera cette période terrible dans *Voyage au bout de la nuit, Mort à crédit, Casse-pipe.* Il déteste la guerre. Il sombre dans un pessimisme qui ne le quittera jamais, et dans un pacifisme débordant, un trait de caractère qui surprend si l'on considère plus tard sa fascination pour les nazis.

Après l'Armistice, il passe son baccalauréat et se lance dans des études de médecine. En 1924, il soutient une thèse de doctorat, *La Vie et l'Œuvre de Philippe Ignace Semmelweis*, que certains critiques considèrent comme son premier texte littéraire, tant il est remarquable. Il devient consultant médical, travaille à Genève pour la fondation Rockefeller et la Société des nations (SDN), parcourt l'Afrique et l'Amérique aux côtés d'autres médecins. Il est impressionné par les usines Ford de Detroit, leur gigantisme, leur modernisme, leur productivité. Jusque-là, nulles épousailles avec la littérature. Il ne s'appelle pas encore Céline. Il n'a aucun contact avec le milieu de l'édition. Il ne connaît aucun auteur. Son destin est singulier, très différent de la plupart des autres écrivains de son temps.

À Genève, la SDN ne lui renouvelle pas son contrat. Il revient sur les berges de la Seine, œuvre dans un dispensaire du Val-d'Oise et arrondit ses fins de mois en travaillant dans la publicité comme concepteur-rédacteur de documents à caractère médical. Il n'est pas le libertaire de ses premiers livres. Sa vie est routinière et rangée. Il est même un brin réactionnaire si l'on considère certaines de ses contributions publiées à la fin des années 1920 : il prône la création de médecins-policiers d'entreprise dont le rôle serait d'obliger les ouvriers à travailler même en étant malades. Il est imprégné des idées de Henry Ford, son idole, qui rappelons-le, soutiendra un temps le nazisme. Le jeune médecin affirme dans un article : « L'intérêt populaire ? C'est une substance bien infidèle, impulsive et vague. Nous y renonçons volontiers. Ce qui nous paraît beaucoup plus sérieux, c'est l'intérêt patronal et son intérêt économique, point sentimental. » Est-ce du mépris ? De l'ironie ? Dans *Voyage au bout de la nuit*, il s'en prendra avec une rare violence aux excès du capitalisme. Pourquoi, déjà, cette ambivalence ? Y a-t-il d'un côté Louis Ferdinand Destouches, l'homme du quotidien, et de l'autre Céline, le romancier visionnaire ? Dédoublement de personnalité ? Schizophrénie ?

En 1932, il publie *Voyage au bout de la nuit*, livre majeur qui raconte les mésaventures de Bardamu, antihéros chaplinesque aux prises avec les temps modernes. Ce texte jailli de nulle part, désespéré, libertaire, utilise l'argot dans une langue d'une puissance inouïe. Des années plus tard, Julien Gracq donnera une définition très juste de la prose de Céline: «Ce qui m'intéresse chez lui, c'est surtout l'usage très judicieux, efficace qu'il fait de cette langue entièrement artificielle – entièrement littéraire – qu'il a tirée de la langue parlée.» Le roman a été écrit par un médecin de banlieue qui n'a jamais fréquenté les cénacles littéraires et que personne ne connaît. Il est accueilli avec enthousiasme par une partie du public qui loue la poésie, l'audace, la révolte de ce nouveau venu. L'écrivain non identifié obtient le prix Renaudot et rate le Goncourt de peu. Le livre connaît un grand succès. Certains passages sont entrés dans la légende:

> Voyager c'est bien utile, ça fait travailler l'imagination. Tout le reste n'est que déceptions et fatigues. Notre voyage à nous est entièrement imaginaire. Voilà sa force. Il va de la vie à la mort. Hommes, bêtes, villes et choses; tout est imaginé. C'est un roman, rien qu'une histoire fictive. Littré le dit, qui ne se trompe jamais.
>
> Et puis d'abord tout le monde peut en faire autant. Il suffit de fermer les yeux.
>
> C'est de l'autre côté de la vie.

En quelques semaines, Céline devient la coqueluche des milieux de gauche. Trotski lui-même est fasciné par un livre qui épouse la cause du prolétariat. On dit de l'auteur qu'il est le nouveau Zola, dont il prononce un hommage à Médan lors de la commémoration annuelle de sa disparition. Les surréalistes, Aragon en tête, l'incitent à adhérer au parti communiste. Mais Céline ne veut pas être récupéré, pas encore. Il n'aime ni le fascisme ni le nazisme ni le marxisme. Il dit craindre la guerre plus que tout, elle point au bout de la route, au bout de la nuit, dit-il, le monde se précipite dans un gouffre sans fond. Saint Céline est l'ami des pacifistes et des opprimés.

Alors que le Front populaire triomphe au printemps 1936, il publie son deuxième roman, *Mort à crédit*, rapiécé par l'éditeur qui craignait le scandale. Le livre a moins de succès que le précédent à cause de la situation politique qui détourne le public des fictions. Il est mal accueilli par la critique, Céline en est profondément meurtri. Il ne veut plus écrire de romans au sens strict. Après un voyage en Union soviétique où il découvre l'enfer du stalinisme, il se lance dans des pamphlets d'une grande violence. *Mea culpa*, texte méconnu, brosse une vision cauchemardesque du communisme. Croire en un monde meilleur est une illusion. Le capitalisme et le communisme sont des impostures. L'homme sera toujours malheureux.

Peu de temps après, de manière inexplicable, Céline plonge dans l'abjection. Il rencontre un certain Arthur Pfannstiel, traducteur travaillant pour la propagande nazie. À la stupeur générale, il fait paraître deux pamphlets d'un antisémitisme virulent : *Bagatelles pour un massacre* et *L'École des cadavres*. Il écrit à un ami médecin : « Je viens de publier un livre abominablement antisémite [...]. Je suis l'ennemi n° 1 des Juifs. » On ne peut être plus explicite.

À l'aube du second conflit mondial, l'homme qui décrivait avec une puissance sublime le tragique de la condition humaine et qui dénonçait les injustices se rapproche des officines nazies qui grenouillent en France. À l'été 1940, les Allemands occupent le pays. Dès lors, Céline ne cesse de courtiser les ultras de la collaboration. Comment expliquer l'attitude de cet étrange personnage dont l'œuvre était louée par la gauche. Folie ? Provocation ? Soif d'aventures ? Docteur Jekyll et M. Hyde de la littérature française ? Le bon médecin pourfendeur de l'ordre établi devient le pourfendeur de la « race hébraïque ».

Il visite l'exposition « Le Juif et la France » où triomphe l'immonde. La seule chose qui le chagrine est l'absence de ses livres à la librairie du rez-de-chaussée. Si les nazis partagent ses idées, ils trouvent son style obscène et hystérique. Qu'importe, l'auteur du *Voyage au bout de la nuit* exprime publiquement son soutien à Hitler. Comme Pierre Laval, il souhaite la victoire de l'Allemagne et exalte la Légion des volontaires français – une division SS tricolore – qui combat le communisme sur le front de l'Est : « C'est maintenant qu'il faut agir, parce que demain il sera trop tard. [...] Cette légion [la LVF] si calomniée, si critiquée, c'est la preuve de la vie. [...]. Moi, je vous le dis, la Légion, c'est très bien, c'est tout ce qu'il y a de bien. » (Interview dans *L'Émancipation nationale*, organe hebdomadaire du Parti populaire français de Jacques Doriot.)

Dans *Les Beaux Draps*, troisième pamphlet antisémite, il défend noir sur blanc le nazisme, l'Occupation, la collaboration. Il se déchaîne contre les Juifs, les francs-maçons, la démocratie parlementaire. Ce livre dégradant est retiré de la vente après 1945.

Le Reich qui devait durer mille ans s'étiole un peu plus chaque jour malgré la puissance considérable de l'armée allemande. Après le Débarquement, Céline et sa femme – la deuxième – ont peur. Ils fuient Paris. Commence une errance qui restera dans la légende noire de la littérature française : Baden-Baden, Berlin, Kränzlin au nord-ouest de la capitale allemande. Le gouvernement Pétain s'installe à Sigmaringen et Céline propose aux autorités en exil ses services en tant que médecin. En octobre 1944, il s'installe avec sa femme dans le château perché de cette ville du Bade-Wurtemberg aux côtés des plus hauts dignitaires de la France de Vichy, dont le maréchal Pétain et Pierre Laval. Il raconte cet épisode dans un texte resté célèbre, *D'un château l'autre*. En mars 1945, il obtient un visa pour le Danemark où il est emprisonné pendant dix-huit mois.

Après la Libération, le monde littéraire français le rejette, plus personne ne veut le rencontrer, lui parler. Il reste au Danemark. En 1950, il est condamné pour collaboration par contumace à une lourde peine. Un an plus tard, de retour en France, il est amnistié grâce à l'intervention de son avocat, maître Tixier-Vignancour. Il se retire à Meudon, route des Gardes, avec son épouse Lucette. Il signe de nouveaux contrats avec Gallimard (*D'un château l'autre, Nord, Rigodon*) et ouvre un cabinet médical dans sa maison où Lucette donne des cours de danse. Une vie de paria. Dix ans de solitude.

Il meurt le 1er juillet 1961 à l'âge de soixante-sept ans.

Au moment où j'écris ces lignes, en novembre 2016, sa femme habite toujours au même endroit sur la pente de la forêt de Meudon. Elle a cent quatre ans. Se souvient-elle de son voyage extravagant à Sigmaringen, aux promenades sur les berges du Danube aux côtés de Pierre Laval et du maréchal Pétain ?

Je l'ai rencontrée grâce à son avocat François Gibault qui, avec éloquence, a mis en avant l'exceptionnelle valeur littéraire de Céline. D'autres, comme Fabrice Lucchini, ont repris le flambeau.

Céline a été maudit de son vivant en dépit de deux immenses chefs-d'œuvre que nombreux jugent parmi les plus grands romans français du siècle. Il échappe à toutes les définitions, à toutes les normes. Malgré un retour en grâce ces dernières années, personne n'a jamais compris pourquoi l'écrivain du tragique de la condition humaine s'était vautré dans l'antisémitisme et dans la collaboration avec le national-socialisme. Cet homme a deux visages : celui de la paix et celui de la guerre, celui de la poésie et celui de l'abjection, celui de l'amour et celui de la haine.

Laissons le dernier mot à Milan Kundera. Dans *Une rencontre*, il parle *D'un château l'autre* et des dernières années de Céline dans un chapitre intitulé « La mort et le tralala ». Il évoque aussi le peintre Francis Bacon, à propos duquel il écrit: «Jusqu'à quel degré de distorsion un individu reste-t-il encore lui-même? […] Où est la frontière derrière laquelle un moi cesse d'être moi?» Ce qu'il dit de Bacon, nous pouvons le dire de Céline: jusqu'à quelle transformation de lui-même un grand écrivain reste celui que nous avons aimé?

Bruce Chatwin

Insaisissable globe-trotteur

1940-1989

J'ai eu la chance de passer de longs moments avec Bruce Chatwin peu avant sa mort, à la fin des années 1980. Tout récemment, j'ai relu à la lumière de nos échanges *La Sagesse du nomade*, un recueil de la correspondance inédite de l'écrivain-voyageur, publié vingt-trois ans après sa mort, à l'initiative d'Elizabeth qui fut son épouse. Ce livre est passionnant. Il dévoile l'intimité d'un homme au fil des lettres et du temps, mais constitue aussi un manuel de géographie et d'ethnographie hors normes, une extraordinaire invitation au voyage. Chatwin n'a cessé de sillonner la planète, lui qui s'était pris d'une détestation de son pays natal au point d'écrire: « L'Angleterre est maintenant la petite Angleterre pour de bon, un monde de boutiques branchées, de ronchonnements et de pas grand-chose d'autre. »

Le 21 janvier 1975, Bruce est au bout du monde, à la découverte des immenses terres australes de l'Argentine. Lors d'une halte à Bajo Caracoles, province de Santa Cruz, il écrit à Elizabeth: « La Patagonie est bien comme je m'y attendais mais plus encore: elle inspire de violents accès d'amour et de haine. Pour le regard du géographe, c'est un endroit magnifique, une série de banquettes superposées ou *barrancas,* lignes de falaises des mers préhistoriques… »

J'ai eu le bonheur de me retrouver en Argentine et au Chili sur les traces de l'écrivain-voyageur britannique avec mon fils François et je garde de ce territoire, de sa traversée, les mêmes images, les mêmes souvenirs éblouis de paysages grandioses de solitude et de poésie. Je rêvais de ce voyage depuis ma lecture, à la fin des années 1970, du livre « culte » de Chatwin *En Patagonie.* Bruce avait décidé de rejoindre ces terres sauvages après avoir découvert, posée comme un bibelot sur le buffet de sa grand-mère, une peau de brontosaure qui en était originaire, et être tombé plus tard, par hasard, à Paris chez son amie Eileen Gray, sur une carte de la Patagonie. Il s'ensuivit une demi-année d'errance en Argentine, du Rio Negro à la Terre de Feu, puis au Chili jusqu'à Punta Arenas. « Route, droite, poussiéreuse, et sans circulation, écrit-il dans son récit-journal. Vent implacable s'opposant à la progression. Parfois vous entendiez un camion, vous étiez sûr que c'était un camion, mais ce n'était que le vent… »

Chatwin fut donc un « homme aux semelles de vent » comme le poète Arthur Rimbaud qu'il lisait et admirait. Mais quelle était sa quête ? Que cherchait-il aux quatre coins du monde, justifiant qu'il ait renoncé à son métier d'expert chez Sotheby's, la célèbre salle de vente d'œuvres d'art londonienne qui lui aurait assuré une brillante carrière d'expert en tableaux impressionnistes français tant son œil était affûté ? Que fuyait-il ? Son pays honni ? Ses amants délaissés ? Voulait-il échapper à l'ennui du quotidien, lui qui avait acquis enfant le goût des voyages en écoutant les récits de son père officier dans la Royal Navy ?

Écrivain maudit fuyant la société des hommes, Chatwin mérite sa juste place dans cet éloge très sentimental des réprouvés : il apprend qu'il est atteint du sida et condamné à une mort certaine, au moment même où il connaît le succès et la reconnaissance. Affaibli par la maladie, il a le temps de faire un dernier périple : l'Australie. Il en ramène un petit livre magnifique, *Le Chant des pistes,* dans lequel il raconte la mort de trois aborigènes : « Oui, tout allait bien pour eux. Ils savaient où ils allaient, souriant à la mort dans l'ombre d'un pommier-spectre. » Chatwin pense-t-il à sa fin prochaine en écrivant ces lignes ? Après ce voyage, son état se dégrade. Il part se reposer en Provence. Il meurt à Nice le 18 janvier 1989, à l'âge de quarante-huit ans.

Malcolm de Chazal

L'île et la cage

1902-1981

Malcolm de Chazal est à l'image de son île Maurice perdue au milieu de l'océan Indien, diamant jailli des profondeurs marines loin de tout rivage et de tout continent. Cet écrivain est isolé, solitaire, incompris, il n'appartient à aucun groupe littéraire, même si certains surréalistes le considèrent comme un des leurs. Sa trajectoire est lointaine, à part, éloignée de toutes les écoles et de toutes les chapelles. C'est un écrivain mystique des tropiques, des cyclones, des îles, de la mer, de la négritude.

Lointain descendant de l'Auvergnat François de Chazal de la Genesté, qui s'était établi en 1763 sur ce que l'on appelait à l'époque Isle de France, Malcolm a douze frères et sœurs.

Sur son île caressée par les alizés, il est considéré de son vivant comme un être à part, misogyne, sauvage, malhabile, impuissant sexuel. Il est seul et incompris. Personne ne l'écoute, personne ne le lit. La solitude, Malcolm de Chazal l'accepte comme une souffrance intime. Moqué par les bien-pensants de son territoire insulaire, il jette ce cri : « Ici je nage dans une totale incompréhension, dans le summum de la solitude morale. Les gens ne croient pas plus en mon œuvre qu'en la possibilité d'un chien d'articuler des mots. »

Après avoir vécu quelques mois à Cuba, il travaille à Maurice dans l'industrie du sucre, puis du textile une partie de sa vie, avant de devenir fonctionnaire dans les télécommunications, ce qui ne l'empêche pas d'écrire et de peindre. Ses gouaches sont naïves, délicieuses, colorées comme le soleil de l'océan Indien. Mais ses idées ne plaisent pas à son milieu social, favorisé, qui n'a pas aimé sa remise en cause du productivisme.

À partir de 1957 et jusqu'à sa mort, pendant vingt-cinq ans, dans la solitude des champs de canne à sucre, il dédie son existence à la littérature. Il écrit des *Pensées* qui éclairent son parcours. Son unique recueil de poésie, *Sens plastique*, publié en 1948, est préfacé par Jean Paulhan qui voit dans ce personnage du bout du monde l'un des grands écrivains incompris du siècle: « L'homme a des sensations de deux ordres: les unes vagues et comme épandues, les autres précises, limitées. À celles-ci convient assez bien le nom de plastiques. À celles-là, le nom de profuses ou de musicales. Un monument par exemple a ses arêtes rigides, il occupe toute sa place et rien que sa place. Mais un cri au contraire – en particulier un cri déchirant, un cri horrible – semble avoir mille sources, envahit tout l'air à la fois, suinte de partout. Ici les savants vont observer que le goût et l'odorat nous donnent des sensations vagues, la vue et le toucher des sensations précises. » André Breton aurait voulu rattacher l'écrivain au mouvement surréaliste, mais celui-ci a décliné la proposition. Outre Jean Paulhan, son livre est admiré par Francis Ponge, Georges Bataille mais aussi par les peintres Jean Dubuffet et Georges Braque.

J'ai eu la chance de l'interviewer dans son île lors de mon tout premier reportage qui me permit de devenir journaliste au début des années 1970 en gagnant le concours « Envoyé spécial » sur France Inter.

Il ne fut pas facile à rencontrer. La société franco-mauricienne ne m'avait pas facilité la tâche: elle le rejetait. Il me raconta alors ce qu'il écrivit plus tard, dans son autobiographie spirituelle, l'anecdote de cette azalée qui le regardait dans le jardin des Pamplemousses (créé par Pierre Poivre) à côté de chez lui : « Désormais, alors que je n'étais rien pour les hommes, pour la fleur J'ÉTAIS QUELQU'UN, puisque la fleur prenait compte de moi. C'est alors que tout s'éclaira. Le paysage à Maurice n'était plus étriqué, seuls les hommes l'étaient. Une nouvelle perspective s'ouvrait devant moi. »

La poésie de Malcolm de Chazal est d'une originalité sans pareille, minimaliste, incandescente. Parfois, il n'y a qu'un mot par vers, un seul, étonnant, éblouissant :

L'horizon
N'a
Jamais
Pu
Faire
Un nœud.

Il disait aussi : « Dormir à deux rend la nuit moins opaque. » Mais sa nuit à lui fut interminable. Et sa solitude extrême. Il mourut à Curepipe en 1981, là même où je l'avais rencontré. Sa mort ne fit pas scandale, et cela est en soi un scandale. Fort heureusement, son compatriote Jean-Marie-Gustave Le Clézio, prix Nobel de littérature, rappela avec d'autres au monde entier que Malcolm de Chazal fut un auteur majeur.

André Chénier

Guillotiné dans la fleur de l'âge

1762-1794

Le poète André Chénier est décapité dans les derniers jours de la Terreur. Il a trente ans, il vient de connaître plusieurs mois d'enfer dans les geôles de la Révolution. Ses bourreaux ont-ils lu ses délicats poèmes invitant à la contemplation et à l'amour ? On essaie parfois de nous convaincre que la Révolution française est un tout à prendre en bloc, qu'il ne faut pas, qu'on ne peut pas « faire le tri ». Cette vision ne me convient pas. Je me sens proche de la « Révolution girondine », celle de Condorcet qui représente le meilleur de l'esprit des Lumières. Aujourd'hui encore il faudrait lire l'auteur d'une *Esquisse d'un tableau historique des progrès de l'esprit humain*. J'abhorre la Montagne jacobine, ses tribunaux révolutionnaires, son règne de l'arbitraire, ses expéditions sanguinaires. À travers Chénier, et des dizaines de milliers d'innocents exécutés ou massacrés au nom du « salut public », c'est la liberté et la Révolution elle-même qu'on assassina.

Né à Constantinople sur les rives du Bosphore, André Chénier est fils d'une mère grecque et d'un père négociant français qui ne cesse de voyager. À trois ans, André arrive à Carcassonne avec sa mère tandis que son père devient consul au Maroc. Son enfance ballotée entre plusieurs cultures explique son appétence pour les beautés lointaines.

À Paris, adolescent, il est fasciné par l'Antiquité et la poésie classique. Il tombe amoureux d'une chanteuse d'opéra – baptisée sa Lycoris dans son œuvre – qui le repousse. Désespoir. Il n'arrive pas à faire carrière dans l'armée à cause de ses origines roturières. La poésie devient sa seule consolation. Il rêve de devenir un Homère des temps modernes. Il écrit des textes d'inspiration hellénistique : *Élégies, Bucoliques, Poésies antiques, Idylles.*

Après sa première désillusion amoureuse viennent d'autres déconvenues. Désespéré, il compose de nouveaux poèmes, exutoires à sa frustration. En 1787, il entre au service du marquis de la Luzerne, ambassadeur de France à Londres.

Au début de la Révolution, il collabore au *Journal de Paris*, premier quotidien français, qui couvre l'actualité. En 1793, il s'oppose à la Terreur et aux exécutions de masse, ce qui le rend suspect. Il n'a pas l'intention de se battre autrement que par des mots, mais la période révolutionnaire qui avait commencé dans le débat d'idées bascule dans la dictature sanglante et les crimes contre l'humanité. Le jeune homme aurait pu facilement émigrer hors de France mais il refuse, préférant prendre la défense de ceux qui sont condamnés à mort. Il veut sauver Louis XVI qu'il estime injustement persécuté.

Il est arrêté en mars 1794 à Passy. Dans l'atmosphère d'horreur, de vengeance et de sang qui règne à Paris ces années-là, l'acte d'accusation du tribunal révolutionnaire à son encontre est d'une absurdité totale, mêlant le vrai et le faux. On le confond avec son frère, lui-même emprisonné à Beauvais. L'État de droit n'existe pas, on décapite à la chaîne, à la sauvette, pour un rien, sur la base de suspicions fantaisistes.

Ses derniers jours resteront légendaires. On prétend qu'il a écrit son plus grand poème la veille de son exécution le 7 thermidor de l'an II (25 juillet 1794), *La Jeune Captive*, ce qui n'est pas avéré. Plusieurs anecdotes, vraies ou fausses, sont associées à sa mort. On raconte qu'attendant son exécution au pied de l'échafaud, il dévore un livre de Sophocle. Quand il est appelé par le bourreau, il corne la page pour la retrouver plus facilement. Robespierre est guillotiné deux jours plus tard. La Terreur s'achève. Aurait-il échappé à la mort après la disparition du tyran ? C'est probable.

Quand on est épris d'idéal, on est révolté qu'un poète d'une telle grâce, à la poésie si délicate, à la culture si fine, ait été exécuté sauvagement, sans raison, par des hommes qu'on peut qualifier de barbares. Il est l'un des trois « poètes maudits » du *Stello* d'Alfred de Vigny, aux côtés de Nicolas Gilbert et de Thomas Chatterton. Il restera l'un des martyrs de la Terreur, parmi des milliers d'autres (les historiens avancent le chiffre de 100 000), mais c'est le seul dont l'œuvre littéraire soit parvenue jusqu'à nous, intacte, comme un chant de paix, de grâce et d'amour.

Tristan Corbière

La mort et la mer comme miroirs

1845-1875

Cet Armoricain chétif et désespéré s'éteint à vingt-neuf ans dans la solitude après avoir écrit l'un des grands recueils de la poésie française, *Les Amours jaunes.* Pendant longtemps, dans ma petite maison de pêcheurs de Trégastel, ce fut mon livre de chevet.

Édouard-Joachim Corbière se rebaptise lui-même Tristan, ce qui donne, selon lui, « triste en corps bière ». Il voit le jour dans un manoir près de Morlaix. Atteint d'une maladie osseuse, se considérant d'une laideur effroyable, il veut devenir navigateur comme son père. Celui-ci est armateur, journaliste, écrivain réputé à défaut d'être doué, inventeur du roman maritime : un notable originaire du sud de la France installé en Bretagne depuis des années. Mais Tristan n'a ni la vigueur, ni la santé, ni l'optimisme de son père. Ses rhumatismes articulaires le condamnent dès l'aube de sa vie. La mer l'attire mais il ne sera jamais marin. Il en souffre.

Le jeune homme est tellement malade qu'il ne passe pas le baccalauréat. Il s'installe à Roscoff dans une maison que ses parents lui prêtent. Il erre sur la lande qui plonge dans les eaux froides de la Manche. La mer gronde, elle l'effraie, elle le fascine. Les villageois l'appellent l'Ankou, le serviteur de la mort dans la légende bretonne, car sa silhouette est squelettique et dégingandée. Il vit en dilettante, s'adonne à des farces qui égayent son quotidien jaunâtre. De temps à autre, il prend la mer à bord d'un frêle esquif, cette mer qui ne veut pas de lui. Il vogue jusqu'à l'île de Batz toute proche, si belle. Il fréquente une actrice parisienne de seconde zone en villégiature dans la région, surnommée Marcelle. Ils ne se touchent pas. Tristan l'érige en muse.

À l'âge de vingt-sept ans, il publie un recueil de poèmes à compte d'auteur, *Les Amours jaunes*, qui passe inaperçu. Les amours jaunes, les amours tristes. Des histoires d'amour sans sexe, sans lendemain. Une vie sans éclat. Des vers éclatant d'ironie et de désespoir comme dans *La Cigale et le Poète*.

Tristan Corbière est en marge de tous les courants littéraires. Il est habité par la solitude, la souffrance, le renoncement, la frustration sociale et sexuelle. Chétif et désespéré, il n'accomplit aucune de ses ambitions. Il est obligé de faire le deuil de sa passion dévorante pour le large. Comble de l'humiliation pour un écrivain : son seul livre, cynique et incandescent, où il exprime son dégoût pour l'existence, n'est lu par personne de son vivant. Il meurt à Morlaix le 1er mars 1875.

Après sa disparition, des écrivains le découvrent. En 1884, avant même d'évoquer Rimbaud, Verlaine lui consacre les premières pages de son essai intitulé précisément *Les Poètes maudits* : « Tristan Corbière fut un Breton, un marin, et le dédaigneux par excellence, ces triplex. Breton sans guère de pratique catholique, mais croyant en diable ; ni marin, ni militaire, ni surtout marchand, mais amoureux furieux de la mer, qu'il ne montait que dans la tempête, excessivement fougueux sur ce plus fougueux des chevaux. » Huysmans est un autre de ses contemplateurs : *Les Amours jaunes* font partie de la bibliothèque idéale de l'exigeant et décadent Des Esseintes dans *À rebours*.

Cinquante ans après la mort du poète, l'écrivain américain Lovecraft lui rend hommage dans la préface de *L'Appel de Cthulhu*. En 1980, Julien Gracq l'évoque dans plusieurs pages de son magnifique essai *En lisant en écrivant* : « On entrevoit à travers les vers de Corbière un Roscoff disparu, à demi pirate, encore peuplé partout de retraités de mer grands ou petits, cap-horniers ou patrons au bornage. »

Relisons Tristan Corbière, le Breton dont le destin tragique et l'œuvre désespérée me fascinent comme au premier jour, et son poème d'un romantisme noir, le crapaud comme métaphore du poète :

> Le Crapaud
> Un chant dans une nuit sans air…
> – La lune plaque en métal clair
> Les découpures du vert sombre.
>
> … Un chant ; comme un écho, tout vif
> Enterré, là, sous le massif…
> - Ça se tait : Viens, c'est là, dans l'ombre…
> […]
> … Il chante. – Horreur !! – Horreur pourquoi ?
> Vois-tu pas son œil de lumière…
> Non : il s'en va, froid, sous sa pierre.
> Bonsoir – ce crapaud-là c'est moi.
>
> *Les Amours jaunes*

Arthur Cravan
Mort sans sépulture
1887-1918

Ce poète disparu corps et âme à trente et un ans a multiplié les provocations à l'image de l'annonce de son suicide public lors d'une conférence. Sa vie errante est décousue : combats de boxe, spectacles provocateurs, voyages nimbés de mystère, amours torrides, rencontres avec d'immenses artistes comme Robert Delaunay ou Marcel Duchamp. Sa mort reste inexpliquée : il aurait disparu en mer au large du Mexique. J'aime autant l'incandescence de ses textes que le mystère de sa fin.

Il s'appelle Fabian Avenarius Lloyd avant de devenir Arthur Cravan. Arthur en l'honneur de Rimbaud, son premier maître. Le second est Oscar Wilde, son oncle. Issu d'une famille anglaise fortunée habitant Lausanne, il est aussi le petit-fils d'un conseiller de la reine Victoria. La sœur de son père a épousé Oscar Wilde dont la vie sulfureuse et maudite le fascinera pour toujours.

À vingt-quatre ans, il s'installe à Paris. Quelle force le pousse à écrire ? Son oncle de génie descendu aux Enfers ? Il existe des analogies entre le destin des deux écrivains. Issus de familles aisées, ils ont poussé à l'extrême leurs désirs irrésistibles.

Ce géant de deux mètres est dévoré par deux passions : la boxe et l'écriture. Il cogne avec ses mots, il cogne avec ses poings, il veut faire mal. L'Hercule poète se bat sur les rings pour tenter d'assouvir une énergie débordante. Il est champion de France des mi-lourds en 1910. À vingt-cinq ans, il crée un journal, *Maintenant*, dont il est l'unique rédacteur. Le contenu entremêle poèmes futuristes et considérations scandaleuses, il multiplie les provocations avec sarcasme et férocité. Il le vend à la criée dans la rue. Dès le premier numéro – il y en aura cinq – Arthur Cravan évoque Oscar Wilde dont il s'estime le fils naturel. Cette fidélité va de pair avec la révolte. Il rend visite à André Gide. Sa déception est immense. Il le tourne en dérision dans un portrait au vitriol qui blesse le futur prix Nobel de littérature. Contrairement à l'oncle maudit, il est conformiste malgré son homosexualité : « Il a l'air d'un artiste, dit-il de Gide, et je lui ferai ce seul compliment, au reste désagréable, que sa petite pluralité provient de ce fait qu'il pourrait très aisément être pris pour un cabotin. » Avec une violence de boxeur, il s'en prend aussi aux peintres de l'exposition des Indépendants, et même à Apollinaire. Il écrit à sa mère : « Cette exposition me dégoûte, il y a à peine quatre toiles à regarder sur quatre mille. J'y suis resté dix minutes, le temps de traverser et m'asseoir au buffet pour regarder la tête de tous ces ratés en robes et en costumes tapageurs. Mon Dieu, heureusement que je ne suis pas peintre ! Je crois que j'y aurais foutu le feu ! »

Pour lui, comme pour Rimbaud, la poésie doit être un dérèglement complet de tous les sens, seule échappatoire à l'absurdité de l'existence : « Moi à qui il suffit d'un air de violon pour me donner la rage de vivre ; moi qui pourrais me tuer de plaisir ; mourir d'amour pour toutes les femmes ; qui pleure toutes les villes, je suis ici, parce que la vie n'a pas de solution ». Sans qu'il le sache, il est le précurseur du mouvement dada.

À Paris, lors d'une conférence qu'il donne, il tire des coups de feu en l'air, menace de suicider avant de vomir sur l'art en vogue. Il se lie à Blaise Cendrars, né la même année que lui. Ils fréquentent les mêmes gens – comme le peintre Delaunay –, les mêmes bals où Cravan bombe son torse de boxeur tatoué de mots obscènes. Sa dernière conférence a lieu quelques jours avant la déclaration de guerre. Le texte de l'affiche à lui seul est une provocation : « Venez voir – Salle des Sociétés savantes – 8 rue Danton – Le Poète – Arthur Cravan – (neveu d'Oscar Wilde) – champion de boxe, poids 125 kg, taille 2 m. – Le critique brutal – Parlera – Boxera – Dansera – la nouvelle Boxing Dance – La very boxe – avec le concours du sculpteur Mac Adams – autres numéros excentriques – Nègre, boxeur, danseur – dimanche 5 juillet 9 h, du soir – prix des places : 5 fr., 3 fr. ou 2 fr. » C'est un pugnace, un têtu, un fou, un révolté. Rien n'est raisonnable en lui. Rien. Jamais.

En 1914, il fuit la guerre mondiale et rejoint d'autres déserteurs à Barcelone. Il affronte lors d'un combat de boxe le champion du monde de l'époque Jack Johnson qui le met KO. Pour le poète, il ne suffit pas d'écrire, il faut boxer, taper, vivre intensément. Aller jusqu'au bout de son rêve et de sa folie.

Il gagne les États-Unis où il rencontre Marcel Duchamp, artiste maudit et incompris comme lui. Ils se passionnent l'un pour l'autre. Il se lie à une poétesse, Mina Loy, avec qui il vit une intense passion, poétique, sexuelle et sentimentale. Il écrit un texte, *Notes*, long poème en prose, qui deviendra l'une des bibles du mouvement surréaliste : « L'ennui – dévore mes cellules – Les folies de la lune excentrique d'avril – Grand garçon – mes cheveux blonds, colon, loin de ballons – établi sous les planches – Dans le blond Maryland et loin des ballons à mon auriculaire – je respire à outrance également (aussi) étoffe – mon cœur, prenons un galop – je sens nager les vers dans mon cerveau mouillé – je suis ruiné, la fantaisie, la folie a perdu son danseur – chenapan – tempérament – Honnête je sais l'être et voleur je le suis – Mon cœur, prenons un galop, je serai millionnaire – Je me lève londonien et me couche asiatique – londonien, monocle – fureur et furie – ô, vous qui m'avez connu, suivez-moi dans la vie – Le vent me stimule – je suis un nerveux. »

Pour lui, un vrai écrivain ne court pas après les honneurs, sinon c'est un mirliton, un déchet, un faiseur. Des décennies plus tard, ses écrits influenceront Guy Debord, dont *La Société du spectacle* raconte, avec des mots différents, la révolte contre la mascarade ambiante.

Sa disparition tragique est à l'image de sa vie : mystérieuse, inclassable, cataclysmique. En 1917, les États-Unis entrent en guerre. Il a peur d'être enrôlé. Il est attiré par Buenos Aires. Il gagne le Mexique où il renfile ses gants de boxe parce qu'il est à court d'argent. On perd sa trace. Fin 1918, il serait parti naviguer dans l'océan Pacifique sur un rafiot, mais pour quelle raison ? Il ne reviendra jamais. A-t-il sombré ? S'est-il suicidé ? A-t-il été tué ? Une autre rumeur court à son sujet : il se serait noyé, ou aurait été abattu, en traversant le rio Grande à la nage entre États-Unis et Mexique. La police retrouve un corps mort sur une berge. Le physique de géant est le même que celui de Cravan. Est-ce lui ? On l'ignore. Certains de ses admirateurs estiment qu'il a continué à vivre sous une autre identité, pendant des années, sous d'autres cieux, sur d'autres continents. A-t-il organisé lui-même sa propre disparition comme l'imagine l'écrivain Philippe Dagen dans *Arthur Cravan n'est pas mort noyé* ? Le mystère de son évaporation reste entier et participe au mythe de l'écrivain damné.

René Crevel

D'un suicide l'autre

1900-1935

René Crevel est un écrivain maudit par ses textes de révolté, sa mauvaise santé, son suicide. Il est proche de Breton pendant quelques années. Il se livre avec lui à des expériences de sommeils forcés, sous hypnose, à la lisière de la folie. Un parcours fulgurant, d'ombre et de lumière, dont la singularité et la fin tragique me touchent profondément.

L'élément fondateur de la vie de Crevel est le suicide de son père. Il n'a que quatorze ans. Sa mère autoritaire le conduit de force devant le corps du pendu. Il est anéanti. Jusque-là, sa vie était très ordinaire, celle des enfants de la bourgeoisie parisienne, étouffante mais sans drame. Scolarité au lycée Janson-de-Sailly. Beaux quartiers. Il déteste sa mère et adore son père. Est-ce la mort violente de ce dernier qui l'éloigne d'un parcours tracé d'avance ? Sans doute. Il perd également son frère, atteint de tuberculose comme lui. L'existence devient un enfer.

Étudiant, il commence des études de lettres et de droit à la Sorbonne mais les abandonne au bout de quelques mois. Il est attiré par le milieu littéraire comme une mouche par la lumière. Il rencontre Marc Allégret, Jacques Sauvageot, Roger Vitrac. Mais surtout, en 1921, André Breton. Il rejoint le mouvement surréaliste. Le réel n'est pas ma patrie, pense-t-il, alors il gagne l'autre monde, celui des mots déliés et des rêves éveillés.

Il écrit des textes d'une grande violence, illuminés par le désespoir : « Seule la mort, en pétrifiant les plus chers visages, permet de croire définitive leur expression et définitif aussi le sentiment qui en naît au plus secret de nous. Quant à ces affirmations que le mouvement sans cesse renouvelle, chacune est de quelque vérité, mais que le temps limite et qu'on ne saurait confondre avec la vérité. » (*Mon corps et moi.*)

Crevel invite ses camarades surréalistes à des expériences de sommeil hypnotique : on perd conscience, on parle sans savoir ce qu'on dit, sans se souvenir, pendant que les autres écoutent. Breton et Desnos sont fascinés par l'éloquence du jeune homme, dont les propos n'ont jamais été enregistrés.

Le dandy révolté incarne le refus de l'ordre établi. Il est communiste, homosexuel, alcoolique. Mais surtout immense poète chantant la beauté de la provocation. René Crevel quitte alors le surréalisme et rejoint le dadaïsme de Tristan Tzara. Dans des textes d'une force tellurique, il attaque l'armée, l'Église, l'ordre établi. Il affirme la liberté absolue face à toutes les traditions : « Rien de ce qu'on a coutume de nommer un vice ne m'a jamais emprisonné ni même arrêté. Contradictoires dans le temps, toutes mes soifs (soifs corporelles, soifs d'alcool, soifs de drogues, d'eau pure et d'encre) ont pourtant réussi à construire (davantage comme un tourbillon, il est vrai, que comme un temple grec) cette synthèse qu'est ma vie. »

Mais ses prises de positions, ses ralliements changent d'une année à l'autre : il renoue avec le surréalisme après l'avoir quitté, il entre au parti communiste avant d'en être exclu. Ses principaux livres ont des titres incendiaires : *Mon corps et moi, La Mort difficile, L'Esprit contre la raison, Êtes-vous fous ? Dalí ou l'Anti-obscurantisme, Les Pieds dans le plat.*

Atteint de tuberculose comme son frère mort pendant son adolescence, il est gangrené par la maladie. Après s'être cru guéri, il apprend qu'il est incurable. Le désespoir le submerge. Il ne veut pas engager un nouveau combat perdu d'avance. Le 18 juin 1935, il se suicide au gaz dans son domicile parisien. Il a trente-quatre ans. Il a gribouillé un papier : « Prière de m'incinérer. Dégoût. » La vie de René Crevel a été une révolte sans espoir, une tragédie se terminant en tragédie. Mais ses textes m'ont appelé à lui comme un phare dans la nuit.

« D'un suicide auquel il me fut donné d'assister, et dont l'auteur-acteur était l'être, alors, le plus cher et le plus secourable à mon cœur, de ce suicide qui – pour ma formation et ma déformation – fit plus que tout essai postérieur d'amour ou de haine, dès la fin de mon enfance j'ai senti que l'homme qui facilite sa mort est l'instrument d'une force majuscule (appelez-la Dieu ou Nature) qui, nous ayant mis au sein des médiocrités terrestres, emporte dans sa trajectoire, plus loin que ce globe d'attente, les seuls courageux. » (*Mon corps et moi.*)

Eugène Dabit

Une gueule d'atmosphère

1898-1936

Traumatisé par la Première Guerre mondiale, Eugène Dabit devient « écrivain prolétarien » après avoir écrit le célèbre roman *L'Hôtel du Nord* qui deviendra le film mythique que j'ai vu plus de dix fois. Il meurt prématurément de la scarlatine lors d'un voyage en Union soviétique.

Enfance heureuse, en apparence. Fils d'ouvriers paisibles. Rien ne le prédestine à écrire. Sa scolarité s'arrête au certificat d'études. Il entre en apprentissage chez les compagnons du devoir. Au début de la Grande Guerre, son père part au front. À seize ans, il est obligé de travailler pour subvenir aux besoins de sa mère. Il est balayeur dans le métro. Ce fils de prolétaires devient prolétaire à son tour. Peu d'écrivains l'ont été.

En 1916, sa vie bascule une première fois. Comme la plupart des ouvriers et des paysans, il est envoyé sur le front. Il est transformé en chair à canon. Cette expérience le traumatise. Il plonge dans la dépression et simule la folie. Tentative de suicide. Pour lui, la guerre est absurde et monstrueuse. Elle est orchestrée par une caste possédante qui n'éprouve aucune empathie pour ceux qu'elle sacrifie. Des millions de cadavres jonchent les tranchées. Des millions de vies fauchées. Des millions de jeunes hommes anéantis par la folie mortifère de la grande bourgeoisie. Pour rien.

Après l'Armistice, il change de voie, il étudie la peinture dans une école dirigée par Louis-François Biloul. Il découvre la littérature, un monde qu'il ignorait et qui le fascine: Stendhal, Baudelaire, Rimbaud, tant d'autres. Sa deuxième vie commence.

Il fonde une entreprise d'industrie de la soie qui l'enrichit. Il peut se consacrer à sa passion débordante pour la peinture et l'écriture.

Ses parents achètent l'hôtel du Nord quai de Jemmapes grâce à l'argent qu'il leur prête. Bien que très à l'aise, il devient portier de nuit pour observer les clients. Il écrit son fameux livre qui obtient le prix du Roman populiste. Nouveau tournant dans sa courte vie. Il milite pour une littérature prolétarienne, simple et didactique, destinée aux ouvriers qui n'ont pas accès à la culture bourgeoise. Il devient membre de l'Association des écrivains et des artistes révolutionnaires, et se lie d'amitié avec Roger Martin du Gard.

En 1936, il accepte de partir en Union soviétique avec André Gide et Louis Guilloux. C'est le fameux voyage des écrivains au pays de Staline qui fera couler beaucoup d'encre et qui sera fatal au sage Eugène Dabit. Il meurt à Sébastopol le 21 août 1936 de la scarlatine à l'âge de trente-six ans. Qu'aurait-il décrit en rentrant du pays des communistes heureux? Sa défiance à l'égard des soviets qui ont trahi la classe ouvrière? Ou au contraire son admiration sans limite pour le petit père des peuples, comme semble le suggérer un extrait de son journal intime écrit dans l'euphorie de l'instant: «L'arrivée à Moscou, et l'après-midi même le défilé sur la place Rouge, ces milliers d'hommes et de femmes, tant de jeunesse, de joie, de santé, ah! c'était grisant, et terrible à la fois. Staline sur le mausolée de Lénine. Hier, visite au mausolée, Lénine, son visage, ses mains. Quoi encore, dans cette ville? Les rues, les magasins, les foules. Un peu l'Orient, un peu l'Afrique. La maison natale de Dostoïevski. Un appartement : six chambres et la cuisine… Le parc de culture, soir d'été. Que je garde peu ou beaucoup de souvenirs, il importe peu. Je suis dépassé, envahi par cette vie que je rencontre, mais à chacun de mes voyages il en est ainsi. Absent et présent, engourdi et éveillé. Désireux d'être seul, et souffrant de ma solitude. Avide de quelles aventures… »

Gide lui rend hommage dans la préface de *Retour de l'URSS*, un récit désenchanté, et Céline lui dédie l'année suivante l'un de ses pamphlets antisémites, *Bagatelles pour un massacre*, on se demande pourquoi.

Eugène Dabit est un auteur à la vie rangée, mais son parcours d'écorché vif est très différent de celui de tous les autres écrivains. Issu d'une famille de prolétaires, il défendra jusqu'à sa mort les damnés du genre humain, ce qui, dans un siècle où le militantisme est souvent de pure convenance, mérite d'être souligné. Outre *L'Hôtel du Nord* adapté au cinéma par Marcel Carné avec le succès que l'on sait, il a publié plusieurs livres tombés dans l'oubli, au style simple et direct, à l'image de l'homme qu'il a été : *Faubourgs de Paris, Un mort tout neuf, Un matin de pêche, Les Deux Marie, La Zone verte, Train de vies, Au pont tournant, Ville lumière.*

Seul son premier roman, *L'Hôtel du Nord*, lui assure une postérité méritée. Tout cinéphile a en tête la réplique gouailleuse d'Arletty : « Atmosphère ! Atmosphère ! Est-ce que j'ai une gueule d'atmosphère ? » L'établissement qui a inspiré Eugène Dabit existe toujours à Paris. Il est devenu restaurant, bar et salle de concert. J'y ai déjeuné il y a peu avec mes amis écrivains de marine. J'aime ces lieux qui ont une histoire littéraire. Ils dégagent un fumet particulier. *In situ*, on a un peu le sentiment d'entrer par effraction dans l'antre de la création, dans l'atelier de l'œuvre à laquelle ils ont servi de décor.

Stig Dagerman

Inconsolable

1923-1954

En voilà encore un qui a à peine su ce qu'était la trentaine. Je l'ai découvert lorsque j'avais moi-même trente ans, en lisant *Le Serpent*, son premier roman publié en 1945 : un chef-d'œuvre contenant déjà tout l'univers de l'immense écrivain que fut Dagerman. Qui est le héros de cette histoire fascinante ? Bill, le soldat de deuxième classe qui a capturé un serpent pour épater ses camarades de régiment ? Le serpent qui, ramené à la caserne, s'échappe de sa geôle ? Non, c'est la peur. Soudain, elle fait irruption et étreint le cœur des hommes. Ils savent que le mal rôde, dans la chaleur et la poussière. Il n'est pas seulement hors les murs : il a pris possession de la caserne. L'angoisse s'installe. On sent confusément que plus rien ne sera jamais comme avant. Le paysage n'est pas seulement un élément de décor, il est expressionniste. Qu'on en juge avec cet extrait qui campe en quelques phrases un climat de tragédie grecque (avec unité de lieu, de temps, d'action) : « Il faisait une chaleur à griller du café sur les rails. Entre les traverses, le gravier du ballast renvoyait un scintillement acéré, et les épis à moitié mûrs d'un champ d'avoine languissaient de l'autre côté de la voie. Un peu plus loin, quelques maisons de bois, peintes en rouge, se serraient autour d'un mât dressé comme un cure-dent. Lourde et massive, la gare pesait sur la plaine… »

L'écriture de Dagerman, dès cette première œuvre, est cinématographique et d'une grande modernité. On pense à Wim Wenders, le cinéaste allemand du paysage et de la quête existentielle.

Stig naît le 5 octobre 1923 à Älvkarleby dans la province suédoise d'Uppland, un monde de paysans. Il est un « enfant de la rivière » : son père est un ouvrier, sa jeune mère Helga l'abandonne. Il est élevé par ses grands-parents dans une ferme sur les rives de la rivière Dalälven.

Il ne se remettra jamais de l'abandon maternel. Comme le héros de son livre *L'Enfant brûlé,* Stig est détruit de l'intérieur : ses capacités à la légèreté, au bonheur sont à jamais calcinées.

À l'âge de quinze ans, le jeune Dagerman gagne sa vie en vendant des journaux. En 1940, ses grands-parents sont assassinés par un dément. Le jeune homme trouve dans l'écriture une raison de vivre. Il est doué. Mais il est seul au monde. Il se cherche une famille de substitution en fréquentant les milieux libertaires. Il milite un peu, espère trouver dans l'engagement une raison de vivre. En 1943, il épouse Annemarie, elle lui donne deux fils. Il publie *Le Serpent,* qui connaît un grand succès. Puis paraît *L'Île des condamnés* : nouveau succès. Surtout : nouveau chef-d'œuvre sur les thèmes déjà leitmotivs de l'écrivain suédois : la solitude et l'angoisse, la difficulté de vivre. Après le naufrage d'un navire, sept rescapés se retrouvent sur une île déserte faussement paradisiaque. Les lieux ne sont peuplés que de lézards et de serpents. De nouveau, un paysage hostile. De nouveau la peur. Chaque personnage, chaque vie, chaque destin arrêté se raconte et cherche une raison d'espérer, une échappatoire : un boxeur blessé et paralysé pendant le naufrage, une jeune Anglaise, un officier de la marine, et quelques autres… Les vivres viennent à manquer. Plusieurs naufragés sont en proie à des hallucinations ou des crises d'hystérie. L'agressivité monte d'un ou deux crans, tandis que le courage, la raison et la dignité s'érodent : Qui a laissé stupidement le feu s'éteindre ? Où est passée la nourriture ? N'avez-vous pas entendu un bruit ?...

Comme dans le premier roman de Stig, la présence obsédante d'un serpent (biblique ?) en rajoute à la tension ambiante : « Il avance peu à peu et soudain la tête surgit aveugle hors de l'eau [...] le corps se glisse hors du trou pendant des mètres et des mètres [...] Le serpent reste d'abord immobile, le serpent rouge avec sa tête sans yeux, comme s'il était surpris... »

À la fin du roman, l'espérance est incarnée, de façon dérisoire (mais magistrale du point de vue de l'art narratif), par la découverte d'un rocher blanc sur lequel chacun, avant de disparaître oublié du monde civilisé, aura le temps de graver un message, quelques vers, un dessin destiné à d'improbables visiteurs. Belle évocation de l'indifférence minérale sûre de sa pérennité. Comme les pages d'un livre sur lesquelles s'écriraient les mots de la détresse humaine face à la mort.

Malgré la gloire littéraire précoce – on le compare à Kafka et à Faulkner –, Stig Dagerman est rongé par le mal de vivre. Dépression nerveuse, tentative de suicide... La blessure est profonde, existentielle. Dans une lettre à un ami, il écrit : « Il est méprisable de se tuer, ne crois pas que je le fasse délibérément. Je suis incurablement malade, une maladie infernale qui se manifeste par une haine envers moi-même et une aptitude permanente à faire du mal aux autres. »

En 1946, Stig Dagerman est envoyé en Allemagne par un journal suédois. Il a vingt-trois ans. Il va de ville en ville, découvre des champs de ruines, un pays effondré, une population encore dans la sidération et l'effroi. Il visite des caves à demi inondées où sont entassés, comme des gueux, des hommes, des femmes, des enfants. Il traverse des no man's lands de gravats et de ferraille où il ne croise que des fantômes. Il pénètre au cœur de la haine, du fanatisme, mais aussi du malheur, du désespoir. Il ne comprend pas : il n'y a rien à comprendre. Il voit. Et il rend compte. Il en rapporte un livre magnifique, douloureux : *Automne allemand.*

On peut y lire : « Trois mille cinq cents mètres. Les fleurs de givre grandissent sur les hublots. On nous communique notre position. Nous survolons la ville de Brême sans la voir. Brême la déchiquetée est cachée sous de gros nuages allemands, cachée de façon tout aussi impénétrable que la souffrance muette des Allemands. »

Ce récit de décombres – un grand livre – m'en a appris autant sur l'Allemagne que *L'Histoire d'un Allemand* de Sebastian Haffner. Sauf que le livre de souvenirs de Haffner se terminait en 1933, au moment du nazisme triomphant, celui de l'arrivée au pouvoir de Hitler. Alors que le récit-reportage de Dagerman sonne le glas d'une certaine Allemagne.

En 1950, Stig séjourne dans une clinique psychiatrique. Quand il en sort, il divorce. Il rencontre Anita, une actrice, elle lui donne une fille, Lou. Il est père pour la troisième fois mais demeure irrémédiablement un enfant abandonné.

En 1952, il écrit pour une revue *Notre besoin de consolation est impossible à rassasier*, son chef-d'œuvre. Le livre – un petit opuscule à conseiller à tous –, débute par ces mots : « Je suis dépourvu de foi et ne puis donc être heureux, car un homme qui risque de craindre que sa vie ne soit une errance absurde vers une mort certaine ne peut être heureux. » Et, plus loin : « Je traque la consolation comme le chasseur traque le gibier. Partout où je crois l'apercevoir dans la forêt, je tire. Souvent, je n'attrape que le vide, mais, une fois de temps en temps, une proie tombe à mes pieds. Et, comme je sais que la consolation ne dure que le temps d'un souffle de vent dans la cime d'un arbre, je me dépêche de m'emparer de ma victime. »

À plusieurs reprises, Stig danse avec la mort : il s'installe au volant de sa voiture dans le garage de sa villa, allume le moteur et attend que les gaz du pot d'échappement l'asphyxient. Il note dans son carnet : « La mort a joué au garage. » Dans la nuit du 3 au 4 novembre 1954, il calfeutre une fois encore porte et fenêtres du garage, puis il allume le moteur de son véhicule. Cette fois, le « jeu » dure… dure… jusqu'à la mort. Jeune auteur plein de promesses, il laisse les siens à l'âge de trente et un ans. Il avait coutume de dire du suicide – faux cynisme d'un être hypersensible – qu'il était le principal « accident de travail de l'écrivain ». Je retiendrai ici une autre phrase de Stig Dagerman que j'ai eu envie de faire mienne : « Si seulement nous avions une lumière pour nous y cacher. »

Stig Dagerman espérait se sauver du désespoir par l'écriture. « Étant donné, relevait-il, que je cherche à m'assurer que ma vie n'est pas absurde et que je ne suis pas seul sur la terre, je rassemble tous les mots en un livre et je l'offre au monde. » La littérature n'aura pas suffi pour arracher le grand écrivain suédois à « la dictature du chagrin », tant son mal était profond.

Il faisait partie de la « famille des suicidaires ».

Il est parti. Jeune.

Il nous a laissé un coffre plein de trésors. Des livres d'une poésie rare, tous parcourus de grandes interrogations existentielles. Stig Halvard Jawsson avait choisi, aux alentours de sa vingtième année, après qu'il eut décidé d'embrasser la carrière d'homme de lettres, le pseudonyme Dagerman parce que « Dager » signifie lumière du jour, espoir. Cruelle ironie qui correspond bien au personnage que fut Stig, n'hésitant jamais à pratiquer l'humour grinçant, souvent à son détriment.

Pourquoi un esprit aussi brillant, un écrivain aussi doué, et un destin aussi singulier (celui d'un météore) ne sont-ils pas plus connus en France ? Pourtant, l'éditeur français de Dagerman publie ses œuvres dans de belles traductions, avec constance. Et Jean-Marie-Gustave Le Clézio salua longuement l'écrivain suédois dans son discours de lauréat du prix Nobel en décembre 2008 : « J'ai toujours été sensible à l'écriture de Dagerman, confiait-il, à ce mélange de tendresse juvénile, de naïveté et de sarcasme. À son idéalisme. »

Dans la vraie vie, Stig Dagerman fut un être tourmenté, un maudit. Mais les idéaux libertaires, la tendre fragilité qui sous-tendent chacun de ses livres donnent à son œuvre une extrême modernité. J'en suis convaincu, la reconnaissance littéraire en France de Dagerman est encore à venir. Et elle ne devrait plus tarder.

Georges Darien

Le libertaire

1862-1921

Pamphlétaire révolté par l'injustice et le conformisme, Georges Darien milite comme un enragé dans les milieux anarchistes à l'écart de toutes les coteries artistiques. À mes yeux, il est hanté par un idéal de justice et de paix dans un monde où la barbarie triomphe. Qu'on ne se méprenne pas : la violence verbale de Darien est celle d'un être qui aspire à une société nouvelle, plus juste.

Il connaît à peine sa mère biologique. Elle est emportée par la maladie alors qu'il est en bas âge. Sa belle-mère est une catholique traditionnelle intolérante, qu'il déteste. Premier bouleversement dans une vie qui connaîtra bien des rebondissements et des vicissitudes.

Le jeune homme ne sait pas quoi faire de son existence, il s'ennuie. Il s'engage dans l'armée avant même le début de son service militaire. Mais l'absurdité des casernes l'insupporte. Il est insoumis, révolté. On l'envoie dans un régiment disciplinaire pendant près de trois ans en Tunisie en un lieu appelé Biribi, nom qu'il donnera à son premier roman. *Biribi* raconte l'enfer d'un bataillon où les hommes ne sont plus des hommes. Ils subissent sans cesse des brimades et des humiliations à la limite de la torture physique. Le livre est publié en 1890 par un éditeur qui craint un procès, tant l'écriture est violente et désespéré. Il rencontre pourtant un certain succès critique et commercial.

De retour à Paris, Darien devient un anarchiste admiré par Alfred Jarry et Alphonse Allais. Il est l'un des pamphlétaires les plus violents de cette fin de siècle. Il écrit dans *L'Escarmouche*, *L'Ennemi du peuple*, *L'En-Dehors*, trois journaux au ton radical.

On n'a guère d'informations sur la suite de son existence. Après avoir quitté la France, il erre à travers l'Europe : Allemagne, Belgique, Angleterre. Il écrit plusieurs romans, dont *Le Voleur* où le héros est un double de l'écrivain, insoumis et libertaire. Louis Malle l'adaptera en 1967 avec Jean-Paul Belmondo dans le rôle principal. Dans *Les Pharisiens*, il combat avec véhémence l'antisémitisme d'Édouard Drumont qui triomphe dans certains milieux catholiques d'extrême droite, puis il se présente aux élections législatives à Paris sous l'étiquette du parti de l'« impôt unique ». Il récolte un score dérisoire.

Cet écrivain anarchiste est resté inconnu de son vivant malgré de riches amitiés littéraires et journalistiques. L'éditeur Jean-Jacques Pauvert redécouvre son œuvre après 1950. Il la publie avec un certain succès dans une société traumatisée par les deux guerres mondiales et les camps de la mort. Certaines visions de cet auteur écœuré par l'injustice et l'antisémitisme étaient malheureusement prophétiques. Dans *La Belle France*, roman datant de 1898 que je viens de découvrir dans une édition de 1965 (petit livre étroit relié en papier kraft et pages jaspées noir, les codes de la fameuse collection Libertés de Jean-Jacques Pauvert), il écrivait : « C'est le fanatisme de la liberté, seul, qui peut avoir raison du fanatisme de la servitude et de la superstition. » Dans ce pamphlet, Georges Darien attaquait à parts égales catholiques, nationalistes et marxistes.

Pour André Breton, l'agressivité littéraire de Darien trouvait son origine dans « ce cœur trop grand et bien trop battant pour ne pas heurter en tous sens les parois de la cage. » Je partage son point de vue. L'auteur du *Voleur* était un homme de cœur. Un écorché vif, un maudit, mais un être sensible en quête de justice.

Marceline Desbordes-Valmore

Notre-Dame-des-Pleurs

1786-1859

Cette autodidacte d'une très grande culture, comédienne et poétesse, injustement méconnue parce que femme, n'a traversé que des malheurs : la mort de tous ses proches dans des conditions tragiques. Ses textes d'une grande sincérité me bouleversent parce que illuminés par le désespoir et la lumière, celle d'une femme d'une sensibilité inouïe.

Les tourments de la Révolution française ruinent les parents de Marceline Desbordes. Son père, peintre en armoiries, est contraint d'ouvrir un cabaret à Douai pour survivre. Avec sa mère, elle erre un peu patout à la recherche de subsides. En 1801, les deux femmes s'exilent en Guadeloupe pour trouver de l'argent. Un de leurs cousins, riche homme d'affaires, accepte de les aider. Hélas, le voyage vers les tropiques tourne au cauchemar : tempête, fièvre jaune, troubles politiques, cousin moins aisé que prévu. Madame Desbordes meurt. Marceline se retrouve seule à l'autre bout du monde. Après les épreuves de la Révolution, celles de l'exil au-delà des mers.

La jeune femme retourne en métropole où elle devient comédienne et cantatrice. Elle a du talent. Elle est belle, désirable, douce, cultivée. Sa carrière s'annonce prometteuse. Elle joue à Lille, Bruxelles, Paris. Au théâtre de l'Odéon et à l'Opéra-Comique, le public l'ovationne. Sa vie semble retrouver des couleurs.

Marceline connaît une poignante histoire d'amour avec un certain Henri de Latouche qui devient Olivier dans ses poèmes empreints d'une belle lumière. Elle accouche d'un fils qu'elle perd en bas âge. Deuxième deuil. Elle se sépare d'Henri et se marie avec un certain Valmore. Scandale pour l'époque : elle continue à fréquenter son ancien amant. Autre scandale : elle gardera toute sa vie son nom de jeune fille accolé à celui de son mari, preuve que la femme, pour elle, compte autant que l'homme. Mais le malheur la rattrape. Elle accouche de quatre nouveaux enfants, mais deux meurent très vite.

Un premier recueil paraît en 1819, *Élégies et Romances*, d'abord publié dans différents journaux. Succès d'estime. Elle met fin à sa carrière de comédienne et se consacre à l'écriture. Elle publie des ouvrages délicats où pointe une tristesse infinie : *Les Pleurs, Pauvres fleurs, Bouquets et Prières.* C'est l'une des rares poétesses sur le devant de la scène en un siècle où les femmes sont confinées à un rôle d'épouse soumise et de mère. Elle écrit un roman en partie autobiographique, *L'Atelier d'un peintre*, où elle se plaint de ne pas être reconnue à part entière à cause de son sexe. Dans *À celles qui pleurent*, un poème du recueil *Bouquets et Prières*, elle s'adresse à toutes les femmes qui lui ressemblent. Sa poésie frêle, délicate, douce, mélancolique, amère, devrait leur être précieuse :

Vous surtout que je plains si vous n'êtes chéries,
Vous surtout qui souffrez, je vous prends pour mes sœurs :
C'est à vous qu'elles vont, mes lentes rêveries,
Et de mes pleurs chantés les amères douceurs.

Son existence est une succession de deuils : la mort prématurée de ses enfants – à l'exception d'un seul –, de son frère et de la plupart de ses amis intimes. Sinistre vie pour cette femme surnommée pas très charitablement Notre-Dame-des-Pleurs mais dont les textes magnifiques ont touché le cœur de ses contemporains. Verlaine l'évoquera dans son essai *Les Poètes maudits,* aux côtés de Tristan Corbière, Arthur Rimbaud, Stéphane Mallarmé et de Villiers de l'Isle-Adam.

Robert Desnos

J'ai tant rêvé de toi

1900-1945

Figure amirale du surréalisme, ce poète éclairé combat le fascisme dès 1934. Résistant, il est arrêté et envoyé au camp de Buchenwald, puis dans celui de Terezin où il meurt du typhus juste après sa libération. Son destin nous a inspiré, à mon frère et moi, un roman que nous avons intitulé *J'ai tant rêvé de toi.*

Il est l'écrivain de l'engagement et de l'insoumission. Il grandit à Paris dans le quartier des Halles, dont le souvenir flamboyant l'imprégnera toute sa vie. Adolescent, il s'oppose à son père qui aimerait qu'il fasse fructifier la petite entreprise familiale associée aux grossistes du «ventre de Paris». Robert, lui, veut devenir poète. Rien d'autre. Le récit des combats de la Grande Guerre l'épouvante. Il veut chanter la joie et la liberté.

L'élève dissipé met un terme à ses études après le brevet. Il continue à apprendre seul. Et à lire. L'autodidacte est mû par l'envie de vivre à sa manière. Il fréquente mollement les milieux littéraires avant de faire son service militaire au Maroc. À son retour à Paris, les années folles battent leur plein. Il rencontre Aragon, Breton, Radiguet, Tzara, Soupault, Cendrars.

À vingt-deux ans, il adhère au mouvement surréaliste. En quelques semaines, il en devient l'un des maîtres. On dit de lui qu'il parle surréaliste à volonté. Il a trouvé sa première patrie, celle de la révolution par le dérèglement du langage. André Breton proclame : « Le surréalisme est à l'ordre du jour et Desnos est son prophète. »

Il aime la bohème de Montparnasse et emménage dans l'atelier du peintre André Masson. Les recueils se succèdent, éblouissants, comme *Les Pénalités de l'Enfer* et *Deuil pour deuil*. De 1924 à 1929, il est l'un des rédacteurs les plus influents de la revue *La Révolution surréaliste*. Il participe à des sommeils hypnotiques où il révèle des dispositions exceptionnelles. Il est mû par une force incroyable, une passion débordante, une manière de parler qui stupéfie son entourage.

Ces expériences littéraires ne rapportant rien, il multiplie les petits boulots : comptable, courtier, caissier, journaliste. Il écrit également des textes théoriques sur le septième art. Les manuels de littérature en parlent peu, mais Desnos est un critique cinématographique de premier plan. Il estime la production nationale d'une grande pauvreté, d'un grand conformisme : « Le cinéma français est un scandale permanent. Tout en lui est vil, vulgaire et témoigne d'une âme de policier et de domestique. Ne demandez pas pourquoi ! L'argent est coupable. Il y a en France des metteurs en scène capables de faire de beaux films. Mais pour faire de beaux films il faut beaucoup d'argent. L'argent est aux mains de la classe la plus méprisante du pays. »

Desnos est un amoureux fou. Il est subjugué par une chanteuse de music-hall, Yvonne George, qu'il a rencontrée en 1924. Cette jolie femme devient son inspiratrice. Première grande passion. On ne sait si cet amour fut réciproque, sans doute pas. Nombre des poèmes du jeune homme sont hantés par celle qui l'émerveille. Elle incarne le désir sexuel, la grâce, la beauté, la poésie infinie. Les textes dédiés à sa muse, réunis sous le titre *À une mystérieuse,* sont, pour moi, les plus beaux du surréalisme. Je relis souvent ces vers magnifiques :

> J'ai tant rêvé de toi que tu perds ta réalité.
> Est-il encore temps d'atteindre ce corps vivant
> Et de baiser sur cette bouche la naissance
> De la voix qui m'est chère ?
> [...]
> J'ai tant rêvé de toi, tant marché, parlé,
> Couché avec ton fantôme
> Qu'il ne me reste plus peut-être,
> Et pourtant, qu'à être fantôme
> Parmi les fantômes et plus ombre
> Cent fois que l'ombre qui se promène
> Et se promènera allègrement
> Sur le cadran solaire de ta vie.

Yvonne George meurt en 1930 à trente-quatre ans. Desnos touche le fond du désespoir. Révolte infinie. Par-delà sa mort, il continuera à l'aimer. Pour toujours.

Comme beaucoup de ses pairs, un jour, Desnos rompt avec le surréalisme. Dès 1927, Breton l'insupporte, c'est un dictateur omniprésent, omnipotent. Mais surtout, comme Antonin Artaud, Desnos refuse que le mouvement pactise avec le parti communiste. Il ne veut pas d'allégeance à un mouvement politique. À l'heure des premiers procès de Moscou, les haines déchirent ceux qui s'étaient unis autour d'un idéal esthétique. Aragon, le bolchevique admirateur de Staline, réunit un tribunal de l'inquisition communiste pour juger son ancien ami poète. Il écrit : « Le langage de Desnos est au moins aussi scolaire que sa sentimentalité [...] Tout le stéréotype du bagage romantique s'adjoint ici au dictionnaire épuisé du XVIIIe siècle. » La fracture est douloureuse et irrémédiable. Desnos continue à écrire, mais en dehors de tout mouvement, de toute école. Il est fasciné par la peinture de Picasso, sur laquelle il couche des pages solaires. Il s'intéresse à la musique et compose des cantates et des chansons de variété, notamment pour l'envoûtante Fréhel. Pour lui, la littérature est un moyen de communication parmi d'autres.

Deuxième amour, Youki Foujita, qui devient sa femme et sa nouvelle muse. Dans leur appartement se réunissent des amis, des artistes, des hommes et des femmes qui s'admirent : Jean-Louis Barrault, Madeleine Renaud, André Masson, Antonin Artaud, Pablo Picasso.

Mais l'Europe est au bord de la catastrophe. Desnos s'engage en politique après la tentative de coup d'État des ligues d'extrême droite le 6 février 1934. Deux ans plus tard, il rejoint le Comité de vigilance des intellectuels antifascistes. La guerre d'Espagne éclate, les massacres des franquistes le choquent. Un temps pacifiste, il est persuadé que le conflit avec l'Allemagne est inéluctable et qu'il faut s'y préparer. Il devine la monstruosité du nazisme. Il a raison d'avoir peur, le nazisme va le tuer.

En mai 1940, les Allemands envahissent la France. La censure claque sur la création artistique comme un fouet de bourreau. Les premières arrestations ont lieu. Fin de partie pour la liberté. Desnos écrit dans une lettre à Youki : « J'ai décidé de retirer de la guerre tout le bonheur qu'elle peut me donner : la preuve de la santé, de la jeunesse et l'inestimable satisfaction d'emmerder Hitler. » Il entre dans le réseau Agir où il aide les résistants et les Juifs pris dans la tourmente. Il apprend que ce réseau est infiltré par des espions à la solde des nazis. Il s'en fiche. Ses actions et son militantisme ne faiblissent pas. Il écrit des poèmes imprégnés par l'arbitraire et le sang. Son texte *Le Maréchal Ducono* s'attaque violemment à Philippe Pétain.

Début 1944, devinant la Libération proche, il lance un appel à l'insurrection générale. Les nazis le repèrent. En février, la

Gestapo vient le cueillir chez lui. Il est torturé rue des Saussaies, puis séjourne un mois à la prison de Fresnes. Le 20 mars, il est transféré au camp de Compiègne dans l'attente de sa déportation. Youki, désespérée, tente d'empêcher son départ vers un camp de concentration. Mission impossible. Il est entassé dans un wagon à bestiaux jusqu'à Buchenwald où il découvre l'enfer terrestre. Commence une errance à la limite de l'humain. Il est transféré vers Flöha en Saxe où il devient esclave dans une usine pour carlingues d'avions. Il réussit à écrire à Youki des textes dans lesquels il chante la liberté et le désir de vivre.

Les armées alliées entrent en Allemagne, il est alors envoyé jusqu'au camp de Terezin en Tchécoslovaquie. Les SS s'enfuient, le poète est abandonné à son triste sort, épuisé, malade, méconnaissable. Dévoré par le typhus et les fièvres, il est vêtu de l'habit pouilleux des déportés. Le camp est libéré par l'Armée rouge mais le poète se meurt à l'infirmerie. Un étudiant tchèque, Joseph Stuna, fasciné par le surréalisme, le reconnaît. « Vous êtes Robert Desnos ? demande-t-il. – Oui, oui, Robert Desnos, le poète, c'est moi », répond-il d'une voix éteinte. Il meurt le lendemain, le 8 juin 1945, sans avoir eu la force de rentrer à Paris. La disparition d'un grand poète du siècle dans un camp nazi deviendra l'un des symboles de l'oppression.

Lors du retour de ses cendres en octobre 1945 dans la capitale française, Paul Éluard prononce un discours qui résume bien le destin de Robert Desnos : « Tout au long de ses poèmes l'idée de liberté court comme un feu terrible, le mot de liberté claque comme un drapeau parmi les images les plus neuves, les plus violentes aussi. La poésie de Desnos, c'est la poésie du courage. » Plus tard, Aragon, qui l'avait pourtant crucifié, lui dédiera un poème, *Robert le Diable*, que Ferrat chantera de sa voix chaleureuse :

Je pense à toi Desnos qui partis de Compiègne
Comme un soir en dormant tu nous en fis récit

Accomplir jusqu'au bout ta propre prophétie
Là-bas où le destin de notre siècle saigne

Je pense à toi Desnos et je revois tes yeux
Qu'explique seulement l'avenir qu'ils reflètent
Sans cela d'où pourrait leur venir ô poète
Ce bleu qu'ils ont en eux et qui dément les cieux.

Philip K. Dick

L'homme qui se souvenait du futur

1928-1982

Je ne suis pas grand amateur de science-fiction. Mais l'œuvre et la vie de Dick me fascinent, et j'ai lu plusieurs de ses livres que je tiens pour des chefs-d'œuvre (à ce niveau d'universalité peut-on encore parler de science-fiction avec ce qu'il y a de réducteur dans le terme ?). Un demi-siècle après qu'ils ont été écrits, ils restent d'une étonnante modernité. Peut-être n'ont-ils jamais été aussi modernes qu'en ces temps où des scientifiques commencent à spéculer sur la prise de pouvoir des robots. On parle de « cyborgs », de post-humanité, d'homme augmenté, d'œil artificiel, de prothèses bioniques, de puces ou d'électrodes implantés, de nanotechnologies : des avancées technologiques merveilleuses mais qui, sous la férule d'un dictateur, mettraient l'individu en danger : utilisation de données privées, biométrie, géolocalisation, caméras de vidéosurveillance, manipulation des réseaux sociaux… Dans son roman *La Vérité avant-dernière*, l'écrivain américain anticipait un monde dirigé par un robot, le Protecteur Talbot Yancy. Des millions d'individus réfugiés sous terre, dans une effroyable promiscuité, ne percevaient de ce terrible univers qu'une réalité manipulée, mensongère peuplée de simulacres, d'avatars et d'impostures… L'univers de Dick serait-il pour demain ?

Philip K. Dick le visionnaire est aujourd'hui reconnu, parfois adulé, mais il a vécu les années 1970 dans la douleur et la solitude. La drogue le pousse aux portes de la paranoïa et du suicide. Son œuvre est marquée par cette expérience de l'extrême qui lui laisse entrevoir des mondes parallèles d'une infinie splendeur.

L'enfance de Philip Kindred Dick est frappée du sceau de malheur. Il perd sa sœur jumelle, Jane, un mois après sa naissance. Toute sa vie est hantée par ce jumeau fantôme. Sur la tombe de Jane se trouvent deux rectangles : dans celui de gauche le nom de sa sœur, dans celui de droite le sien avec sa date de naissance, il manque celle de sa mort. Le petit garçon sait qu'il sera enterré là, à côté de sa jumelle dont il ne se souvient pas. Il est traumatisé par ce scénario écrit d'avance par des parents inconséquents. Toute sa vie, il les considérera comme responsables de la mort du bébé. La folie de Dick s'explique-t-elle par cet événement fondateur ? Sans doute. Mais le cauchemar ne s'arrête pas là : son père et sa mère divorcent quand il a quatre ans.

Dès son plus jeune âge, Philip souffre de troubles psychiatriques graves. Pendant son adolescence, il est fasciné par la science-fiction, exutoire à ses angoisses. Il dévore Poe et Lovecraft qui inspireront son œuvre. Après des études de philosophie inachevées – il est renvoyé de l'université pour communisme –, il s'adonne à la musique, l'autre grande passion de sa vie : il travaille dans une station de radio et vend des disques dans un magasin à Berkeley.

Il connaît plusieurs histoires d'amour très dissemblables. Après un premier mariage catastrophique, il se remarie avec Kleo Apostolides, une militante considérée comme communiste par le FBI. Des agents fédéraux lui enjoignent d'espionner sa propre femme, ce qu'il refuse. Il commence à écrire des nouvelles étranges qui n'ont aucun succès. Il se tourne vers le roman. Il publie *Loterie solaire*, un livre très politique, qui suggère que les gouvernements pourraient être tirés au sort comme dans un grand jeu de hasard.

Son couple est en plein naufrage. Philip travaille la nuit, sa femme a une vie sociale diurne. Il se sent de plus en plus isolé, espionné, traqué. Il écrit enfermé dans sa petite maison, coupé de la société, effrayé par le monde qui l'entoure. Il ne voyagera presque jamais. Pour créer, il a recours à des substances chimiques, notamment les amphétamines qui, une fois l'extase retombée, le plongent dans la dépression. Il est de plus en plus paranoïaque, il se croit victime de complots qui l'empêchent de devenir célèbre. Il ne gagne pas d'argent, il est incompris. Sa femme le quitte. Il rencontre une autre femme, Anne Williams Rubinstein, avec qui il partage les mêmes passions et la même folie. Anne le pousse à écrire un grand roman qui fera de lui un riche écrivain. Il commence à rédiger *Le Maître du Haut Château*, une uchronie où il imagine que l'Axe a gagné la Seconde Guerre mondiale. Roosevelt a été assassiné, New York a été rasé, les États-Unis ont été coupés en trois après la victoire des nazis et des Japonais. L'histoire se passe en partie sur la côte ouest, où un gouvernement fantoche à la solde du Japon fait régner la terreur. *Le Maître du Haut Château* est publié en 1962. Succès phénoménal. Il obtient le prix Hugo en 1963. J'ai découvert ce livre à seize ans au moment où j'écrivais mon premier roman. J'étais sans doute trop jeune pour comprendre mais j'étais ébloui par cette lumière venue d'outre-Atlantique.

Dick est étonné, mal à l'aise, méfiant. Il commence à devenir célèbre. Il a trouvé son public mais pour continuer à écrire, il a besoin d'absorber des quantités toujours plus importantes d'amphétamines.

L'idylle avec Anne ne dure pas. Il subodore qu'elle complote contre lui, qu'elle veut l'assassiner: «C'était une psychotique meurtrière. Elle me faisait peur et par deux fois elle a tenté de me tuer. » Anne s'en va, l'écrivain sombre de nouveau dans la dépression.

En 1965, il publie *Le Dieu venu du Centaure*, dans lequel il imagine que le réchauffement climatique a poussé l'humanité à migrer sur d'autres planètes du système solaire. Un livre prémonitoire ?

Nouvel amour et nouveau mariage, avec une jeune fille de vingt et un ans, Nancy Hackett. Toujours aussi paranoïaque, il soupçonne sa femme de vouloir le transformer en homme présentable, savourant son succès, dans la bonne société californienne, ce qu'il refuse obstinément. Il déteste les mondanités. Il aime rester chez lui, seul, derrière sa machine à écrire. Il se lance dans son roman le plus connu, *Les androïdes rêvent-ils de moutons électriques ?* qui sera adapté au cinéma sous le nom de *Blade Runner* en 1982. La Terre a été ravagée par une guerre nucléaire, elle est peuplée par de frêles populations humaines qui ont choisi de ne pas émigrer vers Mars, la planète refuge, où se trouve une partie des humains. En Californie, un homme, Rick Deckard, rêve de remplacer son mouton électrique par un vrai, dans un monde où la plupart des espèces animales ont disparu. Commence une quête impossible où le héros se demande ce qui différencie l'homme de l'androïde. Émerge une nouvelle religion, le mercerisme, dont le prophète est un charlatan. On peut communiquer avec lui grâce à une « boîte à empathie », sorte d'ancêtre d'internet.

Mais l'ouvrage le plus abouti de Philip K. Dick est *Ubik*, où éclate son génie. Le monde du futur – celui de 1992 – y est décrit. Les chefs d'État ont été remplacés par des dirigeants d'entreprises à la puissance phénoménale et tentaculaire. Le capitalisme le plus vil triomphe. À bien des égards, Dick pressent notre XXIe siècle : tout est payant, y compris les choses les plus insignifiantes, par exemple ouvrir une porte. Si on ne paye pas, cette dernière proteste :

> La porte refusa de s'ouvrir et déclara :
> – Cinq cents, s'il vous plaît.
> À nouveau, il chercha dans ses poches. Plus de pièces ; plus rien.
> – Je vous paierai demain, dit-il à la porte. (Il essaya une fois de plus d'actionner le verrou, mais celui-ci demeura fermé.) Les pièces que je vous donne constituent un pourboire, je ne suis pas obligé de vous payer.
> – Je ne suis pas de cet avis, dit la porte. Regardez dans le contrat que vous avez signé en emménageant.

Dick est devenu un écrivain célèbre. On admire ses fictions et sa capacité à deviner l'avenir. L'écrivain Anthony Peake le surnommera « l'homme qui se souvenait du futur ». Mais le succès n'empêche nullement le désespoir. Il a des problèmes d'argent à cause de la drogue qui coûte cher. Il est écœuré par la folie du monde. La guerre du Vietnam le révolte. Il écrit *Coulez mes larmes, dit le policier*, où il exprime son dégoût. Sa troisième femme l'abandonne. Sa maison devient le repaire de hippies qui se droguent avec lui. Les délires psychédéliques accentuent le sentiment d'abandon et de détresse. Il voudrait être interné dans un hôpital psychiatrique, mais on refuse de l'accueillir, considérant que ses symptômes ne sont pas assez graves. Un jour, il est cambriolé, son appartement dévasté. Sa paranoïa explose comme une bombe nucléaire. Le complot qu'il supposait existe bien, ce cambriolage le prouve. Il se sent espionné par des services secrets, mais lesquels ? KGB ? FBI ? CIA ? Il porte plainte mais la plainte est classée sans suite. Il est persuadé que la justice est de mèche avec les loups.

Il s'exile à Vancouver où il espère recommencer sa vie mais ses démons traversent la frontière avec lui. Après une tentative de suicide, il est interné en hôpital psychiatrique. Dans sa détresse, il a la conviction qu'il existe un monde supérieur, flottant au-dessus de nous, ou parallèle à nous, ou accessible après la mort, plus beau, plus grand, plus lumineux. Il devient mystique, d'un mysticisme très personnel, peuplé d'amour infini et de vaisseaux interplanétaires.

En 1977, lors de son unique grand voyage, il donne une conférence à Metz consacrée à la science-fiction. Le thème de son intervention : « Si vous trouvez ce monde mauvais, vous devriez en voir quelques autres ». Devant une salle circonspecte, il prétend que d'autres mondes nous entourent, invisibles, et que notre réalité a été « reprogrammée ». À Metz, selon ses propres dires, il connaît « la plus belle semaine de sa vie ».

Philip Kindred Dick meurt le 2 mars 1982, à cinquante-trois ans, victime d'une hémorragie cérébrale suivie d'une crise cardiaque. Quelques jours plus tard sort *Blade Runner*, film de science-fiction qui marquera l'histoire du cinéma. On y voit les images très fortes d'un monde postatomique déprimant, où émerge une nouvelle religion

Après sa disparition, l'écrivain devient un mythe, un monument de la littérature. Mais sa vie a été un enfer d'un bout à l'autre. Dans *La Trilogie divine*, il écrit : « Il ignorait alors que devenir fou est parfois une réponse appropriée à la réalité. »

Il est enterré par son père, très âgé, au côté de sa jumelle, où sa place l'attendait depuis plus d'un demi-siècle. Son destin était programmé depuis le commencement de son voyage sur la planète Terre. Est-il parti vers les infinités galactiques ?

De nombreux films, mais aussi des jeux vidéo, s'inspirent de son univers, comme *Californium Game*, où le joueur est un écrivain piégé dans des réalités multiples.

Emmanuel Carrère lui a consacré une remarquable biographie romancée, *Je suis vivant et vous êtes mort,* où il le définit comme un « shaker à cocktails chimiques ». À la fin du livre, il écrit : « Je ne sais pas si, durant son agonie, ou après, il a vu face à face ce qu'il avait entrevu, dans un miroir obscurément, et poursuivi au long de son séjour terrestre. »

Luc Dietrich

Une vie de chien

1913-1944

Fils de mère droguée, Luc Dietrich fréquente les hospices d'enfants. Ses textes sont imprégnés d'un désespoir illuminé par la douceur et l'extase. Il meurt en 1944 après avoir été gravement blessé sur le front par un bombardement.

Son nom ne dit plus grand-chose à plus grand monde aujourd'hui mais je me suis attaché à lui par la grâce d'un livre.

Son destin a commencé dans la souffrance : son père Adolf meurt alors qu'il est enfant, sa mère Madeleine se drogue et ne peut s'occuper de son rejeton. Il est placé dans des maisons pour orphelins où il côtoie des indigents, des déficients, des trafiquants, des prostituées. Adolescent calciné par la souffrance, il est garçon de ferme dans le Jura. Il espère renouer avec sa mère intoxiquée, éternellement malade et éternellement déprimée, mais elle meurt quand il a dix-huit ans.

En 1935, il raconte le début de sa vie dans un texte en prose, comme jailli de l'enfer, au titre émouvant, *Le Bonheur des tristes*. C'est ce livre-là qui m'a marqué : « Les hommes disent : "Une vie de chien." Ils croient que les animaux sont humiliés et malheureux. Mais j'avais bien observé les animaux et je savais que les hommes se trompent, car jamais une fourmi ne s'arrête pour soupirer que la vie ne vaut pas la peine, et jamais un âne ne se dit : "Comme je suis vexé d'être âne." Et quant aux plantes, elles sont si fières d'être ce qu'elles sont, qu'elles ne disent rien à personne. [...] Nous, nous sommes malheureux parce que nous ne sommes pas du tout contents d'être ce que nous sommes, sans non plus savoir ce que nous voudrions être. »

Un jour, au parc Monceau, il rencontre le jeune philosophe italien Lanza del Vasto qui, plus tard, créera les communautés de l'Arche inspirées par Gandhi. Une amitié naît, de partage, d'échanges philosophiques et littéraires. Lanza del Vasto l'aide à écrire certains de ses livres sans jamais vouloir être cité.

En 1938, il fait la connaissance de René Daumal, l'un des fondateurs de la revue *Le Grand Jeu*, qui marque fortement son existence. Il échange avec lui une abondante correspondance. Pour éviter de se suicider – la tentation de la mort le taraude –, il enchaîne les aventures spirituelles et charnelles, il collectionne les femmes, il devient un photographe talentueux. Mais sa santé est fragile, sa vie errante misérable, il dort n'importe où, dans les usines abandonnées, les squares, les petits hôtels miteux.

Il publie plusieurs ouvrages émouvants qui passent tous inaperçus malgré leurs grandes qualités poétiques : *L'Apprentissage de la ville*, *L'Injuste Grandeur ou le Livre des rêves*, *Histoire d'une amitié*, *Demain c'est le possible*.

« Avant je voyais la foule, mais maintenant pour la première fois je regarde la foule. Je m'appuyais contre un garde-fou qui me séparait des hommes, des femmes, de tous ceux-là qui moutonnaient, affluaient, semblaient se lier, puis disparaissaient dans d'autres tuyaux, dans les portes ouvertes comme des tombes.

« Alors le destin de l'humanité tout entière m'apparut clans ce mouvement de mauvaise marée : destins fondus clans le même glissement, destins lâchés par milliards comme poussières vivantes. »

Son ami René Daumal meurt en avril 1944, Luc Dietrich est bouleversé, anéanti. C'est un frère, un père qui a disparu.

Après le Débarquement, il se rend sur le front de Normandie pour aider les blessés meurtris par les bombardements. Il se dépense sans compter, essayant de soulager la souffrance humaine et de consoler les mourants. Il est lui-même victime d'un bombardement à Saint-Lô. Touché aux membres inférieurs par des éclats. A priori, la blessure n'est pas grave, mais Luc est fragile. Il est gagné par la gangrène. Une septicémie se déclare. Il meurt le 12 août 1944 à l'âge de trente et un ans.

« Le passé m'était remords, l'avenir menace, le présent dégoût », écrit-il dans *L'Apprentissage de la ville*. Une métaphore bouleversante de sa vie en lambeaux.

Fedor Dostoïevski

Le possédé

1821-1881

À dix-sept ans, l'âge où j'ai lu pour la première fois *Crime et Châtiment*, Fedor Dostoïevski écrit à son frère Mikhaïl: «J'ai un projet, devenir fou. Que les gens se démènent, qu'ils me soignent, qu'ils essaient de me rendre la raison!» On pense au bouffon du *Roi Lear* disant à son maître: «Tu ferais un excellent fou!». Comme si le dérèglement de la raison pouvait être un choix. Il est vrai qu'en cette année 1838, Fedor est plongé dans l'œuvre d'Ernst Theodor Amadeus Hoffmann qu'il découvre en russe, puis en allemand. Du génial écrivain et compositeur prussien, il lit tout: contes, nouvelles, romans. En matière de folie, il est servi. Hoffmann a étudié les dérèglements mentaux auprès de son ami le docteur Marcus, un psychiatre de grande culture. La lecture de ces ouvrages impressionne Dostoïevski. Ce sont certes de magnifiques joyaux littéraires. Mais il y a une autre raison: le thème de la maladie mentale le séduit. Pressent-il l'épilepsie dont les premiers signes cliniques n'apparaîtront que bien des années plus tard, au bagne? Est-il déjà taraudé par la grande interrogation existentielle qui sera le leitmotiv de tous ses livres et mettra en permanence son esprit dans l'intranquillité: et si le ciel était vide de promesses, si Dieu n'existait pas ? Oui, alors, face au « silence éternel de ces espaces infinis », le monde serait tragique et il y aurait de quoi devenir fou.

Quand on plonge dans la biographie, et surtout dans l'œuvre, immense, titanesque, de l'écrivain russe, on est vite convaincu de sa folie : on ne trouve dans ses livres que passions exacerbées, violence, noirceur, mise en scène d'une humanité effrayante, sordide, pathétique, sublime. Dostoïevski, géant de la littérature mondiale, est un homme étrange, un exalté et un mystique. Il ressent Dieu en lui, mais aussi le démon, tapi dans les souterrains, les arcanes de l'âme. Le diable peut prendre la forme du doute. Dostoïevski doutera beaucoup, il sera toute sa vie un être terriblement angoissé. Freud tentera de comprendre cette psyché tourmentée à l'aune de la psychanalyse. Il verra dans les dérèglements mentaux de l'auteur des *Frères Karamazov* la pulsion meurtrière originelle, l'ombre du désir parricide qui, depuis la nuit des temps, hante les fils coalisés de la horde primitive convoitant la femme du patriarche. Si la folie est un comportement cérébral en dehors des normes communes, si elle est démesure, outrance, obsessions, souffrance extrême, alors, sans l'ombre d'un doute, Dostoïevski aura atteint, et même dépassé, l'objectif qu'il s'était fixé dans ses jeunes années : devenir fou. De brillants psychiatres ou psychanalystes ont osé ce constat clinique : Dostoïevski était fou comme le furent nombre d'écrivains ou d'artistes parmi ses contemporains ou sa postérité : Gérard de Nerval, Friedrich Nietzsche, Guy de Maupassant, Vincent Van Gogh, Camille Claudel, Antonin Artaud, Virginia Woolf, Louis Althusser, Nicolas de Staël... je pourrais continuer la longue liste des a-normaux qui nous ont légué une œuvre dont la portée littéraire, esthétique, poétique ou philosophique est incommensurable.

Tous les romans de Dostoïevski étaient des miroirs qui lui renvoyaient sa démence. Aujourd'hui, ils reflètent son génie.

Fils de médecin, Fedor Dostoïevski naît en 1821 à Moscou dans le logement de fonction d'un hôpital. La famille mène une existence confortable mais le père est un ivrogne qui bat sa femme et ses deux enfants, lui et Mikhaïl, un frère qu'il aime passionnément. Déjà la violence, le malheur. Après neuf années passées dans la métropole russe, la famille déménage dans une maison à la campagne car la mère est phtisique et ne supporte plus l'ambiance insalubre de la ville. Le séjour dans les champs est une expérience fascinante pour le jeune garçon : il découvre l'âme de la grande Russie, les moujiks, les semailles, les moissons, les fêtes, le folklore, la religion des simples, l'immensité de la nature. Les souvenirs qu'il engrange dans les taillis où se cachent les étangs, la forêt silencieuse où l'on a peur du loup mais où il fait si bon cheminer enveloppé par les effluves mêlés de champignon, de mousse et de bois humide, l'aideront plus tard à survivre quand il traversera l'enfer du bagne. Jamais il n'oubliera le paysan du domaine, un homme « avec une barbe rousse touffue et mélangée de poil gris », doté d'une force tranquille, rassurante.

La mère meurt quand Fedor a seize ans. Les deux frères se retrouvent seuls face à un père alcoolique et violent. Fedor entre à l'école des Ingénieurs militaires de Saint-Pétersbourg où il apprend l'art de la guerre et des fortifications. Élève solitaire et taciturne, il découvre la littérature et se passionne pour les grands auteurs russes, anglais, français, allemands : Pouchkine, Gogol, Shakespeare, Racine, Corneille, Balzac, Hugo, Goethe et tous les romantiques germaniques avec une passion particulière pour Schiller : âgé de dix ans à peine, il a assisté, dans un théâtre de Moscou, à une représentation de la célèbre pièce *Les Brigands*, et cette œuvre du poète et dramaturge allemand l'a profondément marqué.

Après la mort de la mère de Fedor, celle du père. Assassiné au bord d'une route, en pleine campagne, torturé, méconnaissable. Il s'agit d'une vengeance de moujiks qu'il maltraitait avec délectation. Mais il est officiellement déclaré mort d'apoplexie. Étrange destin pour un médecin. Le jeune homme n'aimait pas son père, mais ce meurtre le bouleverse et accroît son irrépressible sentiment de culpabilité, sa conviction d'être un parricide en pensées et en intentions. Il plonge dans la dépression et devient émotionnellement fragile. Il ne souffre pas encore du mal sacré, l'épilepsie, mais développe un fort syndrome hypocondriaque. Désormais, il est sujet à des hallucinations auditives et des céphalées violentes assorties d'aphonie. Fedor ne supporte pas l'ambiance militaire de l'école quand bien même sa carrière est prometteuse. Il démissionne de l'armée et se lance à corps perdu dans l'écriture. Il traduit *Eugénie Grandet* et se passionne pour l'œuvre d'Honoré de Balzac, il lit *Le Père Goriot* et ce chef-d'œuvre le marque profondément. Il travaille la nuit, dans le désespoir, l'orgueil, le dénuement. Sa misère est noire. Il écrit un premier roman, *Les Pauvres Gens*. Il le soumet à son ami le poète Nekrassov qui le dévore en deux jours et le transmet à un critique redouté, un certain Bielinski. Celui-ci est subjugué. En quelques mois, Dostoïevski devient un auteur à la mode. Sa vie change, il joue au dandy, au mondain, comme s'il était déjà parvenu au faîte de la gloire.

Puis, il publie *Le Double*, mais l'accueil, cette fois, est sibérien. Il apprend à ses dépens qu'un auteur porté au pinacle peut être roulé dans la boue quelques mois plus tard. Tourgueniev, le grand Tourgueniev, qu'il admire, ironise sur « ce chevalier à la triste figure ». Découragé, Dostoïevski s'enferme dans une profonde solitude. Toujours la même ambivalence, l'enfer côtoie le paradis. Tantôt modeste, réservé, sombre, tantôt prétentieux, exalté, provocant, suffisant. Il n'a pas l'art de se faire aimer. Un écorché vif. Un être toujours coupable, compliqué, tiraillé, persuadé qu'on complote dans son dos.

Au bord du désespoir, Dostoïevski a des crises d'angoisse terribles, sa santé nerveuse et mentale est mise à mal. Comme s'il s'agissait de conjurer le mauvais sort, il déménage sans cesse dans Saint-Pétersbourg. Pour fuir ses amis du moment ? En trouver de nouveaux ? On ne sait.

Par dépit ou par conviction, le jeune écrivain fréquente un cercle libéral de Saint-Pétersbourg qui prône une société plus juste et plus fraternelle. La nuit, il refait le monde avec ses camarades. Petrachevski, jeune fonctionnaire au ministère des Affaires étrangères, reçoit les « comploteurs » dans sa maison de planches. On y parle autant de littérature et de poésie que de politique. Certains des visiteurs du soir sont encore étudiants, d'autres viennent tout juste de commencer leur carrière, tous sont jeunes, idéalistes, exaltés. On fume des pipes à long tuyau en buvant du thé et de la vodka. Les jeunes gens ont lu George Sand, Victor Hugo, Charles Fourier, Max Stirner… Ils aspirent à une Russie débarrassée du servage et de la censure. Dostoïevski n'est pas un révolutionnaire. « Pour le peuple, écrira-t-il, le tsar est l'incarnation du peuple même, de son idée, de sa foi et de ses espérances. » Mais l'autocratie tsariste déteste la critique, d'autant que les serfs commencent à s'insurger contre leur seigneur dans les provinces. La surveillance policière est partout renforcée. Ses amis sont comme lui arrêtés. Un vaste coup de filet dans différents quartiers de Saint-Pétersbourg. Dans la soirée du samedi 23 avril, les prisonniers sont conduits sans ménagement à la forteresse Pierre-et-Paul. Ce n'est que la première étape du calvaire.

La route du châtiment dans les immensités neigeuses n'en finit pas. Au fond, peu importe : tout au bout, le bagne de l'enfer du froid les attend. Il fait moins trente. Ils pénètrent peu à peu dans un univers irréel et glacé. Les bêtes sont harassées et affolées. Elles trébuchent, glissent, s'enfoncent dans la neige, font des embardées sur la glace. Sous une conduite autoritaire et serrée, elles avancent. Les troïkas parviennent à passer les cols. Le froid devient polaire. Les rares villages traversés sont déserts. Puis, plus de village, plus de hameau, plus aucune habitation, plus aucune âme qui vive, c'en est fini de la civilisation.

Le 23 janvier 1850, après un mois d'épreuves, Dostoïevski aperçoit au loin son lieu de villégiature : au cœur d'une immense steppe : la forteresse d'Omsk ceinturée d'une levée de terre plantée de pieux.

Pour tout comité d'accueil, le commandant de la garnison du bagne. Il s'appelle Kryvtzov mais tous les prisonniers le surnomment l'« homme aux huit yeux ». Un ivrogne cruel et orgueilleux. Un pervers auquel rien n'échappe.

Bienvenue à la maison morte.

Il faut revêtir l'habit du bagnard.

Cent ans avant l'archipel du goulag, l'écrivain vit un cauchemar, une réclusion, une torture que connaîtra Alexandre Soljenitsyne. La détresse morale l'habite nuit et jour, le Sibérien est guetté par la mort qui rôde dans le camp et fauche les jeunes gens l'un après l'autre. Ici, le froid extermine. Dostoïevski n'écrit plus, mais son œuvre à venir est tapie dans sa tête, en germe, prête à jaillir de la blanche immensité. Il ne reçoit aucune lettre. Son frère adoré se tait, à moins que les courriers ne parviennent pas jusqu'au camp. Fedor lit et relit l'Évangile qui devient sa consolation. Il rencontre Dieu et redécouvre les paysages infinis, les aubes blafardes, les aurores boréales, les jours sans soleil, les soleils de minuit. Il approfondit sa connaissance de l'humaine nature. Plus tard, rendu à la liberté, il en fera le matériau de son œuvre. Mais il lui faut d'abord, pour expier, endurer en captivité des conditions de vie extrêmes qui font chanceler sa santé nerveuse. Les médecins troupiers diagnostiquent les premières crises d'épilepsie. Il a trente ans. « Il bégaya un court instant, comme s'il cherchait ses mots et ouvrit sa bouche… Soudainement de sa bouche béante sortait un long cri étrange et il tombait inconscient à terre […]. Son corps se tournait et tressaillait sous l'effet des spasmes […] à l'encoignure des lèvres de la mousse était visible. » Le haut mal ne le quittera plus, il aura une grande influence sur sa vie, son œuvre, son style littéraire.

Derrière l'enceinte aux mille cinq cents pieux, Dostoïevski voit se révéler les plus bas instincts mais aussi l'âme des hommes et défiler les saisons. L'été, l'immense plaine est desséchée et le décor se teinte de jaune, cette couleur réchauffe les cœurs. Dès l'automne, les vents balaient tout sur leur passage, la chute des feuilles rend les abords de la forteresse d'Omsk franchement lugubres. L'hiver, la neige, la glace recouvrent le paysage, le travail des bagnards est rude, certains jours, inhumain. Le printemps est douloureux, la plaine redevient herbeuse, mais la maison morte est immuable…

À peine sorti, Dostoïevski écrit à Mikhaïl, son aîné, son meilleur ou plutôt son seul ami : « Les hommes sont partout les mêmes. Aux travaux forcés, parmi des brigands, j'ai fini par découvrir des hommes, des hommes véritables, des caractères profonds, puissants, beaux. De l'or sous de l'ordure. » Et plus loin : « Que d'histoires d'aventuriers et de brigands j'ai recueillies ! Je pourrais en faire des volumes. Quel peuple extraordinaire ! Je n'ai pas perdu mon temps… » Un esprit de résilience hors du commun.

À partir de son expérience, Dostoïevski rédige *Les Carnets de la maison morte,* un immense chef-d'œuvre. Il s'agit d'une fiction – mais très réaliste – qui raconte la vie de l'univers concentrationnaire. Ce texte brut a la puissance d'évocation de *La Divine Comédie* de Dante. Il en a aussi la poésie. Quelques années plus tard, les pages de *Crime et Châtiment* où l'on accompagne le héros Raskolnikov au bagne seront inspirées de ce récit. Toute sa vie, Dostoïevski portera en lui les souffrances et les stigmates du forçat. Mais c'est bien en traversant l'enfer qu'il aura rencontré l'homme et sa propre humanité.

Après le bagne, Dostoïevski n'en a pas fini de sa peine et de la Sibérie. Il est enrôlé de force dans l'armée, et affecté à Semipalatinsk, à la 1re section du 7e bataillon de ligne de Sibérie. La forteresse est plantée au cœur de la steppe asiatique. Peu après son incorporation, Fedor écrit à son frère : « Je suis arrivé ici au mois de mars, ne sachant presque rien des exercices militaires, et cependant, vers le mois de juillet, j'étais comme les autres à la revue, et je connaissais mon affaire aussi bien qu'eux [...] Pour apprendre, il faut se fatiguer. Je ne me plains pas : c'est ma croix et je l'ai méritée. »

À Semipalatinsk, il fait bientôt la connaissance de Marie Dmitrievna. Elle n'a que vingt-neuf ans mais déjà son organisme est ravagé par la tuberculose. Fedor tombe amoureux. Marie est la femme d'un instituteur et la mère d'un enfant de huit ans, Paul. Elle n'est pas libre. Le mari a le bon goût de mourir d'une maladie incurable. Le 6 février 1857, à trente-six ans, Dostoïevski épouse la jeune veuve. Aussitôt après les noces, il est terrassé par une violente crise d'épilepsie : convulsions, bave, hurlements. Terrible. Comme un mauvais présage pour le couple qui vient de se former en l'église orthodoxe de Kouznetsk.

En mars 1859, après une dizaine d'années de relégation sibérienne, Dostoïevski est démobilisé de l'armée pour raison de santé. Le 30 juin, il reçoit l'autorisation officielle de quitter Semipalatinsk. Le 2 juillet, les Dostoïevski montent dans une voiture. Les chevaux hennissent d'impatience. Un long voyage s'annonce. Adieu les terres arides des steppes de Sibérie.

De retour à Saint-Pétersbourg, Dostoïevski passe ses nuits à écrire dans la solitude de sa soupente. La création littéraire devient sa plus grande passion, une nécessité vitale. Quand il crée, il bascule dans une autre vie, sans frustration, sans peine, sans remords, mais l'écriture ne rapporte rien. Dès janvier 1861, il commence la publication, en feuilleton dans *Le Temps*, du roman *Humiliés et Offensés*, une satire sociale.

Dostoïevski est porté par un élan vital et une énergie spirituelle extraordinaires. Point de rancœur. Il n'est pas revanchard.

Il a hâte de retrouver sa place dans la société des hommes et au sein du monde des lettres. Il a confiance dans son talent. *Les Carnets de la maison morte* sont publiés également dans *Le Temps*. C'est un immense succès, pour la revue et pour l'écrivain. L'heure de la réhabilitation est venue. Son génie va enfin être reconnu. Demain, c'en sera fini de l'endettement, des tracasseries incessantes. Dostoïevski triomphe. Une seule ombre au tableau mais elle est de taille : le couple Dostoïevski vit dans la mésentente cordiale. Tout l'été 1862, Fedor fait une pause, voyage pour la première fois à l'étranger : Berlin, Paris, Londres, Genève, Florence, Milan, Venise, Vienne… Il apprécie de vivre enfin dans l'aisance.

Mais l'embellie sera de courte durée.

Son destin de maudit le rattrape.

La revue *Le Temps* est interdite sur ordre du tsar pour antipatriotisme. Dostoïevski perd du jour au lendemain une source importante de revenus à un moment où il a grand besoin d'argent pour soigner sa femme, Marie Dmitrievna, que la phtisie condamne à brève échéance. Lui-même voit son mal empirer : ses crises d'épilepsie sont de plus en plus violentes. On lui conseille de consulter des médecins réputés à Berlin et à Paris, et de fréquenter les villes d'eau. La balnéothérapie est à la mode, en plein développement. Des soins et du repos dans des lieux de villégiature agréables ne le guériront pas de son mal terrible, mais ils devraient lui donner quelque répit. Dostoïevski emprunte mille roubles à la Caisse de secours des gens de lettres. De nouveau les dettes, l'ombre portée des créanciers sur sa vie… Mais, au moins, il peut partir pour l'étranger. Sa jeune maîtresse Apollinaria Souslova sera du voyage…

Elle a vingt-deux ans. Il a presque le double de son âge. Lectrice assidue du *Temps*, elle est tombée amoureuse de Dostoïevski en lisant ses textes dans la revue. Intelligente, passionnée, elle prône l'émancipation des femmes… y compris dans les relations amoureuses. Elle tient à mettre en œuvre dans sa vie les principes qu'elle défend. Elle sera volage, leur relation sera instable, elle ne durera pas. Apollinaria aime Fedor Dostoïevski ; mais elle apprécie tout autant sa liberté. Par ailleurs, elle découvre dans l'intimité des pans de la personnalité du « grand » homme de lettres que forcément elle ignorait et qui la déçoivent : Fedor est un grand paranoïaque, un être instable. On l'imagine aisément invivable au quotidien. Pour l'heure, le couple boucle ses valises, en partance pour l'Europe. Il est temps de fuir car les difficultés financières s'accumulent et les critiques, passé leur engouement pour *Les Carnets de la maison morte*, redeviennent sceptiques à l'encontre de Dostoïevski. Pour échapper à ses créanciers, ses contempteurs, il se mue en nomade, un paria allant de ville en ville, de pays en pays, tantôt en compagnie d'Apollinaria, tantôt tel un loup solitaire qu'on remarque parce qu'il y a quelque chose de légèrement décalé dans ses gestes, d'illuminé dans son regard. Dans les stations balnéaires réputées, on trouve, outre les bains, un casino. Dostoïevski a la manie de jouer de l'argent pour tenter de gagner davantage. Il perd tout. Les crises d'épilepsie sont de plus en plus violentes, infernales. Apollinaria ne supporte plus de vivre avec un grand malade vieillissant, dont le dérèglement mental se traduit désormais par l'addiction au jeu. Elle n'en peut plus de devoir partager sa vie, son amour avec la plus redoutable des maîtresses, la roulette. Quand bien même serait-il l'un des génies du siècle, elle finit par le trouver invivable. Fedor, de son côté, n'admet plus les caprices incessants et les infidélités de la jeune femme. Mais il est surtout lucide sur son addiction : « Depuis que j'avais abordé, la veille, le tapis vert et commencé à rafler des liasses de billets, mon amour était passé au second plan », confessera-t-il.

Après un ultime voyage ensemble en Italie, le couple se sépare à l'automne 1863. Nouvel échec.

L'année 1864 peut être qualifiée d'*annus horribilis* pour Dostoïevski. Sa femme Marie Dmtrievna est au plus mal. Tuberculose en phase terminale. Il s'installe avec elle à Moscou. Il est à son chevet le jour, la nuit, apportant des soins et du réconfort à la mourante. Quand elle s'assoupit, il écrit à ses côtés. Il sait qu'il va devoir s'acquitter des dettes de son épouse. Il n'a d'autre choix que d'usiner, de produire du texte, pour demain faire face aux créanciers qui sinon ne manqueraient pas d'envoyer des huissiers à sa porte. À la façon de Balzac, il est à la tâche même la nuit – une cafetière de café épais et fort à portée de la main – jusqu'à l'épuisement. Comme une terrible mise en abîme, il commence la rédaction des *Carnets du sous-sol,* une longue nouvelle dont la première phrase donne le ton: «Je suis un homme malade... je suis un homme méchant.»

Le 15 avril, Marie Dmitrievna meurt dans de terribles convulsions: «Le sang a jailli par la gorge et a commencé à inonder sa poitrine et à l'étouffer.» Le couple ne s'entendait plus depuis longtemps mais c'est tout de même pour Fedor une rude épreuve. «Elle m'aimait sans bornes, écrira-t-il, et moi aussi je l'aimais sans mesure. Et, même, plus nous souffrions, plus nous nous attachions l'un à l'autre.»

Mikhaïl lance *L'Époque*, une nouvelle revue. Dans le numéro 1 de janvier-février, il a proposé à Fedor, ce frère dont il se sent si proche, la publication de la première partie des *Carnets du sous-sol.* En juin, la totalité du livre aura été publié. Une satisfaction pour Dostoïevski, et une rentrée d'argent importante. Mais le 10 juillet, Mikhaïl meurt à son tour. Outre le chagrin, il laisse à Fedor des dettes colossales.

Le jeu et les aléas de la vie ont conduit Dostoïevski au bord de l'abîme. Pourtant, à la même période, il amorce la composition de son premier roman-tragédie (jusqu'alors, il n'a publié que des nouvelles ou des récits) qui restera comme son chef-d'œuvre le plus marquant. Il a besoin d'argent, il est même criblé de dettes. Pour obtenir le paiement d'un bel à-valoir, il lui faut convaincre qu'il a un grand projet en genèse. Lorsqu'il décide d'entreprendre *Crime et Châtiment*, il est conscient de l'enjeu: «Ce sera à grand effet et tout mon cœur et mon sang seront dans ce roman. Je l'ai conçu au bagne, couché sur mon châlit, dans un moment de tristesse et de découragement… Cette confession assurera définitivement mon nom. » En septembre 1865, Dostoïevski écrit au directeur du *Messager russe* : « Puis-je compter faire paraître dans votre revue un texte de moi ? […] C'est le compte rendu psychologique d'un crime. »

Je tiens *Crime et Châtiment* pour le plus grand roman de tous les temps. Un gigantesque phare. Je choisis l'hyperbole pour évoquer cette œuvre hors normes qui ne se lit pas mais se vit, chapitre après chapitre : grandiose, immense, phénoménal. Le summum de l'art « dostoïevskien », à la fois quintessence du roman russe et livre à la portée universelle. S'il n'avait pas été, un temps de sa vie, gueux parmi les gueux, frappé du sceau de l'infamie, Dostoïevski aurait-il écrit ce chef-d'œuvre absolu ? Le roman est d'une telle puissance qu'à certains moments de sa lecture, on éprouve un vertige. À d'autres, une sensation d'étouffement, un mal-être physique doublé d'un choc émotionnel.

J'admire Dostoïevski pour sa langue brute, puissante ; tout particulièrement dans ce « polar » de génie. Ses livres « ne sont pas des romans écrits, mais des poèmes proférés ». Ce constat du traducteur André Markowicz est d'une grande justesse : l'écrivain russe dicta la plupart de ses manuscrits. Lorsqu'on le lit, on entend sa voix, et c'est la voix du peuple. Dostoïevski écrit comme un cochon, et c'est génial. Même lorsqu'ils semblent avoir été taillés à la hache, ses textes sont magnifiques. Ce verbe oral est hypnotique, habité, possédé. Il contient les passions, les humeurs noires, les visions, l'âme de l'écrivain. Markowicz n'hésite pas à le dire : « C'est la langue d'un fou. » Elle a son rythme propre. Avec leitmotiv, et crescendo du tragique, elle nous transporte dans un labyrinthe où les repères ont tendance à s'effacer. On est embarqué et on ne sait pas où l'on va. Les phrases ont de la chair mais aussi une vibration. Les mots disent l'indicible, le mystère, assurent une plongée abyssale au cœur des ténèbres de la psyché humaine. Nous entrons dans un monde poétique, flottant entre rêve et réalité. Des forces occultes guident nos pas.

D'un côté une œuvre sublime, de l'autre une misère sans fond. Un éditeur enjoint à Dostoïevski d'écrire un roman tous les quatre mois. L'homme de lettres engage alors comme secrétaire sténographe une jeune fille, Anna Grigorievna Snitkine. Pour gagner du temps, produire plus, il veut désormais dicter ses manuscrits. Anna devient sa maîtresse. Quatre mois plus tard, le 15 février 1867, ils se marient. Elle a vingt et un ans, lui quarante-cinq. Le début du bonheur dans un petit nid d'amour ? Pas tout à fait. Les créanciers de l'écrivain sont si pressants que le couple doit fuir la Russie. Pour Fedor, à nouveau l'errance à travers l'Europe, cette fois-ci avec sa jeune femme : Dresde, Baden-Baden, Genève, Florence. Ils ne mangent pas à leur faim. Ils dorment dans des abris misérables. Ils mendient. Fedor hante à nouveau les casinos qu'il aime tant, en espérant empocher le jackpot, mais il est de plus en plus pauvre, de plus en plus malade. Une immense mélancolie le gagne. Les jeux de hasard finissent toujours par punir et détruire. Lors d'un séjour dans le pays de Bade (sud de l'Allemagne), Dostoïevski qui a perdu toute sa fortune va jusqu'à jouer celle de son épouse. Il joue aussi les boucles d'oreilles d'Anna. Ils se refont un peu, l'errance se poursuit. Une lettre de Dostoïevski à sa femme dit tout de l'addiction au jeu : « Anna, mon amie, ma femme, pardonne-moi, ne me traite pas de canaille. J'ai commis un crime. J'ai perdu tout ce que tu m'as envoyé, tout, tout jusqu'au dernier pfennig. J'ai reçu l'argent hier, et hier même, je l'ai perdu. Annette, comment pourrai-je te regarder à présent, que penseras-tu de moi ? C'est la seule chose qui m'effraie… » Fin novembre 1867, l'écrivain séjourne à Saxon-les-Bains. Il court au casino. Il joue, perd, gagne, perd à nouveau. Pour pouvoir rejouer et tenter de se refaire il engage son paletot d'hiver et son alliance.

« Annette, ma chérie, mon incomparable, écrit-il à sa femme, j'ai tout perdu, tout. Oh ! mon ange, ne t'attriste pas, ne t'inquiète pas. Sois sûre que maintenant le temps viendra où je serai digne de toi, où je ne te dépouillerai plus comme un sale et misérable voleur. »

L'exil, les chambres minables, la dèche... et puis, à Genève, un extraordinaire rayon de soleil : Anna est enceinte. La petite Sonia vient au monde au début de l'année 1868 : elle est belle comme un cœur. Fedor est fou de bonheur. Mais le bébé prend froid au cours d'une promenade et ne s'en remet pas. La douleur est terrible.

À Genève, l'année qui suit la publication de *Crime et Châtiment*, Dostoïevski commence à écrire *L'Idiot* qui sera un nouveau chef-d'œuvre. Les difficultés financières s'accumulent et ses crises d'épilepsie sont de plus en plus fréquentes. Dostoïevski note dans un carnet : « Crise violente... Attaque à 6 heures du matin. Le soir surtout, à la lueur des bougies, une tristesse maladive, un reflet rouge sur tous les objets. » Pendant une crise, il entrevoit l'inframonde et le supramonde, il accède à un niveau supérieur de conscience. Il se dédouble, sort du temps prosaïque pour rejoindre un temps sacré, un temps qui n'existe pas.

Le livre qu'il a en chantier raconte l'histoire du prince Muichkine, considéré comme idiot de naissance parce que infiniment bon, irradiant de générosité. Il est démuni, incapable d'agir dans un monde cupide et violent. Il parle avec son cœur mais les hommes ne l'entendent pas. On pense à saint François d'Assise, le *Poverello* qui aimait et respectait Frère Loup, parlait aux oiseaux et citait devant Sa Sainteté le pape la sagesse des alouettes.

L'Idiot, publié d'abord en feuilleton, dès le mois de janvier 1868, dans *Le Messager russe,* est froidement accueilli par la critique. Elle ne comprend pas ce livre, le juge « invraisemblable » faute d'en percevoir le génie. « Ce que la plupart des gens appellent fantastique et exceptionnel, c'est pour moi la réalité la plus profonde», écrit Dostoïevski amer.

Après avoir encore publié, au début de 1871, sans beaucoup de succès, *Les Démons,* un véritable roman-pamphlet dans lequel il dénonce le «nihilisme occidental», le «christianisme athée», Fedor Dostoïevski arrive à Saint-Pétersbourg, avec son épouse, après tant d'années d'absence, le 8 juillet 1871. Quelques jours plus tard, le 16, naît leur troisième enfant, un garçon, le petit Fedor. Dostoïevski profite des joies de la paternité mais continue à écrire à un rythme très soutenu. Il travaille la nuit jusqu'à 4 ou 5 heures du matin. Chaque après-midi, muni de ses feuillets illisibles, il dicte son manuscrit à Anna.

En 1876, il publie *L'Adolescent,* l'histoire d'un jeune homme qui rêve d'être aussi riche que Rothschild. Dostoïevski s'attelle ensuite à son ultime roman-tragédie, *Les Frères Karamazov.* Ce «chantier littéraire» l'occupera plus de trois ans. Pour se préparer au grand œuvre, dès 1877, l'écrivain se rend sur les terres de son enfance, à Darovoïé. Il retrouve des moujiks, des paysans peut-être fils de ceux qui ont assassiné son propre père, après l'avoir ligoté, puis soûlé en l'obligeant sous la menace à boire de l'eau-de-vie. Lorsqu'il commence à écrire son roman, Dostoïevski craint que le temps lui soit compté et qu'il ne puisse mener à terme son projet. «Je pense souvent à la mort», écrit-il. Et encore, affaibli par la maladie: «Maintenant, j'ai sur le dos les Karamazov qu'il faut bien terminer. Il importe d'en faire une œuvre d'art, et c'est une chose difficile et risquée, une chose fatale: elle doit placer mon nom très haut, l'affermir; autrement, plus d'espoir.»

Les Frères Karamazov sont l'histoire d'une folie familiale. Celle d'un parricide: quatre fils coalisés pour tuer le père, un être abject «hideusement sensuel», afin qu'il cesse de dilapider la fortune qui doit leur revenir. De nouveau des êtres possédés, tiraillés entre Dieu et Satan, entraînés vers l'abîme par leurs atavismes, leurs passions, leurs pulsions. Au centre de la horde des mâles, une femme, objet de leur convoitise : Grouchenka. Belle, érotique, ensorceleuse, garce. Le patriarche, Fedor Pavlovitch, est un bouffon méprisable, un faible qui a gâché sa vie. Débauché, ivrogne, avare et cynique, il ne s'est jamais préoccupé de ses enfants. Il ne les a jamais aimés non plus. Il va être assassiné par Smerdiakov, son fils illégitime, un taré enfanté par une pauvre fille, muette et idiote, que Fedor viola un soir. Le bâtard, épileptique de surcroît, n'éprouve que haine pour son libidineux de père qui a fait de lui un domestique corvéable à merci. Les trois fils légitimes, Mitia, Ivan et Aliocha, sont cimentés par une détestation du père aussi forte que celle que nourrit Smerdiakov, mais pour d'autres raisons : pour eux, le vieux est d'abord celui qui a l'argent, en use pour ses plaisirs et n'a pas l'intention de le lâcher tant il est grippe-sou. Il y a dans le choix de ce dernier thème romanesque un aveu douloureux, une confession : Dostoïevski a été habité toute sa vie par un fort sentiment de culpabilité lié à son parricide intentionnel. C'est sur cette névrose originelle, cette pulsion de mort, que s'est développée sa folie.

Aussitôt *Les Frères Karamazov* publiés, Fedor Dostoïevski se remet au travail. Mais sa santé est précaire. Il souffre d'emphysème. « Les petits vaisseaux étaient devenus si minces et si cassants qu'ils pouvaient à chaque instant se rompre, à la suite d'un effort physique », écrira sa femme Anna. L'écrivain, acclamé partout comme un prophète, parvient à puiser dans cette reconnaissance tardive l'énergie dont il a besoin.

Le 8 juin 1880, Dostoïevski prononce à Moscou un discours pour le centième anniversaire de la mort de Pouchkine. Il conclut : « [Le poète] est mort dans tout l'épanouissement de ses forces et, à n'en pas douter, il a emporté avec lui, dans la tombe, un grand secret. Et voici que nous devons nous efforcer de le pénétrer sans lui. » Il est salué et applaudi comme jamais. La foule hurle : « Le prophète ! Le prophète ! » On tombe aux pieds de l'écrivain, on l'admire, on le vénère. Mais c'est trop tard. Tout est arrivé trop tard dans sa vie. Il est très faible, souffre le martyre. Il n'a que cinquante-huit ans. Il est déjà vieux.

Dans la nuit du 25 au 26 janvier 1881, alors qu'il est installé à sa table de travail en train d'écrire, soudain, il crache du sang.

Il meurt le 28 janvier, crucifié par sa vie. Ses dernières paroles ont leur part de mystère : « La fin, la fin, je vais être submergé… »

Le jour de son enterrement, le cimetière du cloître Nevski à Saint-Pétersbourg est enseveli sous une neige épaisse. Il fait froid à pierre fendre. Une foule anonyme et transie rend hommage à l'immense homme de lettres. Pour rejoindre les lieux, plus de trente mille personnes ont cheminé, la veille, après la levée du corps au domicile des Dostoïevski, pendant deux heures, en psalmodiant des chants religieux orthodoxes entonnés par quinze chorales qui se sont réparties dans la longue procession des admirateurs. Des hommes, des costauds, se sont emparés du cercueil trônant sur un char funèbre, pour le porter sur leurs épaules pendant tout le trajet, afin de marquer leur respect pour l'écrivain et la grande figure spirituelle. À la nuit tombante dans le cimetière, « entre les croix, relate le biographe d'origine russe Henri Troyat, rôdent encore d'étranges silhouettes noires, au col relevé, à la face gelée, semblables à ces personnages falots que Dostoïevski a décrits dans ses livres ».

L'écrivain n'est plus maudit : il a définitivement conquis l'esprit et le cœur des hommes. Après un XXe siècle qui a vu triompher la barbarie, le XXIe siècle sera peut-être dostoïevskien : fraternel et compassionnel.

Pierre Drieu La Rochelle
Le suicide comme fuite ultime
1893-1945

Pierre Drieu La Rochelle est à mes yeux l'archétype de l'écrivain surdoué qui n'a jamais réussi à trouver ni sa voix ni sa voie. Tour à tour surréaliste, dadaïste, socialiste, gauchiste, antifasciste, fasciste, collaborationniste, il est happé par les sirènes de son temps comme une mouche aspirée par des lumières incertaines. Il a si souvent changé de route – ami d'Aragon et de Malraux, mais aussi intime d'Otto Abetz, ambassadeur de Hitler à Paris après l'armistice de 1940 – qu'il est impossible de le définir avec certitude. Écrivain mondain, talentueux, parfois génial, il est à l'image de son époque, écartelé entre plusieurs pulsions mortifères : le totalitarisme de Staline et le nazisme de Goebbels. Un écrivain perdu, en quelque sorte, pour lui-même et pour les autres, dans une époque perdue, qui a eu comme ultime courage de mettre fin à ses jours pour en finir avec ses contradictions insurmontables.

Il naît dans le IXe arrondissement de Paris, enfant de la bourgeoisie désargentée et désœuvrée. Sa famille antisémite croit en la culpabilité du capitaine Dreyfus. Les débats sont violents et haineux avec les invités de passage, ce qui marque le jeune homme. Un jour, le père quitte sa femme pour retrouver sa vieille maîtresse. L'adolescent est déprimé par l'ambiance délétère qui règne à la maison et se plonge dans la lecture, seule bouée de sauvetage. Il est fasciné par Stendhal et Barrès. Élève passable, il entre à l'École libre des sciences politiques mais il échoue à l'examen de sortie.

La Grande Guerre éclate. Il est mobilisé. Admirateur de Nietzsche, il emporte le *Zarathoustra* sur les champs de bataille. Il est blessé à trois reprises, sans gravité. En 1917, il épouse une jeune femme juive, Colette Jéramec. La passion est tiède. Plus tard, il écrira : « Deux êtres que je passerai ma vie à découvrir : la femme et le Juif. »

Après la guerre, il n'arrête pas de changer d'avis, d'orientation, de discours. Il n'a aucune conviction durable. Culturellement, familialement, il est proche de l'extrême droite, mais il rencontre Aragon, qui le marque et qu'il aime. Il fréquente les surréalistes et les dadaïstes, ce qui paraît étonnant quand on connaît sa fin pathétique auprès des ultras de la Collaboration. À l'époque, tout laisse à croire qu'il est de gauche. Ses velléités nationalistes apparaissent en 1922 dans *Mesure de la France* où il évoque sa sympathie pour les Juifs : « Je te vois tirant et mourant derrière le tas de briques ; jeune Juif, comme tu donnes bien ton sang à notre patrie. » Antisémite ou philosémite ? Il milite pour la création d'une « Jeune Droite », dirigée par une élite intellectuelle et naviguant au-dessus des partis. Il devient déiste et anticlérical. S'il se lie d'amitié avec André Malraux, il est fasciné par l'Action française à laquelle il refuse d'adhérer par peur de déplaire à son ami Aragon. Nationaliste et surréaliste, royaliste et socialiste, il aime Maurras et Blum. Quelle étrange bouillie ! Il est l'homme de tous les contrastes et de toutes les contradictions.

Mais ce qui le passionne davantage que l'écriture ou la politique, ce sont les femmes. Il enchaîne les conquêtes de manière compulsive. Pour lui, la vie est un jeu, une mascarade. C'est un dandy tragique et velléitaire. En 1925, son premier roman raconte ses aventures amoureuses à répétition : *L'Homme couvert de femmes*. Il est sans cesse à la recherche de nouvelles créatures, de nouvelles extases. En réalité, ce comportement cache une sexualité hésitante et immature. Il change sans arrêt de partenaire, il ne trouve la satisfaction avec personne, car peut-être impuissant et dénué de sensualité.

En politique comme en amour, Drieu La Rochelle passe son temps à se chercher sans se trouver. Il ne comprend rien à son propre personnage et tâtonne en écrivant une œuvre désaccordée.

En 1933, l'arrivée de Hitler au pouvoir est le grand tournant de sa vie. Un tournant radical. National et socialiste. Drieu La Rochelle se rend au congrès de Nuremberg. Il est subjugué par l'atmosphère fébrile, les chants virils des SS, le triomphe de la force et le charisme théâtral du dictateur. Il considère que l'homme des foules transcende et sublime tous les clivages politiques. Il est la solution, l'espérance finale qu'il cherche depuis des années. À Berlin, il est accueilli par Otto Abetz, futur ambassadeur d'Allemagne en France, qui a lu ses textes et l'admire.

De retour en France, il tente de convertir ses amis à l'idée d'un ordre nouveau. Un ordre brun. Antisémite. Pour surmonter ses propres contradictions, il publie un essai, *Socialisme fasciste*, qui résonne comme un coup de tonnerre dans les lettres françaises habituées à plus de retenue. Il adhère au Parti populaire français, fondé par Jacques Doriot, futur mouvement collaborationniste. Il écrit pourtant ses deux romans les plus importants : *Gilles* et *Rêveuse bourgeoisie*. *Gilles* est un livre magnifique qui, à l'adolescence, m'a profondément marqué : « Dans son for intérieur, il était en train de jouer la comédie que d'autres étalent dans les enterrements avec des gants noirs, en disant : “Je l'ai beaucoup connu. C'était un homme qui…” Comédie somme toute sincère, car les vivants, en regrettant les morts, en regrettant de n'avoir pas aidé les ex-vivants à vivre, regrettent ainsi de n'avoir pas vécu eux-mêmes davantage, en se donnant plus. Ah ! il faut mettre de la profondeur dans chaque minute, chaque seconde ; sans quoi, tout est raté pour l'éternité. »

En 1940, après la défaite, il devient directeur de *La Nouvelle Revue française* sur recommandation de l'ambassadeur Otto Abetz. En 1941, répondant à l'invitation de Goebbels, ministre de la propagande de Hitler, il participe au fameux voyage en Allemagne d'une délégation d'écrivains : Robert Brasillach, Abel Bonnard, Ramón Fernández (le père de Dominique Fernandez), Marcel Jouhandeau, Jacques Chardonne. Ce voyage au pays des nazis, immortalisé par une célèbre photo, résonnera comme une infamie dans la mémoire collective.

À la Libération, certains collaborateurs sont arrêtés, d'autres s'enfuient. L'ami Malraux lui conseille de s'exiler ou de se cacher en attendant que l'orage passe. Héroïque, il refuse. Il tente de se suicider une première fois en août 1944 mais il est sauvé *in extremis* par sa femme. Un an plus tard, alors qu'on s'apprête à l'arrêter, il se tue au gaz après avoir ingurgité trois tubes de poison. Il laisse un message à sa bonne : « Gabrielle, laissez-moi dormir cette fois. »

Depuis, il dort au cimetière de Neuilly-sur-Seine.

Isabelle Eberhardt

Noyée dans le Sahara et dans sa passion

1877-1904

Issue de plusieurs nationalités, aventurière convertie à l'islam, Isabelle Eberhardt habite l'Algérie pendant des années avant de mourir de façon absurde en pleine jeunesse.

L'existence de cette femme écrivain est singulière. Ses origines sont multiculturelles, comme seront les années de sa courte vie. Cette enfant illégitime est fille d'une aristocratie russe d'ascendance allemande et d'un amant caché, Alexandre Trophimowsky, précepteur, anarchiste tolstoïen né en Arménie et qui fréquente la mère en cachette. Commencement romanesque pour une jeune fille élevée dans les beaux quartiers de Genève. Sa famille est cultivée, bourgeoise et bohème.

À vingt ans, elle part en Algérie avec sa mère, qui y meurt. Elle revient à Genève où son père officiel – général de son état – meurt à son tour. Elle retourne en Algérie, à Bône – aujourd'hui Annaba. Son frère se suicide. La jeune fille fuit alors les quartiers européens, qu'elle exècre, et se fond dans l'exotisme des médinas. Elle est sensible au charme des hommes débordant de sensualité, tellement éloignés des bourgeois étriqués de la placide Genève.

Elle vit une belle histoire d'amour avec un Arabe qui l'initie aux coutumes algériennes et à l'islam auquel elle se convertit. Certains la disent aussi attirée par les femmes. Elle troque ses sages habits d'Occidentale pour un costume berbère d'homme. Le voile islamique n'est pas fait pour elle. Elle écrit. Sa prose est envoûtante : « La mer scintillait à la lumière, opaline et claire, encore rosée des reflets du ciel matinal. Le port s'animait, et en bas, à Bab Azoun, sur le boulevard de la République et sur la jetée Kheir-Eddine, une foule bariolée se mouvait en deux torrents roulant en sens inverse.

« Je me reposais à cette heure si douce et étonnamment joyeuse. Mon âme semblait flotter dans le vide charmeur de ce ciel inondé de lumière, de vie. » (*Amours nomades.*)

La jeune fille parcourt le pays colonisé par les Français. Elle est grisée par les paysages éclaboussés de lumière et la culture arabe. Elle côtoie des personnages interlopes, des margoulins, des espions, des soldats, des religieux musulmans et chrétiens. Sa vie est un roman. Une confrérie soufie opposée à ses idées tente de l'assassiner. Elle se marie avec un Algérien, devient chroniqueuse dans le journal arabe *El Akhar*, puis reporter de guerre lors de troubles à la frontière marocaine, une mission incongrue pour une femme de l'époque. Cette aventurière au pays des sables rencontre Lyautey, pacificateur de la région, qui admire son caractère, sa culture et son sens aigu de la liberté : « Elle était ce qui m'attire le plus au monde : une réfractaire. Trouver quelqu'un qui est vraiment soi, qui est hors de tout préjugé, de toute inféodation, de tout cliché, et qui passe à travers la vie, aussi libérée de tout que l'oiseau dans l'espace, quel régal ! »

Le 21 octobre 1904, elle périt à vingt-sept ans de manière tragique lors d'une crue soudaine de l'oued près duquel elle a élu domicile, à Aïn Sefra, dans l'Ouest algérien. Noyée en plein désert, voilà qui n'est pas banal. Elle est enterrée dans le cimetière musulman de la ville.

Elle laisse de beaux récits qui peignent la vie en Algérie du temps de la colonisation française comme *Au pays des sables, Amours nomades.* Son style est chatoyant, plein de grâce: « Pour arriver chez moi, il fallait monter des rues et des rues mauresques, tortueuses, coupées de couloirs sombres sous la forêt des porte-à-faux moisis. Devant les boutiques inégales, on côtoyait des tas de légumes aux couleurs tendres, des mannes d'oranges éclatantes, de pâles citrons et de tomates sanglantes. On passait dans la senteur des guirlandes légères de fleurs d'oranger ou de jasmin d'Arabie lavé de rose avec, au bout, des petits bouquets de fleurs rouges. » (*Pages d'Islam.*)

Edmonde Charles-Roux l'a exhumée des sables grâce à une photographie inspirée : *Un désir d'Orient.*

Francis Scott Fitzgerald

Enfer et paradis de l'amour

1896-1940

Les Heureux et les Damnés est le titre d'un roman de Scott Fitzgerald cher à mon cœur. Ces deux mots résument la vie de l'écrivain. Amoureux fou d'une femme folle, il sombre lentement dans le désespoir. Alcoolique, dépressif, endetté, il est très marqué par la schizophrénie de celle qu'il aime le plus au monde. Pendant des années, la belle Zelda Sayre, sa muse, originaire du sud des États-Unis, sera son bonheur et son cauchemar. Zelda elle aussi est belle et damnée, comme la plupart des personnages façonnés par les doigts géniaux de l'écrivain phare de la « génération perdue ».

Fitzgerald est issu d'une famille petite-bourgeoise du Minnesota. Il grandit à Saint-Paul, capitale de l'État. Son père est un modeste représentant de commerce qu'il n'aime pas. La tragédie préside à la destinée du futur écrivain : deux jeunes sœurs meurent avant qu'il ne vienne au monde, drame ineffaçable : « Eh bien, trois mois avant ma naissance, ma mère perdit ses deux autres enfants et je pense que ce double décès est la première chose qui m'advint, bien que je ne sache pas exactement comment. Je pense que c'est à partir de ce moment-là que je commençai à être un écrivain. » Le drame se reproduit alors qu'il a quatre ans : une troisième sœur meurt en naissant. La famille est anéantie. Et de plus, désargentée. Le père est un médiocre homme d'affaires. Finalement, un héritage touché par la mère permet d'améliorer le quotidien.

L'adolescent est admis dans une prestigieuse école privée, mais il se sent différent de tous ses camarades. Cultivé alors que les autres ne le sont pas, c'est un passionné de littérature. Il commence à écrire des poésies et des nouvelles publiées dans des revues scolaires. Il entre à Princeton, l'une des meilleures universités des États-Unis, mais n'arrive pas à se sociabiliser. Il a le sentiment d'être perdu au milieu des autres, à part. Conscient de ses dons, il est orgueilleux et solitaire. Il réussit à écrire une comédie musicale avec plusieurs de ses camarades et publie dans un magazine humoristique, mais les études le font bâiller. Pour lui, la vraie vie, c'est l'écriture et l'amour.

Il quitte Princeton sans diplôme et s'engage dans l'armée américaine au moment où les États-Unis entrent en guerre aux côtés des alliés anglais et français. Il devient sous-lieutenant en Alabama, aide de camp d'un général, mais il ne part pas sur le front européen. Il tombe follement amoureux d'une jeune fille de dix-huit ans, Zelda Sayre, qui habite dans les parages. Suave, sensuelle, belle, originale, cultivée. Il est fasciné par son charme, ses formes, son excentricité. Pour la séduire, il écrit un roman qui, après avoir été refusé par les éditeurs, est publié en 1920 sous le titre *L'Envers du paradis*. Le succès est immédiat. L'auteur devient le symbole de toute une génération, celle qui a traversé la Grande Guerre et qui veut s'enivrer. Le monde a failli d'autodétruire, il faut profiter de chaque instant avant qu'il ne soit trop tard. Il épouse Zelda à la cathédrale Saint-Patrick de New York. Pendant quatre ans, ils vivent à Manhattan. L'ère du jazz triomphe. Ils dansent, ils boivent, ils font l'amour, la passion les dévore. Le monde est beau. La vie est belle.

Les États-Unis deviennent la première puissance du monde. Le dollar est fort, il semble invincible. Le couple s'installe à Paris où les années folles battent leur plein. Le quartier Montparnasse est en effervescence. Fitzgerald rencontre le jeune Hemingway qu'il influence fortement.

Scott et Zelda gagnent la Riviera où ils glissent de palace en palace, de villa en villa, de beuverie en beuverie, de nuit d'amour en nuit d'amour. Scott écrit son plus célèbre roman, *Gatsby le Magnifique*. Le texte, magnifique, ne rencontre pas le succès espéré. Le couple mène la grande vie, il dépense sans compter, il n'a pas de fortune. Premiers ennuis financiers. Premiers nuages dans un ciel azur.

Fitzgerald publie d'autres livres, mais une sourde dépression qui remonte à l'enfance s'insinue dans son quotidien. Pour gagner sa vie, il écrit des dizaines de nouvelles, dont la plus belle s'intitule *Un diamant gros comme le Ritz*. Il ne veut pas perdre Zelda, alors il écrit sans discontinuer. Les nouvelles, publiées dans les journaux, rapportent bien davantage que les romans. Il se vautre dans toutes sortes d'excès, surtout d'alcool, tandis que Zelda, à qui la renommée de Scott porte ombrage, cherche à devenir célèbre à son tour. Elle publie un roman honorable, elle danse, elle peint. Elle ne sera pourtant jamais considérée autrement que comme la femme de Scott Fitzgerald. Très libre, alors que Scott est très fidèle, elle s'amourache d'un bel aviateur français, Édouard Jozan. Le mari l'apprend, il est désespéré. Il sombre dans une tristesse infinie tandis qu'une forme de schizophrénie explose en Zelda, début d'un long cauchemar qui ne s'arrêtera pas.

Sur la Riviera française, l'idylle s'assombrit. Les rapports entre les deux amoureux se détériorent. Ils rentrent aux États-Unis, Scott est appelé à Hollywood où il a trouvé une place de scénariste, un métier qu'il détestera. Zelda devient folle : elle discute avec les arbres, les oiseaux, le ciel. Elle est internée dans plusieurs cliniques psychiatriques très coûteuses. L'amour solaire se transforme en cauchemar macabre. La passion est en lambeaux. Scott écrit de moins en moins, il ne croit plus aux vertus de l'écriture. Pourtant, il réussit à publier l'un de ses meilleurs livres, *Tendre est la nuit*, mais qui se vend très mal. Dans ce beau roman, il évoque sa douleur en ces termes : « On dit des cicatrices qu'elles se referment, en les comparant plus ou moins aux comportements de la peau. Il ne se passe rien de tel dans la vie affective d'un être humain. Les blessures sont toujours ouvertes. Elles peuvent diminuer, jusqu'à n'être plus qu'une pointe d'épingle. Elles demeurent toujours des blessures. Il faudrait plutôt comparer la trace des souffrances à la perte d'un doigt, ou à celle d'un œil. Peut-être, au cours d'une vie entière, ne vous manqueront-ils vraiment qu'une seule minute. Mais quand cette minute arrive, il n'y a plus aucun recours. »

Dans le reste du monde, le rêve des années folles s'est métamorphosé en un immense charnier. Après la crise financière de 1929, les dictatures sanglantes s'imposent dans des pays jusque-là éclairés. Les démocraties disparaissent les unes après les autres. Après la joie des années insouciantes, l'effroi face à la peste brune.

En mai 1940, la France que Scott Fitzgerald aime tant est envahie par les armées de Hitler. L'événement le traumatise. Le soleil est devenu la nuit. Avec la défaite de sa seconde patrie meurt son amour pour Zelda désormais emmurée dans un asile de fous. Plongé dans la misère, il s'éteint quelques mois plus tard à Hollywood, d'une crise cardiaque le 21 décembre 1940, jour du solstice d'hiver. L'écrivain talentueux, admiré par un immense public, n'a que quarante-quatre ans. La belle Zelda, quant à elle, périra de manière tragique en 1948, brûlée vive dans l'incendie du sanatorium où elle est internée.

Scott Fitzgerald a publié un très grand nombre de textes – cinq romans et cent soixante-quatre nouvelles – dont la plupart, à commencer par leurs titres, sont à l'image de sa vie blanche et noire. Outre *L'Envers du paradis, Les Heureux et les Damnés, Gatsby le Magnifique, Tendre est la nuit*, j'ai aimé *La Fêlure, Les Enfants du jazz, Le Dernier Nabab.*

Zelda a retrouvé Scott sous la même pierre tombale à Rockville, dans le Maryland. Ils sont couchés l'un à côté de l'autre pour l'éternité. Sur la sépulture est gravée la dernière phrase de *Gatsby le Magnifique*: «Car c'est ainsi que nous allons, barques luttant contre un courant qui nous ramène sans cesse vers le passé.»

Anne Frank

La jeune fille qui va mourir

1929-1945

Anne Frank ou l'innocence broyée par la barbarie humaine. Morte à quinze ans dans un camp de concentration nazi, elle a vécu deux ans dans une cachette à Amsterdam pour tenter d'échapper aux persécutions. De sa famille, symbole de la tragédie de millions de Juifs pendant la Seconde Guerre mondiale, n'a survécu que son père. Tout a été dit, ou presque, sur l'enfant martyre. Son journal est lu dans le monde entier. Il est la voix de tous ceux qui ont été massacrés sans pouvoir décrire leurs souffrances infinies. Une version complète, non expurgée, du texte a été publiée il y a quelques années et donne une vision saisissante de cette jeune fille à l'écriture douce, forte, délicate, que j'aurais tant aimé sauver.

Cette Allemande naît à Francfort-sur-le-Main, en 1929, année de la grande crise financière de Wall Street. Son père est un ancien combattant, héros de la Première Guerre mondiale, décoré. Rien ne laisse présager l'ouragan de feu et de sang qui submergera l'Europe, sinon qu'un agitateur hystérique harangue les foules et attise les haines. La crise économique mondiale permet à Adolf

Hitler d'accéder au pouvoir en 1933. Commence l'ère de la haine. Le loup est aux commandes de l'État, les premières manifestations antisémites ont lieu. Les Frank ont peur. Début 1934, le père trouve un emploi à Amsterdam. La famille émigre.

À leur arrivée aux Pays-Bas, la vie redevient normale. Le pays est tolérant, les Juifs sont protégés, à l'écart des crises qui secouent l'Europe. Comme les Belges et les Luxembourgeois, les Hollandais ont proclamé leur neutralité. Hitler a promis qu'il la respecterait.

Un matin de mai 1940, sans préambule, la guerre éclair s'abat sur le petit royaume. Son armée, quasi inexistante, est balayée en quatre jours par l'ogre nazi. Malgré des protestations de la population, le gouvernement d'occupation commence à persécuter les Juifs. Anne et sa sœur, excellentes élèves, sont exclues de leur établissement. Elles suivent des cours dans une école juive et sont obligées de porter l'étoile jaune. En quelques semaines, la famille Frank passe du paradis à l'enfer.

En juin 1942, à treize ans, Anne commence à écrire son journal sur un cahier offert par son père. Elle s'adresse à une certaine Kitty, jeune fille imaginaire, sorte de double d'elle-même. Chaque journée commence par « Chère Kitty », ce qui donne au texte une force extraordinaire. Elle lui décrit sa famille, ses amis, sa scolarité, Amsterdam. Sa vie est celle de toutes les écolières des Pays-Bas sauf qu'elle est juive et exclue. Elle ne s'attarde pas sur les persécutions, pas encore, comme si elle avait peur d'en parler. Mais les quelques lignes qu'elle consacre au sujet sont suffisamment denses pour que le lecteur comprenne que le cauchemar est son lot quotidien. Son écriture est d'une maturité exceptionnelle pour une adolescente de son âge : « C'est une sensation très étrange, pour quelqu'un dans mon genre, d'écrire un journal. Non seulement je n'ai jamais écrit, mais il me semble que plus tard, ni moi ni personne ne s'intéressera aux confidences d'une écolière de treize ans. Mais à vrai dire, cela n'a pas d'importance, j'ai envie d'écrire et bien plus encore de dire vraiment ce que j'ai sur le cœur une bonne fois pour toutes à propos d'un tas de choses. Le papier a plus de patience que les gens : ce dicton m'est venu à l'esprit par un de ces jours de légère mélancolie où je m'ennuyais, la tête dans les mains, en me demandant dans mon apathie s'il fallait sortir ou rester à la maison et où, au bout du compte, je restais plantée là à me morfondre. Oui, c'est vrai, le papier a de la patience… » (20 juin 1942).

Le 5 juillet de la même année, la famille est convoquée par la Kommandantur afin d'être transférée dans un « camp de travail ». Le père n'est pas dupe. Il sait que les Juifs sont assassinés dans les camps : « Cela m'a fait un choc terrible, une convocation, tout le monde sait ce que cela veut dire, je voyais déjà le spectre des camps de concentration et de cellules d'isolement et c'est là que nous aurions dû laisser partir Papa. “Il n'est pas question qu'il parte”, affirma Margot pendant que nous attendions Maman dans le salon. “Maman est allée chez Van Daan demander si nous pouvons nous installer demain dans notre cachette. Les Van Daan vont se cacher avec nous. Nous serons sept.” Silence. Nous ne pouvions plus dire un mot, la pensée de Papa, qui, sans se douter de rien, faisait une visite à l'hospice juif, l'attente du retour de Maman, la chaleur, la tension, tout cela nous imposait le silence » (8 juillet 1942).

Le père décide de se cacher avec les siens dans des pièces attenantes à la société où il travaille sur le Prinsengracht, un canal d'Amsterdam. Pour brouiller les pistes, il a laissé une lettre disant que la famille était partie en Suisse. Mais l'exil se trouve quelques mètres plus loin, dans des réduits dont l'entrée est dissimulée par une armoire : l'Annexe. Une vie de reclus commence. La réclusion va durer vingt-six mois, pendant lesquels des amis apportent à la famille de quoi survivre. Même dans les bureaux adjacents, les employés ne sont pas au courant. La famille doit rester silencieuse dans la journée pour éviter d'être repérée.

Quelques semaines plus tard, une autre famille vient les rejoindre, ce qui va provoquer des tensions liées à la promiscuité. Anne éprouve une passion pour un jeune homme qui dort dans la même pièce qu'elle, Peter. Il lui fait des avances.

La description des événements qu'elle traverse est saisissant, dans sa clarté, sa lucidité, sa poésie. La maturité et le talent de la jeune fille progressent à mesure que le temps passe. Elle n'envisage pas une publication, son journal n'est qu'une consolation, un exutoire à sa détresse et à son enfermement. Elle parle d'elle-même, de la guerre, mais aussi de l'avenir du peuple juif. Je trouve sa clairvoyance extraordinaire. Quand je l'ai découverte en livre de poche, j'ai le même âge qu'elle. Elle devient une de mes sœurs, comme ma cadette Catherine.

En juin 1944, les Alliés débarquent en Normandie et enfoncent le front allemand. La fin de la guerre approche. À la radio de Londres, Anne entend que son gouvernement en exil souhaite publier tous les témoignages en rapport avec la souffrance de son peuple. Anne Frank, qui n'écrivait jusque-là que pour elle, décide de réécrire l'ensemble de son texte en supprimant certains passages. Elle apprend alors qu'un attentat a eu lieu contre Hitler : « Chère Kitty, À présent, je suis pleine d'espoir, enfin tout va bien. Tout va même très bien ! Superbes nouvelles ! On a tenté d'assassiner Hitler, et pour une fois il ne s'agit pas de communistes juifs ou de capitalistes anglais mais d'un général allemand de haute lignée germanique, un comte qui en plus est encore jeune. La Providence divine a sauvé la vie du Führer et, malheureusement, il s'en est tiré avec seulement quelques égratignures et des brûlures. Plusieurs officiers et généraux de son entourage immédiat ont été tués ou blessés. Le principal auteur de l'attentat a été fusillé» (21 juillet 1944).

Anne continue à écrire son journal au jour le jour, jusqu'au 1er août 1944. Les Alliés approchent, la délivrance semble imminente, mais ce sont les nazis qui viennent la cueillir par une journée chaude et ensoleillée. Quelques jours avant son arrestation, elle écrit ses derniers mots: «Je me retourne le cœur, je tourne le mauvais côté vers l'extérieur, et le bon vers l'intérieur, et ne cesse de chercher un moyen de devenir comme j'aimerais tant être et comme je pourrais être, si personne d'autre ne vivait sur terre. Bien à toi, Anne Frank» (1er août 1944).

Dans la matinée du 4 août 1944, une voiture de la Gestapo s'arrête devant les bureaux. La famille est arrêtée. On ne saura jamais comment les Allemands ont trouvé la cachette. Dénonciation? Et si oui, par qui? Découverte fortuite? Ce jour-là, l'administration allemande cherche des trafiquants de coupons clandestins. La famille a-t-elle été retrouvée par hasard, comme une récente étude l'accrédite? Le débat reste ouvert, en l'absence de preuve confirmant telle ou telle hypothèse.

L'ensemble de la famille est emmené, le journal gît sur le sol, trois cents pages manuscrites, que deux amies (Miep Gies et Bep Voskuijl) ramasseront quelques jours plus tard et conserveront précieusement.

Les Frank sont déportés dans une prison surpeuplée, puis dans un camp de transit.

Le 3 septembre 1944, ils sont envoyés dans le dernier convoi hollandais en partance pour Auschwitz, où ils arrivent trois jours plus tard. Anne et ses proches deviennent esclaves dans le plus grand camp de concentration de l'histoire.

Le 28 octobre 1944, les nazis évacuent les déportés face à l'avancée des troupes russes. Anne est envoyée avec sa sœur à Bergen-Belsen où elles mourront du typhus quelques jours avant la libération du camp. Sur les cent mille Juifs déportés des Pays-Bas pendant l'occupation nazie, moins de cinq mille reviennent.

Tous les membres de l'Annexe meurent, à l'exception du père, Otto, qui, jusqu'à sa disparition en 1980, ne ménagera pas sa peine pour faire connaître le journal de sa fille au monde entier. La première version du livre est publiée en 1947. Il a été traduit dans une soixantaine de langues et vendu à plus de trente millions d'exemplaires. Grâce à ce journal intime, la douceur angélique de la jeune fille et les tourments endurés par le peuple juif pendant la guerre resteront gravés dans la mémoire de l'humanité. Primo Levi, survivant d'Auschwitz, a dit à son sujet : « Anne Frank nous émeut plus que les innombrables victimes restées anonymes et peut-être doit-il en être ainsi. Si l'on devait et pouvait montrer de la compassion pour chacune d'elles, la vie serait insoutenable. »

Paul Gadenne

La beauté de la souffrance

1907-1956

Paul Gadenne est un inconnu dont il faut redécouvrir l'œuvre, un grand écrivain oublié de la critique et des manuels de littérature.

Pourquoi un tel purgatoire ?

Peut-être certains intellectuels n'ont-ils pas compris, à la Libération et dans l'immédiat après-guerre, lorsqu'il s'agissait de juger l'histoire, et les hommes, ses appels à la compassion, son refus de l'irrémissible. Certains, à l'aune de considérations – voire de calculs – politiques, ont pu trouver ses prises de positions complaisantes vis-à-vis de ceux qui avaient poussé jusqu'au collaborationnisme le plus militant, et le plus abject, leur soutien à l'État français instauré par le maréchal Pétain. Ce serait là un contresens : le point de vue de Gadenne est celui d'un chrétien exigeant inscrit dans la lignée de Julien Green ou Georges Bernanos, et plus encore celle de Fedor Dostoïevski. Si Gadenne devait être un personnage romanesque de l'immense écrivain russe, il serait Aliocha, le troisième des fils (légitimes) du patriarche Karamazov : conduit par une foi chrétienne profonde, et un amour fraternel bâti sur la compassion et le pardon. Aliocha baise son frère Ivan sur les lèvres, lorsque ce dernier affirme refuser Dieu au nom de la justice et par amour de l'humanité.

L'amour chrétien de Paul Gadenne est comparable à celui d'Aliocha. Il s'appuie sur une foi en ce Dieu christique qui a envoyé sur terre son fils, pour pardonner aux hommes et les sauver. Gadenne vivra comme une immense douleur – en tant qu'ami – et comme un terrible renoncement, une faute collective et individuelle – en tant que chrétien –, l'exécution de Brasillach, même s'il admettait sans ambiguïté que l'auteur de *Comme le temps passe* avait trahi – sa patrie, ses valeurs, ses amis, sa foi chrétienne, son humanité.

Les réflexions sur le mal, la culpabilité, la rédemption, non seulement sont au cœur de l'œuvre de Gadenne, mais elles la justifient : il écrit parce qu'il espère, par ce moyen, sonder les profondeurs de l'âme humaine, approcher le mal, comme un vulcanologue s'approche du cratère d'un volcan et de ses laves incandescentes, pour tenter de comprendre les phénomènes éruptifs. Paul Gadenne, lui, dans le sillage de Fedor Dostoïevski, auquel il voue admiration, et de Franz Kafka, l'autre grand phare du XXe siècle, s'efforce d'éclairer quelques pans de l'universel ordonnancement : l'humaine condition, la nature de Dieu, la damnation… « Le mystère, écrit-il dans *À propos du roman,* des rapports de l'homme à l'homme, dénudés de leur caractère social, ou ceux de l'homme à l'univers et au divin, voilà le domaine dans lequel ces romanciers (Dostoïevski et Kafka) se sont aventurés, et dans lequel ils ont laissé des traces fulgurantes. Dans ce domaine, tout est encore neuf, tout est à dire. Les rapports que les hommes soutiennent entre eux, ceux qu'ils soutiennent avec la nature (sujet encore plus inexploré) contiennent tout le reste. » Propos d'une grande modernité, et d'une extrême lucidité.

Je découvris Paul Gadenne par hasard, il y a de nombreuses années, en choisissant, chez un bouquiniste parisien, un petit livre dont j'ignorais tout, mais qui avait un titre poétique et évocateur : *La Plage de Scheveningen.* J'eus la main heureuse ce jour-là ou, plutôt, mon intuition fut la bonne : il s'agissait d'un bijou. Ce roman – au style magnifique : fluide, sobrement lyrique, parfois métaphorique – se situe dans l'immédiat après-guerre. Un certain Hersen, poursuivi pour collaborationnisme et intelligence avec l'ennemi, est en fuite (plus tard, il sera retrouvé, condamné, exécuté). L'homme ressemble à Brasillach. Le héros du livre, Guillaume Arnoult, se considère « responsable de son frère ». Il ne veut ni ne peut l'abandonner, par compassion chrétienne, et par amour fraternel. Il est convaincu que nous sommes tous coupables. Un tel constat impose l'attitude compassionnelle.

Lorsque Guillaume retrouve la femme autrefois aimée, la plage de Scheveningen leur fait face. Gadenne décrit le paysage avec justesse, tel un peintre de marine : « À peine Guillaume s'était-il approché de la balustrade, il fut subjugué : cette ligne courbe du rivage, ces rouleaux des vagues, ces colonnes de nuages dont le vent menaçait perpétuellement l'équilibre, cette fuite interminable des sables, leur douceur fauve contre l'éclat blanc et secret de la dune, il connaissait tout cela, et tout cela était bien réel. Il lui semblait même que cette plage devenait la seule réalité de sa vie… » Rythmé – une musique lancinante comme le sac et le ressac de la mer –, hypnotique, impressionniste, tout le style Gadenne est dans cet extrait.

Qu'y a-t-il de maudit dans tout cela ?

Eh bien, comme souvent dans cet abécédaire sentimental, il me faut répondre : la vie. Oui, c'est bien la vie de Paul Gadenne qui est maudite. Tandis que l'écriture est exutoire, et dans des moments de grâce, ravissement.

Ce merveilleux écrivain qui réinvente la plage de Scheveningen – immortalisée au XVIIe siècle par un peintre hollandais – eut, à n'en pas douter, une vie de maudit : elle fut un perpétuel combat contre la maladie et la mort.

La Grande Guerre est sa première compagne. Il est chassé de sa ville natale – Armentières, dans le Nord – par les combats qui font rage. Il prépare l'École normale supérieure au lycée Louis-le-Grand où il se lie d'amitié avec Robert Brasillach et Thierry Maulnier. Il admire Proust, qu'il considère comme un immense génie.

Il devient professeur de lettres à Elbeuf quelque temps, mais la tuberculose l'empêche de travailler. Il séjourne dans un sanatorium au-dessus de Sallanches face à la chaîne du Mont-Blanc. Cette expérience le marque et je crois l'avoir partagée. Il est jeune, il est doué, il est malade, sa vie est d'une tristesse infinie. Pourquoi un tel destin, tant d'injustice, une telle absurdité ? Le spectacle des neiges éternelles n'arrive pas à calmer son lancinant désespoir. Il raconte cette expérience dans un premier roman, *Siloé,* publié pendant la Seconde Guerre mondiale : « Le bonheur, c'est quand on n'attend plus, quand l'espoir ni l'anxiété n'ont plus de sens, quand il n'y a rien de ce qui pourrait être qui soit supérieur à ce qui est. Et ce bonheur-là contenait plus que le bonheur : car il ne faisait que rentrer dans cette paix qui vient du sentiment d'un accord intime avec le monde. »

L'écriture devient sa compagne, son pain quotidien, sa méditation salvatrice.

Après la Libération, il met en scène les affres de la création littéraire dans *La Rue profonde* et *L'Avenue*. La France de l'Occupation l'a profondément marqué. Dans *Les Hauts-Quartiers*, publié après sa mort, il raconte son destin, celui d'un homme accablé pour qui l'écriture donne sens et profondeur à la vie.

Reclus et malade, Gadenne a poussé très loin sa réflexion sur le désespoir existentiel : il l'a vécu dans sa chair, dans son âme, jusqu'au bout. Il meurt le 1er mai 1956, à quarante-neuf ans, après des mois d'intense souffrance physique et psychologique.

Il nous reste ses livres, et son style que j'admire tout particulièrement dans cet extrait de *Baleine*, une nouvelle digne des plus grands prosateurs, récit qui voit s'échouer l'animal biblique sur une plage, puis, au fil des jours, son cadavre se décomposer dans une extrême puanteur sous le nez des gens du cru (la portée symbolique de ce spectacle du pourrissement est forte) : « La pureté du site nous exaltait. La côte, sur une longue distance, était plate, et nous circulions dans une parfaite solitude, entre deux ou trois lignes simples, où notre œil n'aurait pu déceler le plus léger accident : la ligne noire de la forêt, à notre droite ; une ligne dorée, devant nous, à la frontière du sable et de l'écume : et à gauche, un horizon liquide, dur et gonflé. Toutes ces lignes couraient se rejoindre sous nos yeux, en un point éloigné vers lequel nous entraînait leur convergence, et qui fuyait toujours. »

Federico García Lorca

Le poète fusillé

1898-1936

Dépressif, sublimant ses désirs dans une œuvre flamboyante, Federico García Lorca s'engage aux côtés des républicains au début de la guerre civile. Ses démons le rattrapent sous la forme d'un peloton d'exécution : il est fusillé par les phalangistes à Grenade. Sous la dictature de Franco, son œuvre restera interdite en Espagne pendant des décennies.

Federico García Lorca est enfant d'Andalousie. Il grandit au pied de la Serra Nevada, au milieu des oliviers, des orangers, des citronniers, des caroubiers, dans une grande propriété agricole. Ses parents sont relativement fortunés. Sa mère est une pianiste talentueuse. Il est d'abord étudiant en lettres à l'université de Grenade où il se lie d'amitié avec le compositeur Manuel de Falla qui, devinant ses dons littéraires, le pousse à écrire. Mais Grenade est une petite ville de province perdue et conservatrice.

Jeune homme, il habite Madrid. Il abandonne ses études et se voue à l'écriture. Il rencontre quelques-uns des plus grands artistes de l'époque. Le directeur d'un théâtre (Teatro Eslava), Gregorio Martínez Sierra, lui commande une pièce en vers qu'il met en scène, *Le Maléfice du papillon*, sorte de fable qui raconte une histoire d'amour impossible entre deux bestioles, un papillon et un cafard, métaphore cachée de sa propre sexualité ambivalente. Il a vingt-deux ans. Dans la salle, le public ricane. La pièce s'arrête rapidement. García Lorca se sent humilié.

Désemparé, il abandonne un temps le théâtre et se lance dans la poésie. Il découvre le surréalisme et rejoint le groupe Génération 27, auquel adhèrent Salvador Dalí et Luis Buñuel. Il participe à l'avant-garde artistique, celle qui fleurit dans ces années et qui s'éteindra avec la guerre civile. *Complaintes gitanes*, son recueil de poèmes le plus connu, s'inspire de légendes anciennes et de chants du folklore andalou. Il est composé de dix-huit « romances », poèmes traditionnels du Moyen Âge en octosyllabes. La culture tzigane qui a enrichi la culture andalouse malgré les persécutions est mise en scène de manière magistrale en vers d'une grande sensualité.

Cette œuvre rend García Lorca célèbre, mais la dépression continue à le tarauder. Dans une Espagne catholique, pudibonde, castratrice, normative, son homosexualité le crucifie. Il tente de la dissimuler à son entourage. Il tombe follement amoureux du jeune Dalí mais la passion n'est pas réciproque et, quand le second rencontre sa future épouse, García Lorca est anéanti.

En 1929, il s'enfuit aux États-Unis où il espère une vie meilleure, plus libre, plus belle. Il découvre Harlem, les *negro spirituals* afro-américains qui lui rappellent les chansons populaires d'Andalousie et qui le touchent. Il revient dans son pays natal à la fin de la dictature de Primo de Rivera. La République est proclamée. García Lorca dirige une société de théâtre étudiante subventionnée, La Barraca, qui entreprend des tournées dans les provinces espagnoles pour présenter des pièces du répertoire classique. Il écrit alors *Noces de sang*, *Yerma* et *La Maison de Bernarda Alba*, trois chefs-d'œuvre de l'art dramatique espagnol. « Se taire et brûler de l'intérieur est la pire des punitions qu'on puisse s'infliger », écrit-il dans la première des trois pièces qui résume son destin. À côté du théâtre, toujours la poésie, de plus en plus belle, de plus en plus forte.

En 1936, au moment où la guerre civile éclate, il retourne dans la ville de son enfance, la belle Grenade dominée par l'Alhambra, les jardins du Generalife et les neiges de la Serra Nevada. Mais l'Andalousie est ultranationaliste. Cet ardent républicain ne cache pas son militantisme antifasciste. Le 16 août, il est arrêté, torturé et fusillé, quasiment à l'endroit où il est né, par une milice phalangiste qui le traite de « rouge » et de « tapette ». Une enquête récente donne une autre version de sa mort : il n'aurait pas été tué pour des raisons politiques, mais par vengeance personnelle. Cela se peut, mais rien n'est prouvé. Seule certitude : ses livres sont brûlés en place publique comme au temps de l'Inquisition et son corps jeté dans une fosse commune ne sera jamais retrouvé. Devenu dictateur, le Caudillo interdit l'œuvre d'un des plus grands génies de la littérature espagnole.

Par sa vie et sa mort, García Lorca est devenu l'un des symboles de l'opposition au régime sanguinaire des phalangistes. Il hante la mémoire des artistes du monde entier depuis des décennies. Leonard Cohen célèbre le poète dans l'une de ses plus belles chansons, de celles qui font verser des larmes. Jean Ferrat l'évoque dans un magnifique chant d'amour :

> Dans ta voix
> Galopaient des cavaliers
> Et les gitans étonnés
> Levaient leurs yeux de bronze et d'or
> Si ta voix se brisa
> Voilà plus de vingt ans qu'elle résonne encore
> Federico García
> Voilà plus de vingt ans, camarades
> Que la nuit règne sur Grenade

Jean Genet

Proscrit dès l'enfance

1910-1986

Jean Genet – Frédéric Blanc d'après l'état-civil – est né quasi orphelin. Père inconnu. Sa mère l'abandonne à sept mois. Pris en charge par l'Assistance publique, il est élevé par un couple d'artisans du Morvan. Les nourrices de cette région de moyenne montagne, pauvre et belle, sont réputées. Jean grandit entouré d'une certaine affection. Il est bon élève mais, déjà, il se sent différent, à l'écart, délinquant, car sexuellement attiré par des hommes plus âgés.

À dix ans, événement fondateur, il commet une rapine. On le traite de « voleur ». Cet acte, d'après Jean-Paul Sartre qui lui a consacré un essai, *Saint Genet comédien et martyr*, est un passage vers une asociabilité qui ne le quittera plus. Par ce geste, il devient, pour toujours, un homme rejeté par la société. Sartre écrit : « Pris la main dans le sac : quelqu'un est entré qui le regarde. Sous ce regard l'enfant revient à lui. Il n'était encore personne, il devient tout à coup Jean Genet [...]. Une voix déclare publiquement : Tu es un voleur. Il a dix ans. [...] Cet instant du réveil : l'enfant somnambule ouvre les yeux et s'aperçoit qu'il vole. On lui découvre qu'il *est* un voleur et il plaide coupable, éclairé par un sophisme qu'il ne peut pas réfuter : il a volé, il est donc voleur ; quoi de plus évident ? »

Pas d'études supérieures. Jean Genet entre dans une école d'apprentissage afin de devenir ouvrier typographe, comme en prélude à sa vie future d'écrivain. Hasard ? A-t-il décidé lui-même de suivre cette formation ? Le « voleur » sent qu'il n'a pas sa place dans une société normative qui combat ses désirs inavouables. À quatorze ans, il fugue pour la première fois. On le retrouve. Il réitère son geste. L'année suivante, on l'envoie dans une colonie pénitentiaire agricole en Touraine où sont enfermés des mauvais garçons surveillés par des maîtres. Cette structure sociale excite les penchants amoureux de l'adolescent fasciné par les hommes sévères et dominateurs. À dix-huit ans, appâté par la virilité des soldats, il s'engage dans la Légion étrangère. Il découvre le Maghreb et le Proche-Orient, régions qui l'enchantent et où il reviendra. Rentré à Paris, celui qui se considère comme délinquant par nature – dans sa sexualité, dans sa cleptomanie – commet des actes répréhensibles à maintes reprises. Il est incarcéré presque quatre ans à la Santé et à Fresnes.

En prison, Genet accède à un monde auquel personne ne l'a préparé : celui des mots et des livres. Il écrit ses premiers poèmes et des embryons de romans. Il découvre la passion de sa vie, la littérature. Quoique simple apprenti, il ne supporte pas la médiocrité de la langue, encore moins son conformisme. Le voleur devient écrivain sans avoir été initié. Il invente sa propre langue, son propre style. Ses premiers livres sont publiés chez un petit éditeur, L'Arbalète. Considérés comme pornographiques, ils ne sont pas distribués en librairie.

En 1943, pendant l'Occupation, il publie *Notre-Dame-des-Fleurs*, l'histoire de travestis qui hantent les nuits de Montmartre et tapinent. Le livre sent le soufre.

Au lendemain de la guerre, il écrit *Le Miracle de la rose*, roman qui raconte sa réclusion dans la colonie pénitentiaire de Touraine et ses séjours en prison. Il décrit la violence de ces lieux d'enfermement, leurs lois, leurs injustices, leur cruauté. Le style est d'une beauté et d'une originalité rares. En 1947, *Querelle de Brest* met en scène un matelot à la beauté renversante. L'année suivante, *Pompes funèbres* évoque l'Occupation de manière poétique et féroce. Les nazis, qui exhibent de manière permanente la virilité masculine, incarnent le crime, la terreur et la barbarie. Mais le mal à l'état pur exerce une fascination trouble chez l'homme, d'où le succès phénoménal de cette idéologie mortifère. Genet imagine un Hitler homosexuel castré. Le livre, très éloigné des discours convenus, provoque le scandale.

En 1949, *Le Journal du voleur* ressemble à une autobiographie, mais elle est transfigurée, magnifiée, sacralisée. Le narrateur raconte sa vie trouble avec les mauvais garçons de Barcelone, antre de toutes les débauches et de tous les éblouissements. Pour Genet, « la trahison, le vol et l'homosexualité sont les sujets essentiels de ce livre. Un rapport existe entre eux, sinon apparent toujours, du moins me semblerait-il reconnaître une sorte d'échange vasculaire entre mon goût pour la trahison, le vol et mes amours ».

D'abord en marge de tous les milieux littéraires, Genet est adoubé par deux grands noms du siècle : Cocteau et Sartre. Si les deux sont sensibles à l'originalité et à la beauté de son écriture, le premier est fasciné par la puissance de ses descriptions pornographiques, le second par son destin marginal et chaotique. La lecture de l'essai que Sartre lui consacra indispose Genet. Il se sent décortiqué, malmené, ausculté, autopsié comme un cadavre. Exhibé comme un animal de foire. Le paria est devenu la coqueluche du milieu germanopratin, c'est un comble. Icône des écrivains et des artistes de gauche, il fréquente de grandes figures de l'intelligentsia : Sartre, Beauvoir – qui mourra presque le même jour que lui –, Foucault, Matisse, Brassaï.

Genet se lance alors dans l'écriture de pièces de théâtre magnifiques et sulfureuses : *Les Nègres, Les Bonnes, Les Paravents.* Cette dernière, en pleine guerre d'Algérie, est une violente charge contre le colonialisme français.

Malgré son succès, Jean Genet reste un marginal, un exilé, un immigré dans son propre pays. Son amant arabe, Abdallah Bentaga, se suicide. Désespéré, l'écrivain s'abreuve de barbituriques qui l'affaiblissent. Sa santé est fragile, mais il refuse d'habiter un quelconque domicile. Il erre d'un petit hôtel à l'autre avec une valise contenant des lettres, des habits, sa brosse à dents, et le manuscrit qu'il est en train d'écrire.

Il s'engage politiquement dans plusieurs combats en faveur de minorités humiliés. Il milite pour une humanisation des prisons, pour la suppression des quartiers de haute sécurité (QHS). Il critique la politique coloniale ou néocoloniale de la France. Il va aux États-Unis où il prend la défense des Black Panthers. Mais, surtout, il se bat pour la création d'un État palestinien. Il rencontre Yasser Arafat. En 1982, après le massacre de Sabra et Chatila orchestré par des milices phalangistes libanaises sans que l'armée israélienne, pourtant présente, ne s'interpose, il se rend sur place avec Leïla Shahid, future représentante de l'Autorité palestinienne en France. Horrifié, il découvre les monceaux de cadavres et publie un texte saisissant qui fera date, *Quatre heures à Chatila*: « La photographie ne saisit pas les mouches ni l'odeur blanche et épaisse de la mort. Elle ne dit pas non plus les sauts qu'il faut faire quand on va d'un cadavre à l'autre. Si l'on regarde attentivement un mort, il se passe un phénomène curieux: l'absence de vie dans ce corps équivaut à une absence totale du corps ou plutôt à son recul ininterrompu. Même si on s'en approche, croit-on, on ne le touchera jamais. Cela si on le contemple. Mais un geste fait en sa direction, qu'on se baisse près de lui, qu'on déplace un bras, un doigt, il est soudain très présent et presque amical. L'amour et la mort. Ces deux termes s'associent très vite quand l'un est écrit. Il m'a fallu aller à Chatila pour percevoir l'obscénité de l'amour et l'obscénité de la mort. »

Jean Genet devient une sorte d'apôtre à la figure controversée – on l'accusera d'antisémitisme –, qui suscite l'admiration chez les uns, la répulsion chez les autres. Seule certitude : il n'a jamais tiré parti de sa notoriété. Je l'ai vérifié lors de dîners partagés avec lui grâce à son amie Monique Lange. Malgré une certaine aisance financière, il continue à errer comme un réfugié, un apatride.

Le 15 avril 1986, il réserve une chambre au Jack's Hôtel, avenue Stephen-Pichon dans le XIIIe arrondissement de Paris. Il est seul, comme souvent, affaibli par un cancer de la gorge. Au cours de la nuit, il s'écroule sur le sol et meurt. Crise cardiaque ? Traumatisme crânien ? Il est enterré au Maroc, dans le cimetière marin de Larache, au sommet d'une falaise dominant l'Atlantique.

À Larache, la maison qu'il avait construite pour Mohamed, son dernier ami, est située entre une prison et un ancien bordel. Tout est dit. Cet extrait du *Journal du voleur* illustre le destin étrange et singulier de ce grand écrivain : « Le murmure d'une voix la nuit, et sur la mer le bruit d'invisibles avirons, dans ma singulière situation m'avaient bouleversé. Je demeurai attentif à saisir ces instants qui, errants, me paraissaient à la recherche, comme l'est d'un corps une âme en peine, d'une conscience qui les enregistre et les éprouve. L'ayant trouvée, ils cessent : le poète épuise le monde. »

Roger Gilbert-Lecomte

L'absolu ou la mort

1907-1943

Ce poète inclassable, l'un des piliers de la revue *Le Grand Jeu*, s'essaye à tous les dérèglements de son corps et de son esprit pour tenter de trouver l'absolu, mais il meurt dans la solitude à l'âge de trente-six ans. Nombreux sont ceux à admirer son goût éperdu de la liberté. À Reims, dans la même école que lui, le collège des Bons-Enfants, nous étions plusieurs à faire partie de la secte de ses adorateurs.

Dès les premières années de sa vie, Roger Gilbert-Lecomte est happé par une forme d'autodestruction. Au lycée de Reims, sa ville natale, avec trois camarades – Meyrat, Daumal, Vailland –, il cherche à retrouver les sensations, la spontanéité de l'enfance grâce à des activités extrasensorielles. Ils se font appeler les « Phrères simplistes » et s'adonnent à des expériences extrêmes : usage de drogues, privation de sommeil, perte de la notion d'espace et de temps. Le jeune Roger veut devenir voyant, tel Rimbaud qu'il vénère comme un dieu. Il veut entrer dans un univers invisible, fait de rêves et d'illuminations. Il est révolté contre la société. Il a soif d'absolu.

Avec ses condisciples, il crée en 1928 la revue *Le Grand Jeu*, proche du surréalisme qu'il côtoie quelque temps. Dans le prologue du premier numéro, il écrit : « Le Grand Jeu est irrémédiable ; il ne se joue qu'une fois. Nous voulons le jouer à tous les instants de notre vie. » Pendant cinq ans, la revue réunira quelques-uns des écrivains et des peintres de l'époque. Il fréquente André Breton, pape intransigeant du surréalisme, mais celui-ci le méprise et le rejette.

Ses premiers poèmes sont rassemblés dans un recueil intitulé *La Vie, l'Amour, la Mort, le Vide et le Vent*, mais il ne cherche nullement à se faire connaître. Il déteste les mondanités. Il veut avancer toujours plus loin dans un processus inéluctable d'autodestruction. Il écrit peu, cultivant jusqu'au bout son désir de retour à l'espace fœtal, l'avant-naître où régnait l'absolu.

Roger Gilbert-Lecomte meurt du tétanos à l'hôpital Broussais le 31 décembre 1943, dans une solitude quasi totale, à trente-six ans, veillé par une tenancière de bistrot. Il trouve enfin celle qu'il avait toujours recherchée : la mort, ou plutôt la non-vie.

Ce poète a laissé une œuvre aussi mince – deux recueils publiés de son vivant – qu'exceptionnelle, comme en témoigne cet extrait de *La Vie, l'Amour, la Mort, le Vide et le Vent* :

> Visitation blême au désert de l'amour
> Aveugle prophétesse au regard de cristal
> Que les oreilles de ton cœur
> Entendent rugir les lions intérieurs
> Du cœur
> Le grand voile de brume rouge et la rumeur
> Du sang brûlé par le poison des charmes.

Xavier Grall

Breton incandescent

1930-1981

Celte errant et rageur, catholique, militant, Xavier Grall défend une idée de la Bretagne très éloignée des stéréotypes colportés par certains médias parisiens. Je l'aime comme je l'admire. C'est-à-dire beaucoup.

Il est breton avant d'être français, léonard – du pays Léon – avant d'être breton. Il naît à Landivisiau, au cœur d'une région célèbre pour ses enclos paroissiaux, ses calvaires ciselés et ses puissantes églises qui défient les siècles. D'éducation chrétienne, il étudie à l'ombre des clochers de Saint-Pol-de-Léon, puis dans l'enceinte des remparts de Saint-Malo où flotte l'âme de Chateaubriand. La révolte gronde en lui comme une tempête marine.

Son service militaire se déroule au Maroc dans un régiment de spahis, puis en Algérie. La guerre coloniale le bouleverse et le révolte. Il exècre le sang, la violence, la torture, l'injustice. Il est déçu par l'attitude de la France vis-à-vis des Arabes. Il publie un livre, *La Génération du djebel*, où explose son dégoût : « Du Djebel Amour à la Montagne Noire, que de similitudes. Même tyran : l'État français. Même victime : le paysan. Même flic : le CRS. »

Après avoir suivi des cours au Centre de formation des journalistes à Paris, il entre à l'hebdomadaire *La Vie catholique* dirigé par Georges Hourdin. Les deux hommes s'apprécient. Il reste catholique et breton, à l'image de ses parents, dans ses idées comme dans sa vie. Mais c'est un catholique de gauche, révolté et rebelle, qui écrit dans *Témoignage chrétien*, *Croissance des jeunes nations* et dans le mensuel *Bretagne*. Il aime la littérature, la vraie littérature, pas celle des coteries parisiennes. Il publie des livres consacrés aux écrivains qu'il admire : *Mauriac journaliste, Arthur Rimbaud ou la Marche au soleil.*

Mais Paris l'ennuie. Il se sent coupé de ses racines armoricaines. Le vent, la mer, l'odeur des algues, le crachin, la lumière marine lui manquent. Il retourne dans sa Bretagne natale avec sa femme, Françoise Jousse, et ses cinq filles. Il s'installe dans une ferme près de Pont-Aven, cette bourgade connue pour son école de peinture rendue célèbre par Paul Gauguin.

En 1965, il écrit un premier recueil de poèmes, *Le Rituel breton.* Avec des amis, il fonde les éditions Kelenn où il publie ses propres livres : *Barde imaginé, Keltia Blues, La Fête de la nuit, Rires et Pleurs de l'Aven.* En 1970, il lance le journal nationaliste *La Nation bretonne*, où il signe des tribunes sous le nom de Saint-Herbot. À l'image du vent marin, les poèmes de Xavier Grall sont habités par une force surhumaine.

Après avoir détesté *Le Cheval d'orgueil* de Pierre-Jakez Hélias, Xavier Grall publie *Le Cheval couché.* Le premier raconte les souvenirs d'un Breton en pays bigouden : au début du XXe siècle, une famille pauvre – celle de l'auteur –, corsetée par de strictes traditions, essaie d'échapper à la misère dans un monde en plein bouleversement. Le livre est vendu à un demi-million d'exemplaires.

Le Cheval couché est une réponse pleine de sarcasmes : Grall considère qu'Hélias a une vision passéiste, caricaturale et misérabiliste de la Bretagne qui ne correspond pas à la réalité. Il lui reproche son « folklore fossilisant ».

Grand fumeur, Xavier Grall l'insoumis meurt d'un cancer des poumons le 11 décembre 1981, à l'âge de cinquante et un ans, à l'hôpital de Quimperlé. Dans un de ses derniers poèmes, il écrit :

Mais il y avait la douleur humaine
Les mouches dans les yeux blancs
Il y avait les crues
Naturelles et surnaturelles
Il y avait les plaies les chancres
Il y avait les fleuves
Il y avait les cadavres dans les eaux
Il y avait la détresse des flûtes
Dans les villages écrasés
Il y avait les grands fleuves
Il y avait l'incommensurable douleur humaine

Il fut mon ami et davantage encore celui du poète Yvon Le Men, et je suis fier d'avoir croisé sa route. À l'enterrement de ma fille Solenn dans l'église de Trégastel, je lus l'un de ses poèmes extrait de *La Sône des pluies et des tombes* :

J'aimerais partir le jour premier du printemps
Dans les doux plis de la mort primevère
Car il reviendra le temps des vivants
Dans la divine enfance des grèves et des îles

Raymond Guérin

Humble serviteur de la condition humaine

1905-1955

Voilà encore un auteur découvert au hasard d'une déambulation le long de la Seine, sur l'étal d'un bouquiniste. Et j'aimerais à mon tour le faire connaître.

Après quatre ans de captivité en Allemagne – une expérience traumatisante – Raymond Guérin publie des ouvrages tourmentés et amers qui sont à l'exacte image de son inguérissable tristesse.

Le début de sa carrière littéraire est talentueux mais discret, éloigné des grands courants littéraires qui enflamment l'entre-deux-guerres. Dans son premier roman, *Zobain*, il raconte sous forme épistolaire le naufrage de son mariage. Le suivant, *Quand vient la fin*, évoque le destin et l'agonie de son père, gérant de la Taverne Duménil à Montparnasse.

La Seconde Guerre mondiale bouleverse sa vie et son écriture. Il est mobilisé en 1940 mais n'a pas vraiment le temps de se battre. Il est envoyé en captivité comme des millions de soldats. Son destin de prisonnier ne l'empêche pas d'écrire et de lire. Il échange une émouvante correspondance avec sa fiancée Sonia

Benjacob. Ayant le droit de recevoir des colis, il demande qu'on lui envoie en priorité des journaux et des livres. Malgré son éloignement de la scène parisienne, il continue à suivre l'actualité littéraire française.

De retour à Paris, il publie de nouveaux romans – comme *L'Apprenti* – qui ne se vendent pas, ce dont il souffre. Il est obligé d'exercer son métier d'assureur qui ne l'intéresse pas. En 1947, *La Confession de Diogène* est une autofiction où il déclare être devenu l'« humble serviteur de la condition humaine » et rien d'autre.

Il rencontre l'écrivain Curzio Malaparte qui l'invite dans sa villa rose de Capri, *Come me*, perchée sur un piton rocheux au-dessus de la mer. Il raconte ce séjour exceptionnel dans *Du côté de chez Malaparte.*

Sa plus grande œuvre – désespérée – est publiée deux ans avant sa mort, *Les Poulpes*. Il y décrit avec force détails ses années de captivité dans divers stalags d'Allemagne : « Le Grand Dab s'éveilla. La clarté grise de l'aube s'insinuait. C'était la fin de la nuit. Trop courte, Toujours trop courte. Ne tremble pas, mon âme. Ah, laisse-moi vaincre, oubli de la nuit, les tourments de ce rude univers ! » (*Incipit* du livre).

Il meurt le 12 septembre 1955, à cinquante ans, d'une pleurésie, dans l'anonymat. Deux œuvres posthumes, gonflées d'amertume et de souffrance, éclairent le pessimisme de l'auteur : *Retour de barbarie*, une chronique sur le monde littéraire du Paris de l'Occupation, et *Le Pus de la plaie*, journal de sa maladie, aux accents kafkaïens, tristes et beaux.

Jean-René Huguenin

Fulgurant et inachevé

1936-1962

Jean-René Huguenin n'est pas resté longtemps parmi les hommes. Dommage, il aurait pu marquer le siècle. Son écriture est prometteuse, mais il meurt dans une collision sur une route de campagne à l'âge de vingt-six ans. Chaque année sur mes agendas, je recopie l'une de ses maximes tirées de son *Journal*. Elle est datée du 8 mars 1958 : « Faire une œuvre. Vivre avec grandeur, honneur et beauté. Fonder une aristocratie, une société secrète des âmes fortes. »

Ce fils de professeur de médecine a d'abord pour ambition d'entrer à l'ENA mais il préfère se jeter à corps perdu dans la littérature. Aux côtés de ses amis Philippe Sollers, Jean-Edern Hallier et Renaud Matignon, il crée la fameuse revue *Tel Quel* dont il est exclu au bout de quelques mois. Trop libre. Incontrôlable. Il est étrange, passionné, désenchanté, sceptique, orgueilleux, fragile, croyant, toujours ailleurs. Il collabore dans divers journaux à l'âge où l'on étudie encore sur les bancs de l'université. Ce feu follet a le nez dans un texte, *La Côte sauvage*, le seul roman de sa vie, qui sera loué par Aragon, Mauriac et Gracq. Il raconte un amour ambigu, impossible, entre un frère et une sœur, dans une Bretagne de légende. Le vent éternel de la mer et les passions humaines soufflent dans ce livre violent et triste qui connaît un grand succès: «Qui suis-je? Qui étais-je? Je ne trouverai jamais ma nuit. C'est moi que je prie, c'est moi qui m'exauce. Dieu dans sa haine nous a tous laissés libres. Mais il nous a donné la soif pour que nous l'aimions. Je ne puis lui pardonner la soif. Mon cœur est vierge, rien de ce que je conquiers ne me possède! On ne connaîtra jamais de moi-même que ma soif délirante de connaître. Je ne suis que curieux. Je scrute. J'explore. La curiosité c'est la haine. Une haine plus pure, plus désintéressée que toute science et qui presse les autres de plus de soins que l'amour – mais qui les détaille, les décompose. Me suis-je donc tant appliqué à te connaître, Anne, ai-je passé tant de nuits à te rêver, placé tant d'espoir à percer ton secret indéchiffrable, et poussé jusqu'à cette nuit tant de soupirs, subi tant de peines, pour découvrir que mon étrange amour n'était qu'une façon d'approcher la mort?»

Le 22 septembre 1962, la lumière est belle sur la plaine de Beauce. L'été touche à sa fin. Entre Rambouillet et Ablis, la nationale 10 est rectiligne, elle permet d'avancer vite, très vite, surtout quand on s'appelle Jean-René Huguenin le météore, impatient, insatiable, pressé. Il s'approche de Chartres, sur les pas de Péguy qu'il aime tant, il ne voit pas encore les flèches irréprochables de la cathédrale. Au volant d'un cabriolet Mercedes prêté par un ami, il roule à tombeau ouvert, comme s'il voulait rattraper le temps perdu, ou se tuer. À un moment, il se déporte sur la gauche et heurte une Peugeot conduite par un paisible grainetier de Mayenne. Les deux hommes meurent sur le coup dans la collision. Le jeune homme avait écrit dans son journal trois ans auparavant: «Il est clair que je n'ai pas ma place dans ce monde, parmi ma génération, au sein de cette civilisation. Je vais écrire quelques romans, et puis j'éclaterai comme un feu d'artifice et j'irai chercher la mort quelque part. La pensée de mourir est finalement ce qui me console le mieux de tout.»

Max Jacob
Mon Dieu, pourquoi m'as-Tu abandonné ?
1876-1944

Son existence est tellement singulière qu'elle a occulté une partie de son œuvre. Max Jacob, poète délicat et mystique, Breton de confession juive, se convertit au Christ à trente-trois ans. Plus tard, il se retire à Saint-Benoît-sur-Loire où il est arrêté pendant la Seconde Guerre mondiale par la Gestapo. Sa croix devait être Auschwitz, il meurt au camp de Drancy de maladie, d'épuisement et de mauvais traitements. Je veux lui rendre ici hommage.

Sa famille est d'origine allemande mais il naît à Quimper où la famille se croit à l'abri des persécutions antisémites. Il se sent étranger dans cette vieille Bretagne catholique où les cérémonies religieuses sont d'une beauté à couper le souffle : pèlerinages, grands-messes, grands pardons, troménies. Les Jacob sont les seuls Juifs de la ville mais ils ne sont pas pratiquants. Le père, tailleur-brodeur réputé, admire Voltaire et la philosophie des Lumières.

À dix-huit ans, Max quitte la Bretagne et s'installe à Paris, où il rêve de devenir écrivain. Il est fasciné par l'aventure de l'art moderne. C'est un brillant élève mais de santé fragile. Il devient critique d'art. Il cache son homosexualité à ses proches. Il essaie de vivre des passions avec des femmes. Cuisant échec. Quelques années plus tard, il rencontre un jeune peintre espagnol qui deviendra son ami de cœur pendant vingt ans : Pablo Picasso. Sa peinture extraordinaire est une révélation pour le Quimpérois dont l'enfance a été bâillonnée. En 1904, ils habitent ensemble à Montmartre dans des ateliers vétustes que Max baptise le « bateau-lavoir » et qui deviendront le lieu mythique d'expériences picturales inouïes. Il fait la connaissance d'Utrillo, de Mac Orlan, de Modigliani, de Vlaminck, de Derain, de Braque, d'Apollinaire. L'art nouveau explose comme une apocalypse colorée et heureuse.

Pourtant, sa misère matérielle est grande, il survit en enchaînant les petits boulots. Il commence à écrire. Il s'intéresse au mysticisme, au bouddhisme, à l'astrologie, à l'occultisme. Un jour, il voit un ange sur le mur de sa chambre et se convertit au catholicisme mais pas celui, dévôt, d'une partie de la société. Son mysticisme est très personnel. Ce Juif qui n'a jamais été pratiquant se perd dans la contemplation de celui qui guidera désormais sa vie : le Christ rédempteur.

Après la Grande Guerre, il continue à écrire et à fréquenter les milieux artistiques. Ses amitiés sont riches, il connaît la plupart des grands peintres de l'époque, ceux des années folles qui révolutionnent l'art. Mais partout, il se sent différent, jamais à sa place, souffreteux, parce que homosexuel dans un monde d'hétérosexuels, parce que d'origine juive dans un pays chrétien. En 1921, il découvre l'abbaye de Saint-Benoît-sur-Loire, merveille de l'art roman. Il rencontre un abbé, Albert Fleureau, qui sera jusqu'à sa mort un guide spirituel. Il trouve une forme d'équilibre mental dans la religion alors que sa vie est en lambeaux et ses amours catastrophiques. Il écrit des lettres poignantes à ses amis : Cocteau, Picasso, Leiris, Salacrou, Jouhandeau. Il multiplie les voyages de Paris à Quimper, de Quimper à Paris, mais son cœur est à l'abbaye de Saint-Benoît, son havre de paix. Il décide de vivre sa sexualité de manière platonique, éclairé par la spiritualité chrétienne, sans toujours y parvenir.

En 1939, la Seconde Guerre mondiale éclate, ouragan de sang. Les hordes nazies déferlent sur la France. Les Juifs sont persécutés dans toute l'Europe. Max Jacob aurait pu fuir dans la zone sud, mais il refuse. Il se croit en sécurité dans le village du Loiret où il a élu domicile, où tout le monde l'aime. Qui pourrait lui en vouloir ?

Le 24 février 1944, il est arrêté par la Gestapo et emmené à la prison d'Orléans. Déporté à Drancy, il tombe gravement malade. L'écrivain juif et chrétien, amoureux de poésie et d'art nouveau, meurt le 6 mars 1944 dans le camp de transit alors qu'on s'apprêtait à le jeter dans un wagon à bestiaux à destination d'une chambre à gaz. Cinq ans plus tard, sa dépouille est enterrée dans le cimetière de Saint-Benoît-sur-Loire, l'endroit au monde qu'il a le plus aimé.

Il reste de lui des contes, des nouvelles, des romans, des poèmes en prose et en vers, des textes destinés à des compositions musicales, des pièces de théâtre, une importante œuvre critique, de riches correspondances.

Sans être l'écrivain le plus important du siècle, c'est un témoin majeur des bouleversements qui l'ont traversé jusqu'à sa mort tragique.

Sa poésie, la partie de son œuvre que je préfère, est gracile et douce, à l'image d'un homme dont le destin suscite le respect : « Après la mort de mon amour, oh ! de longs mois après, la douleur et la joie d'avoir aimé (t'aimé-je encore ?) après l'obscur charnier des ruptures sanglantes, et morte et mort et toi en moi et moi en toi, et morte et mort, moi que voici et toi là-bas, je te parlai, ô l'angélique, je te parlai de cette visite dans la neige à la porte de ta maison en ce Paris de velours blanc, pierre de lune, ombre et lumière en chaque rue. "Je savais que vous êtes fou, car tous les médecins vous le diront, les plus vrais fous sont les plus calmes." Et morte et mort, et toi en moi et moi en toi, et morte et mort, moi que voici, et toi là-bas » (*Ballade de la visite nocturne.*)

Franz Kafka

Le procès de l'absurde

1883-1924

Dans les romans de Franz Kafka triomphe l'absurdité du monde. Pas seulement celle de la bureaucratie et de la justice, mais aussi celle de la condition humaine dans son essence. Ses personnages – Gregor Samsa dans *La Métamorphose*, Joseph K. dans *Le Procès*, K. dans *Le Château* – sont devenus des mythes. Son nom a donné un adjectif utilisé dans la langue courante, c'est dire l'universalité de ses héros et de son œuvre. Cet écrivain majeur, génie absolu, l'égal de Proust son exact contemporain, a pourtant connu une vie misérable et désespérée.

Il naît à Prague, capitale de la Bohême, dans l'empire austro-hongrois où coexistent des dizaines de nationalités. La ville est provinciale, délicate, cultivée, inchangée depuis des siècles. Une certaine insouciance règne. La dynastie des Habsbourg semble vouée à durer éternellement, elle n'a plus que quelques années à vivre.

Le jeune Franz ne parle pas tchèque, mais allemand. Sa famille vit dans une certaine aisance financière, cependant elle appartient à deux minorités : celle des germanophones et celle des Juifs.

L'adolescent se sent différent des autres, seul, déjà persécuté. Un conflit majeur se dresse entre lui et son père, qu'il estime autoritaire, castrateur, vaniteux, inculte. Franz est bon élève, apparemment sans histoire, mais la colère et le désespoir grondent en lui.

À dix-neuf ans, il rencontre l'homme qui comptera le plus dans sa vie : le poète Max Brod qui, devinant sa sensibilité et son talent, l'encourage à écrire. Il sera son meilleur ami, son mentor et celui qui fera découvrir son œuvre après sa mort. Mais écrire ne rapporte rien et le jeune Franz, après des études de droit, accomplit un stage d'un an au tribunal de Prague, une expérience qui le marque profondément. Il découvre l'absurdité de la bureaucratie et le caractère aveugle de la justice des hommes. Il devient employé dans une société d'assurance italienne, Generali, puis cadre dans l'Institution d'assurance pour les accidents des travailleurs du royaume de Bohême. Pour lui, clame-t-il, il s'agit d'activités alimentaires. Il s'acquitte de sa tâche avec professionnalisme et talent. Il écrit des guides d'information sur la réduction des risques dans les usines du pays. On l'imagine à l'œuvre, fonctionnaire besogneux et tatillon, tels les personnages de ses romans à venir. Au même moment, sa soif d'écrire monte en lui comme une lave irrépressible.

Deux Kafka coexistent : d'un côté le cadre administratif apprécié de sa hiérarchie, de l'autre l'écrivain désespéré, en proie aux tourments, au bord de la folie, explorant les arcanes de la condition humaine. Le Kafka du jour est un employé modèle, bien noté par ses supérieurs, il ne présente aucune aspérité. Le Kafka de la nuit – il n'écrit que la nuit – peint un monde absurde, une société monstrueuse où l'individu est aliéné et persécuté. Le jour il est calme, rangé, la nuit il est ivre, possédé.

Il publie *Le Verdict*, nouvelle rédigée en quelques heures, d'inspiration autobiographique, qui raconte le conflit entre un fils et son père. En 1915, *La Métamorphose*, œuvre majeure, sort en librairie. Cette nouvelle raconte l'histoire d'un homme, Gregor, se réveillant sous la forme d'un insecte monstrueux. Il n'arrive pas à se lever. Il reste enfermé dans sa chambre, incapable de se rendre à son travail. Ses proches sont saisis d'horreur. Gregor est la métaphore de l'homme solitaire, marginal, différent, incompris, enfermé dans sa propre détresse : Kafka lui-même. Selon Nabokov, pour qui *La Métamorphose* est le chef-d'œuvre de l'écrivain, celui-ci surpasse tous les auteurs allemands de son siècle : « Comparé à lui, des poètes tels que Rilke ou des romanciers tels que Thomas Mann font figure de nains, ou de saints de plâtre. » On peut en juger avec cet extrait de cette nouvelle qui m'a subjugué : « Était-il une bête, pour être à ce point ému par la musique ? Il avait le sentiment d'apercevoir le chemin conduisant à la nourriture inconnue dont il avait le désir. Il était résolu à s'avancer jusqu'à sa sœur, à tirer sur sa jupe et à lui suggérer par là de bien vouloir venir dans sa chambre avec son violon, car personne ici ne méritait qu'elle jouât comme lui entendait le mériter. Il ne la laisserait plus sortir de sa chambre, du moins tant qu'il vivrait ; son apparence effrayante le servirait, pour la première fois ; il serait en même temps à toutes les portes de sa chambre, crachant comme un chat à la figure des agresseurs ; mais il ne faudrait pas que sa sœur restât par contrainte, elle demeurerait de son plein gré auprès de lui. »

La Colonie pénitentiaire, publié quatre ans plus tard, décrit un bagne situé sur une île lointaine où les accusés sont torturés par une machine monstrueuse. Le texte est prophétique. Il annonce les camps nazis où deux de ses sœurs périront parce que juives : « Vous avez vu qu'il n'était pas facile de déchiffrer l'écriture avec les yeux ; mais notre homme, lui, la déchiffre avec ses plaies. Cela demande d'ailleurs beaucoup de travail ; il a besoin de six heures pour y arriver. C'est alors que la herse l'embroche tout entier et le jette dans la fosse où son corps éclate sur l'eau ensanglantée et le coton. »

Au même moment, l'écrivain désemparé connaît plusieurs amours impossibles. D'abord avec l'Allemande Felice Bauer. Ils échangent une riche correspondance. Ils se voient de temps en temps, mais l'essentiel de leur relation est épistolaire. L'amour est platonique, artistique. Se marier ou ne pas se marier ? Il n'est pas homme à vivre en couple. Son épouse, la seule, est la création littéraire. En 1919, il se fiance avec Julie Wohryzek, secrétaire à Prague, mais la relation ne dure pas. Le père de Franz n'aime pas cette jeune fille et s'oppose au mariage. À partir de cette date, le conflit entre les deux hommes deviendra insurmontable. Quelque temps plus tard, il rencontre une auteure anarchiste tchèque, volubile et flamboyante, Milena Jesenská. C'est une mère plus qu'une amante qui comprend l'extrême fragilité et l'extrême génie de son compagnon.

Kafka a presque quarante ans, mais son père autoritaire continue à l'étouffer, à le castrer. Il obtient une mutation dans le Berlin des années folles où il espère donner un nouvel élan à sa vie et à son œuvre.

Nouvel amour. Il rencontre Dora Diamant, une institutrice polonaise issue d'une famille juive orthodoxe. Elle l'initie au judaïsme peu présent jusque-là dans son existence. Ils ont des projets. Ils envisagent de migrer en Palestine. Franz est effrayé par la haine antisémite qui sourd partout en Europe. Il est favorable à la création d'un foyer juif mondial mais le voyage en Orient n'aura jamais lieu.

Depuis quelques années, il est malade. À la fin de la Grande Guerre, on lui a diagnostiqué une tuberculose. Il devient hypocondriaque, obsédé par la souffrance et la mort. Il est dépressif. Des petits et des grands maux nourrissent son écriture. Il s'astreint à des régimes alimentaires à base de plantes, qui ne servent à rien. Il est souvent en congé maladie, ce qui lui permet de consacrer du temps à son œuvre.

En 1923, une crise économique frappe de plein fouet la capitale allemande. Les denrées sont rationnées. L'hiver est terrible. La tuberculose ronge le corps de Franz. Son ami Brod lui rend visite. Il constate un état catastrophique. L'écrivain ressemble étrangement à Gregor, héros de *La Métamorphose*. La transformation de son apparence est effrayante. Il est admis dans un sanatorium près de Vienne. Il n'y reste pas longtemps. La mort le fauche le 3 juin 1924 à l'âge de quarante ans.

Toute sa vie il a souffert. Son œuvre entière est à l'image de sa détresse et de son incapacité pathologique à s'adapter aux règles du genre humain. « Dieu ne veut pas que j'écrive, dit-il dans sa correspondance, mais moi je dois. »

Le destin de Franz Kafka ne brille d'aucun éclat. En apparence, il est fade, répétitif, aliénant, conformiste. Une vie sexuelle pauvre. Pas de grands voyages. Une carrière professionnelle rangée. Aucun honneur, aucune gloire de son vivant. Et pourtant, il est l'un des maîtres incontestés de la littérature mondiale. Toute la frustration, toute la tristesse, toute la monotonie de son quotidien sont transcendées dans des textes sublimes qui, pour la plupart, seront publiés après sa mort. L'écriture est un exutoire, le seul. Elle est terrifiante car l'écrivain se donne totalement à elle. Elle révèle l'intimité refoulée d'un petit-bourgeois rangé. D'un côté, le quotidien gris et terne, de l'autre la beauté assourdissante de la création. Les mots sont lumière, transe, paradis. Kafka est ambivalent. Il l'écrit dans un puissant aphorisme : « Un livre doit être la hache qui fend la mer gelée en nous ; voilà ce que je crois » (*Lettre à Oskar Pollak*).

Juste avant sa mort, il demande à son ami Max Brod de détruire tout ce qu'il a écrit : « Voici, mon bien cher Max, ma dernière prière : tout ce qui peut se trouver dans ce que je laisse après moi (c'est-à-dire, dans ma bibliothèque, dans mon armoire, dans mon secrétaire, à la maison et au bureau ou en quelque endroit que ce soit), tout ce que je laisse en fait de carnets, de manuscrits, de lettres, personnelles ou non, etc. doit être brûlé sans restriction et sans être lu, et aussi tous les écrits ou notes que tu possèdes de moi ; d'autres en ont, tu les leur réclameras. S'il y a des lettres qu'on ne veuille pas te rendre, il faudra qu'on s'engage du moins à les brûler. À toi de tout cœur. »

Max Brod désobéit à l'écrivain, on ne saurait l'en blâmer. Non seulement il ne brûle rien, mais il fait connaître au monde la plus grande partie d'une œuvre considérable. En 1925 est publié *Le Procès*, l'année suivante *Le Château*. Le premier, récit noir et trouble, raconte les tribulations de Joseph K. arrêté et jugé pour une raison qu'il ignore, et qui cherche à être acquitté d'un délit qu'il essaie de comprendre sans jamais y parvenir : « Il ne fait pas de doute que tous les agissements de ce tribunal (ainsi, dans mon cas, l'arrestation et la présente instruction) dissimulent une vaste organisation. Une organisation qui n'emploie pas seulement des gardiens corrompus, des inspecteurs et des juges imbéciles dont le mieux qu'on puisse espérer est qu'ils soient modestes, mais qui entretiennent de surcroît des magistrats de haut rang, voire du plus haut rang, avec tout un train innombrable et inévitable d'huissiers, de greffiers, de gendarmes et autres subalternes, peut-être même des bourreaux, je n'ai pas peur du mot. Or quel est, messieurs, le sens de cette vaste organisation ? C'est d'arrêter des personnes innocentes et d'engager contre elles des procédures absurdes et généralement [...] sans résultat. »

Dans *Le Château*, un arpenteur essaie d'approcher des fonctionnaires enfermés dans une forteresse inaccessible aux autres hommes. Ce livre est la métaphore de l'aliénation de l'individu confronté à une bureaucratie absurde, tatillonne, qui a coupé tout lien avec la réalité : « Les fonctionnaires sont des gens très capables, mais dans une seule spécialité ; quand une question est de leur ressort, il leur suffit d'un mot pour saisir toute une série de pensées, mais s'il s'agit d'une chose qui sort de leur rayon on peut passer des heures à la leur expliquer, ils remuent la tête poliment mais ils ne comprennent pas un mot. Et c'est bien naturel ; vous n'avez qu'à chercher à comprendre les petites questions administratives qui vous concernent personnellement, des affaires de rien du tout qu'un fonctionnaire règle d'un haussement d'épaules, cherchez à les comprendre à fond, vous aurez trouvé du travail pour toute votre vie et vous n'en viendrez pas à bout. »

Ces deux textes posthumes, inachevés, étranges, fascinants, labyrinthiques, éclairés par un souffle indescriptible, sont considérés comme des chefs-d'œuvre de la littérature mondiale. Ils m'ont aidé, comme des centaines de milliers de lecteurs, très souvent à l'adolescence, à comprendre que le monde n'est logique qu'à sa première apparence. Que Franz Kafka en soit remercié, là où il repose, sous cette pierre tombale du cimetière juif de Prague devant laquelle je me suis plusieurs fois recueilli.

John Kennedy Toole

Être édité ou se suicider

1937-1969

Voilà un auteur qui plaçait la littérature au-dessus de tout. Désespéré de ne pas convaincre un éditeur de publier un texte qu'il considère comme un chef-d'œuvre, il met fin à ses jours à trente et un ans. Grâce à la ténacité de sa mère, le livre auquel il tenait tant obtient le prestigieux prix Pulitzer et devient un succès mondial.

Hasard étrange, John Kennedy Toole a presque le même nom qu'un président assassiné. Né à La Nouvelle-Orléans en 1937, c'est un élève talentueux, curieux, cultivé, mais seule la création littéraire l'enivre. Il veut devenir écrivain ou rien. À seize ans, il rédige un premier texte, honorable, qui sera publié à titre posthume, *La Bible de Néon.*

Devenu adulte, il donne des cours dans l'État de New York et en Louisiane. Il accomplit son service militaire pendant deux ans à Porto Rico, au cours duquel il écrit *La Conjuration des imbéciles*, roman humoristique, au style saisissant, qui raconte l'histoire mouvementée d'Ignatius Reilly, un étudiant en littérature médiévale de La Nouvelle-Orléans aux prises avec une société puritaine qui refuse de reconnaître son génie. Il est pataud, adipeux, souffre de problèmes gastriques et de la bêtise humaine. Une sorte d'autofiction amusante, tragique, rocambolesque, dans laquelle le héros, asocial, ressemble étrangement à l'auteur. La ville de son enfance est décrite de façon sarcastique: « Notre ville est célèbre pour ses joueurs professionnels, ses prostituées, ses exhibitionnistes, ses antéchrists, ses ivrognes, ses sodomites, ses drogués, ses fétichistes, ses onanistes, ses pornographes, ses fripons, ses coquines, ses vandales et ses lesbiennes, tous et toutes dûment protégés par la prévarication et le trafic d'influence. Si vous avez un moment, je suis prêt à entreprendre de débattre avec vous du problème de la criminalité, mais ne commettez surtout pas l'erreur de m'importuner moi. »

Après son séjour à Porto Rico, John Kennedy Toole revient chez ses parents, à La Nouvelle-Orléans, où il enseigne de nouveau. Il est jeune, il se croit plein d'avenir, c'est un brillant professeur, mais il boit et ne cesse de se disputer avec sa mère castratrice. Il envoie son étrange manuscrit à plusieurs éditeurs, puis attend, le cœur battant, les réponses qui arrivent par la poste. Il court chaque matin vers la boîte aux lettres. Il reçoit invariablement les mêmes courriers type de refus poli : « Votre manuscrit, malgré ses qualités, n'entre pas dans le cadre de nos collections. » Il est abasourdi qu'on ne veuille pas considérer son livre à sa juste valeur. Il s'acharne. Il envoie à d'autres éditeurs. Toujours les mêmes lettres de refus. Il souffre le martyre. Pourquoi tant d'injustice, d'ignominie ? Il a l'impression que le monde est ligué contre lui. Il plonge dans une dépression profonde. Les derniers courriers d'éditeurs arrivent et résonnent comme une mise à mort. Fini, tout est fini. Pas de publication, pas de survie possible.

Le 26 mars 1969, après un voyage en Californie, il se suicide près de Biloxi, une petite ville du Mississippi, asphyxié dans sa voiture, après avoir placé un tuyau entre le pot d'échappement et l'habitacle.

Sa mère Thelma, avec qui il ne cessait de se disputer, cherche à réparer ce qu'elle considère comme une affreuse injustice. Pour laver l'honneur de son fils, elle fait lire le manuscrit à l'écrivain Walker Percy. Celui-ci est fasciné par l'atmosphère qui règne dans le livre, mais il faut encore attendre plusieurs années pour qu'il soit publié. Sans doute ce texte était-il trop étrange, trop anticonformiste pour plaire d'emblée à certains éditeurs effrayés par une telle originalité.

À sa parution, *La Conjuration des imbéciles* est saluée par le public et la critique. Le succès est phénoménal : 1 500 000 exemplaires vendus en quelques mois. Événement rarissime, John Kennedy Toole reçoit le prix Pulitzer de la fiction en 1981, douze ans après son suicide. Le plus grand prix américain est attribué à un auteur qui s'est tué parce que son livre n'intéressait aucun éditeur. Voilà le comble de l'absurdité.

Le titre du livre est un clin d'œil à une citation de Jonathan Swift, auteur des *Voyages de Gulliver*, mise en épigraphe : « Quand un vrai génie apparaît en ce bas monde, on le peut reconnaître à ce signe que les imbéciles sont tous ligués contre lui. » Un titre et une citation prémonitoires.

Heinrich von Kleist
Immortel prince de Hombourg
1777-1811

À l'heure de partager avec vous ma passion pour Kleist remonte en moi une voix venue de l'enfance lorsque mes parents m'ont acheté un trente-trois tours miraculeux, celui de l'enregistrement du *Prince de Hombourg* dans la cour d'honneur du palais des Papes en Avignon. Cette voix était celle de Gérard Philipe.

Kleist est reconnu aujourd'hui comme le « vrai poète tragique de l'Allemagne », et mis au même niveau que Goethe et Schiller. Mais il fut incompris à son époque, méprisé et rejeté comme un paria. Il faudra attendre Nietzsche pour que l'écrivain prussien – dont l'auteur de *Naissance de la tragédie* évoquera « la sublime impossibilité de vivre » – soit enfin réhabilité. Il est vrai que les deux hommes, les deux esprits tourmentés se ressemblent. Le philosophe allemand cherchera le secret du tragique dans les vers de Kleist. Plus tard, Thomas Mann et Stefan Zweig seront fortement influencés par l'œuvre du poète romantique et l'« esthétique » de sa fin. Dans les années 1920, le mouvement expressionniste se reconnaît également dans le génie du poète dramaturge.

En France, on connaît Heinrich von Kleist essentiellement pour *Le Prince de Hombourg*, achevé peu avant sa mort à l'âge de trente-quatre ans. Ce drame en vers doit sa renommée à la création qu'en fit le Théâtre national populaire lors du festival d'Avignon – au palais des Papes – de l'été 1951, sur une mise en scène de Jean Vilar. Gérard Philipe, au sommet de sa gloire, y interprétait, romantique et ténébreux, le prince Frédéric Arthur de Hombourg sujet à un étrange état de somnambulisme, à la veille d'une bataille décisive, tandis que Jeanne Moreau, dans le rôle de Natalie, lui donnait la réplique. La pièce connut un immense succès. Sans doute parce que c'est une belle histoire d'amour – entre un prince et une fille de roi – et que tout se déroule comme dans les contes de notre enfance : on flotte en permanence entre « réalité » et onirisme. Le texte est d'une beauté étrange : poétique et énigmatique. L'inconscient des personnages « parle » autant que le conscient ou la conscience. Soixante-six ans après sa création en France, cette œuvre dramatique de génie – dont le héros est un antihéros fascinant – séduit d'ailleurs toujours autant les compagnies théâtrales et les spectateurs.

La vie de Heinrich Kleist est une succession ininterrompue de drames. Il naît en Allemagne à Francfort-sur-l'Oder le 18 octobre 1777, au sein d'une famille noble de militaires. En 1788, il n'a pas onze ans quand son père capitaine meurt. À l'âge de quinze ans, Heinrich entre dans le régiment de la garde – tradition familiale oblige. Le jeune homme promu caporal n'a pas les dispositions que requiert la carrière militaire : il a l'âme romantique et la santé fragile. Cinq ans après le décès de son père, il perd sa mère. En 1799, Kleist, parvenu au grade de lieutenant, demande un congé et l'obtient. Il décide de se consacrer aux lettres ; mais la lecture de l'œuvre du philosophe Kant va le plonger dans une profonde dépression dont il ne se remettra jamais vraiment. À l'âge de vingt-cinq ans, un médecin lui diagnostique une « mélancolie morbide ». Il essaie de se divertir, de fuir ses démons, il voyage beaucoup – Italie, Suisse, France. En 1807, alors que l'empereur Napoléon Ier est entré victorieux à Berlin, Kleist, soupçonné d'espionnage, est arrêté et emprisonné quelques mois.

Après son incarcération, il vit dans une grande solitude et seule l'écriture le sauve. En novembre 1810, à l'âge de trente-trois ans, il rencontre Henriette Vogel, une musicienne. Il tombe amoureux, mais elle est mariée. Ils s'écrivent. Kleist apprend qu'Henriette atteinte d'un cancer incurable est condamnée à brève échéance. Les deux amants décident de se donner la mort. Ils se retrouvent le 21 novembre 1811 sur les bords du lac Wannsee, entre Berlin et Potsdam. Kleist tue Henriette d'un coup de pistolet, puis il retourne l'arme contre lui. Ils ont théâtralisé leur mort, veillé au moindre détail, en référence à la *Madeleine mourante*, un tableau du peintre français Simon Vouet. On retrouvera leurs corps couverts de sang dans une position extatique copiant celle de Madeleine sur la toile que les deux amoureux admiraient. Peut-être y avait-il aussi, dans cette mise en scène morbide, le désir de rejouer – d'incarner à leur tour – le mythe éternel de Tristan et Iseult.

C'est en lisant *Le Combat avec le démon* de Stefan Zweig que j'ai découvert la vie et l'œuvre de Kleist, son âme incandescente. Ce petit livre réunissait les biographies de trois auteurs « insurmontablement étranger[s] au monde » (selon l'expression de Friedrich Gundolf), trois Maudits : Hölderlin, Nietzsche et Kleist. Leurs destins m'apparaissaient fascinants, démesurés, tragiques mais sublimes. Il était question d'onirisme, de poésie, de folie. Je ne voyais d'équivalent que chez Shakespeare ou Dostoïevski.

Zweig disait de Kleist : « L'ardeur de son sang, la véhémente tension de tous ses nerfs font sortir du tréfonds de son être tout un résidu mystérieux de sentiments : des désirs étranges qui, chez d'autres, s'estompent et disparaissent dans le subconscient, éclatent chez lui comme des fièvres et pénètrent de leur feu l'émotion amoureuse de ses personnages [...] il développe tout sentiment jusqu'au pathologique [...] et il mêle encore à tout cela les ténébreuses puissances de l'âme, l'hypnotisme, le somnambulisme, la divination. Tout ce qui est extrême dans l'histoire naturelle du cœur, l'excentricité du sentiment, l'absence des limites... »

Je me mis à lire Kleist dans le texte. Bien entendu, je commençai par *Le Prince de Hombourg*, pièce que Kleist ne vit jamais sur scène. Verbe lyrique, violent. Un choc. En voici quelques lignes : « Quel rêve étrange m'a visité ! – C'était comme si, étincelant d'or et d'argent, un château royal se fût ouvert soudain, laissant du haut de la rampe de marbre descendre vers moi tout le cortège des personnes chères à mon cœur... »

Le mystère intérieur, la solitude existentielle profonde de chaque être, surtout celle des esprits supérieurs qui « vivent à l'avance », l'incompréhension qui emmure, le rêve et la « voyance »... oui, en lisant Kleist, je retrouvais les songes évanescents et la folie de Shakespeare. Hamlet dit : « Essentiellement, je ne suis pas fou, / Seulement fou par ruse. » Qu'entendre par « essentiellement » ? Qu'il n'est pas complètement fou ? De même, comment faut-il comprendre que le prince de Hombourg n'est « pas assez présent » ? Les vers de Kleist gardent leur part irréductible de mystère.

En 1976, je n'avais pas trente ans, je m'empressai d'acheter la *Correspondance complète* de Heinrich von Kleist que venait de publier Gallimard, et je me plongeai dans sa lecture avec passion. Écrivant ces lignes, j'ai ressorti de ma bibliothèque le livre à la couverture blanche jaunie. La plupart des lettres sont adressées à des femmes. La correspondance s'achève sur les litanies de la mort et les lettres d'adieu aux personnes aimées. Le 19 novembre 1811, Kleist écrivait à sa cousine Marie : « [ma vie] s'achève pour moi par la plus magnifique et la plus voluptueuse de toutes les morts […] Le tourbillon d'une félicité encore jamais éprouvée m'a emporté, et je ne puis nier que la tombe m'est plus douce que le lit de toutes les impératrices. » « La vérité, c'est qu'on ne pouvait pas m'aider sur terre », écrit encore le poète à sa sœur Ulrike, la veille de sa mort.

Là où il est, qu'il sache qu'on est nombreux à regretter de ne pas avoir pu l'aider de son vivant…

Bernard-Marie Koltès

Le paria du théâtre

1948-1989

La brève existence de cet auteur controversé, mort à quarante et un an du sida, est trempée dans la souffrance, le doute, l'exaltation, l'insoumission. Il est fasciné par des personnages sulfureux, comme le tueur en série Roberto Succo, sorte de double maudit de lui-même.

Bernard-Marie Koltès est fils de militaire. Sa famille, bourgeoise et catholique, habite Metz, la ville natale de Verlaine, mais il est rapidement envoyé en internat où il souffre. Il se considère comme un marginal et se tourne vers le théâtre, seule patrie taillée à la mesure de ses rêves. Il veut devenir acteur mais il échoue au concours du Théâtre national de Strasbourg (TNS). Il écrit une pièce, *Les Amertumes*, qui impressionne Hubert Gignoux, directeur du TNS. À vingt ans, Koltès fonde sa propre compagnie, le Théâtre du Quai. Les premiers textes de cet exilé de l'intérieur ne connaissent aucun succès. Solitaire, incompris, obsédé par la mort, il se définit lui-même comme un auteur en révolte : révolte des homosexuels comme celle des Africains. Il adhère au Parti communiste français pendant trois ans sans vraiment y croire.

Bernard-Marie est jeune, beau, doué, mais incompris. Il voyage à travers le monde, Afrique, Union soviétique, Guatemala, Nicaragua. Il séjourne à plusieurs reprises à New York qui le fascine par sa démesure, son architecture, sa créativité. Il fréquente les artistes, les bars de nuit, les théâtres, les quais de l'Hudson : « Ici, on a l'impression d'être sur une immense scène où tout bouge, rien n'étonne. New York n'est vraiment comme aucune autre ville du monde : c'est comme un grand sac où l'on a mis tout ce qui ne cadrait pas ailleurs : rien ne surprend, mais rien n'est ordinaire. »

New York est la métaphore de son œuvre : libre et immense, poétique et révolutionnaire.

En 1977, il emménage à Paris où il écrit *La Nuit juste avant les forêts*. Premier grand texte. Premier succès. Il est mis en scène dans plusieurs villes d'Europe : Munich, Vienne, Fribourg, Francfort, Mons, Rennes, Amsterdam, Milan, Copenhague, Oslo. Plein d'enthousiasme, il compose alors de nouveaux textes, impressionnants : *Combat de nègres et de chiens, Dans la solitude des champs de coton, Quai ouest*.

En 1980, Bernard-Marie Koltès rencontre Patrick Chéreau, directeur du théâtre des Amandiers à Nanterre. Ils deviennent amis. Chéreau met en scène les textes de celui qui deviendra l'un des auteurs français les plus joués au monde.

Sa dernière pièce, *Roberto Zucco*, est inspirée d'une histoire tragique qui a défrayé la chronique pendant plusieurs mois, l'épopée de Roberto Succo, tueur en série italien. Cet ange jailli d'un tableau du Caravage, lecteur de Stendhal, a tué son père et sa mère près de Venise et les a immergés dans une baignoire. Considéré comme irresponsable de ses actes, il est enfermé dans un hôpital psychiatrique d'où il s'enfuit. Commence une cavale en France et en Suisse où il tue de manière irrationnelle et gratuite. Recherché par toutes les polices d'Europe, il est trahi par sa petite amie, enfermé de nouveau, et finit par se suicider. Considérée comme apologétique à l'égard d'un homme honni par la société, la pièce de Koltès provoque un énorme scandale.

L'écriture est la seule grande passion de Koltès. Sauf à la fin de sa brève existence, elle ne lui permet pas de vivre mais pour lui, il est hors de question de s'adonner à un travail alimentaire. Dans sa correspondance publiée après sa mort, il ne cesse de quémander de l'argent à ses proches ou à des institutions comme le Centre national du livre pour continuer à habiter un rêve sans lequel il n'existerait pas. En 1968, il avait écrit à sa mère ces mots qui résument ce qui l'a hanté pendant des années: «Je ne souhaite qu'une chose: c'est d'être capable toute ma vie de prendre des risques et ne jamais vouloir m'arrêter en chemin. […] Me voici par exemple à la veille de me mettre au service du Théâtre. Je crois en avoir pesé tous les dangers, en avoir mesuré les "inconvénients". Et pourtant je prends ce risque avec bonheur, malgré le gouffre qui me guette si j'échoue. Si j'échoue, je serai un être raté, sans nul doute, privé de "situation", de famille, de raison de vivre même, et sans aucune place dans la société. Je le sais. Mais pour cela, vais-je renoncer à l'espoir d'une vie pleine à déborder, d'une raison de vivre au sens plein du terme?»

Par son physique d'éternel adolescent, par sa vie d'insoumis, par son homosexualité assumée, il a marqué son époque d'une empreinte rimbaldienne. La mort le foudroie en plein succès – je n'ose dire en pleine gloire, un mot qu'il aurait détesté. Tué comme Maupassant par une hideuse maladie vénérienne. À l'époque, le sida est incurable, la maladie est une faucheuse qui extermine des écrivains: Copi, Guibert, Lagarce, Foucault, qu'il connaît et qu'il aime. Mais il est toujours en vie, servi par les plus grands acteurs et les plus grands metteurs en scène. Comme Lagarce, son double, il est devenu immortel.

Olivier Larronde

Archange épileptique et opiomane

1927-1965

Écrivain à l'œuvre fulgurante issu d'une famille traditionnelle, Olivier Larronde est admiré par Jean Cocteau et Jean Genet. Sa santé fragile et ses excès en tout genre préfigurent sa mort prématurée.

Il naît à La Ciotat dans une famille cultivée. Son père et sa tante sont poètes, mais le premier meurt pendant l'exode de 1940 et sa sœur Myriam, son double adoré, disparaît à l'âge de quatorze ans. Sur un coup de tête, il abandonne ses études en écrivant à sa mère une lettre ardente, forte, d'une grande maturité pour un garçon de son âge, disant qu'il est « absolument incapable d'assimiler sans vomissements ce tissu de monstruosités et de balourdises qui forment l'enseignement classique, que je ne peux ni ne veux accepter la moindre transaction avec mes convictions, mes sensations, la moindre transaction avec moi-même... Je suis fermement décidé, quoi qu'il en découle, à ne pas poursuivre mes études. Je t'estime déliée et je revendique la responsabilité exclusive de cette décision... »

À dix-huit ans, il s'installe à Paris. Il est fasciné par la littérature. Il rencontre Jean Cocteau et Jean Genet, homosexuels comme lui. Il publie un premier recueil, *Les Barricades mystérieuses*, des poèmes qui fascinent Leiris, Cocteau, Mandiargues. Lors d'une soirée, Larronde les lit à voix haute à Genet qui éclate en sanglots. Les deux jeunes gens sont d'ailleurs publiés chez le même éditeur, L'Arbalète :

Je me dispute avec le soir fragile et casse
Casse comme une vitre et j'ai plusieurs cadavres.
On me recueille, on me recolle, et on se lasse :
Je couche avec un coin de mur que mon air navre.

Cocteau est son mentor, il le présente au gratin des lettres françaises. Marie-Laure de Noailles et Louise de Vilmorin deviennent ses amies. Mais Larronde vit comme un saltimbanque, en dilettante, avec son inséparable compagnon, aussi beau que lui, Jean-Pierre Lacloche, autre écrivain oublié, qui devient sa muse. Le couple voyage au Maghreb, en Égypte, habite sur une île de la Seine aux Andelys face à Château-Gaillard. Larronde publie un deuxième recueil de poèmes dont le titre est l'anagramme de son nom, *Rien voilà l'ordre*, illustré par trente et un dessins du peintre Giacometti.

Des crises d'épilepsie le terrassent à intervalles réguliers. Il essaie d'échapper à la douleur en fumant de l'opium, ce qui l'affaiblit davantage et vide ses maigres économies. Il s'installe avec son ami dans un appartement où n'entre pas la lumière du jour masquée par de sombres rideaux. Les meubles sont étranges, exotiques. Un grand lit chinois bigarré accueille leurs nuits et leurs songes. Les autres amis entrent rarement dans cet antre coupé du monde. Influencé par sa mère fantasque passionnée de parapsychologie, Larronde est attiré par les sciences occultes et l'alchimie qu'il étudie de manière compulsive. Souffrant le martyre, il sombre dans l'alcoolisme. Son compagnon le quitte, lassé par cette vie de solitude et de noirceur indélébile.

Larronde meurt brutalement le 31 mars 1965 à l'âge de trente-huit ans, indigent et solitaire. Son dernier recueil, *L'Arbre à lettres* (en hommage à son éditeur L'Arbalète ?) est publié un an plus tard. Selon certains de ses admirateurs, Larronde incarne une sorte de Rimbaud moderne, dernier représentant des poètes maudits. Le journaliste Jean Cau l'évoque en des termes très forts : « L'archange poète de l'après-guerre, couronné de génie, de grâce, de jeunesse, de folles insolences, d'incroyables culots, de beauté déchaînée. »

Je possède un exemplaire des *Barricades mystérieuses* avec une dédicace manuscrite de l'auteur à une inconnue, aussi mystérieuse que le titre de son recueil :

> Pour toi, la Rose de mon souffle
> Rose durcie jusqu'à la pierre
> Pour, entre nous, cette étincelle reine
> Sache, comme l'orage à la rose s'allaite,
> Que tout ton feu bat dans mes foudres !
> Un seul de tes regards les tresse en couronne d'éclat.

Olivier Larronde est enterré dans le cimetière de Samoreau près de Fontainebleau, non loin de Mallarmé, dont les textes le subjuguaient, et au côté de son ami Jean-Pierre Lacloche, mort en 2006. Image émouvante de trois écrivains couchés côte à côte dans l'éternité de la mort.

Lautréamont
Les chants mythiques d'un jeune inconnu
1846-1870

Les Chants de Maldoror bouleversèrent l'adolescent que je fus. Et bien davantage l'histoire de la poésie. Né en Uruguay, Isidore Ducasse, surnommé Lautréamont, est l'homme d'un seul livre. Sa vie éphémère – il meurt à vingt-quatre ans – reste en partie mystérieuse. Solitaire, foudroyé en pleine jeunesse, il est l'archétype du génie incompris.

Un brouillard épais règne autour de l'existence de celui qui se faisait appeler comte de Lautréamont en l'honneur d'un roman d'Eugène Sue, *Latréaumont*, paru en 1838. Fils unique, il aurait vu le jour à Montevideo en un lieu indéterminé face à l'immense estuaire du rio de la Plata qui sépare l'Uruguay de l'Argentine. Son père, François Ducasse, pétri de culture classique, travaille au consulat de France. Le jeune Isidore est un déraciné, on ignore s'il en souffre ou s'il en éprouve de l'ivresse. Premier grand malheur : sa mère meurt un an après sa naissance, elle se serait suicidée. Cette blessure originelle bouleverse le jeune garçon. Il grandit en Uruguay, pays déchiré par la guerre. Il est élevé par un père en partie absent. On ne sait rien d'autre des premières années du futur Lautréamont.

En 1859 – il a treize ans – il gagne la France. Il est interne au lycée impérial de Tarbes, où il entre en sixième. Ce bon élève est passionné de littérature, de latin et de dessin. Il obtient son baccalauréat avec une mention passable.

En 1867, à vingt et un ans, il retourne en Uruguay où il revoit son père. Lui annonce-t-il qu'il a l'intention de devenir écrivain ? On ne sait. Il revient à Paris où il s'installe dans un hôtel près de la place des Victoires. Certains biographes prétendent qu'il a préparé l'École polytechnique, mais ce n'est pas certain. Il écrit le premier des *Chants de Maldoror* et le publie à compte d'auteur en 1868 : « Plût au ciel que le lecteur, enhardi et devenu momentanément féroce comme ce qu'il lit, trouve, sans se désorienter, son chemin abrupt et sauvage à travers les marécages désolés, de ces pages sombres et pleines de poison ; car à moins qu'il n'apporte dans sa lecture une logique rigoureuse et une tension d'esprit égale au moins à sa défiance, les émanations mortelles de ce livre imbiberont son âme comme l'eau le sucre. Il n'est pas bon que tout le monde lise les pages qui vont suivre ; quelques-uns savoureront ce fruit amer sans danger » (*Incipit* des *Chants de Maldoror*).

Nous ignorons tout de la genèse du livre. Le jeune surdoué a-t-il eu conscience que son texte deviendrait l'un des chefs-d'œuvre de la littérature du XIXe siècle ? Le livre entier – six chants – est imprimé l'année suivante en Belgique mais il n'est pas diffusé en librairie. L'éditeur a renoncé au dernier moment à le vendre par peur du scandale.

1869. Il reste un an à vivre à ce poète de génie. Il écrit chaque jour les « chants » d'un texte à la beauté ravageuse : « Accoudé sur le chevet de mon lit, pendant que les dentelures d'un horizon aride et morne s'élèvent en vigueur sur le fond de mon âme, je m'absorbe dans les rêves de la compassion et je rougis pour l'homme ! Coupé en deux par la bise, le matelot, après avoir fait son quart de nuit, s'empresse de regagner son hamac : pourquoi cette consolation ne m'est-elle pas offerte ? L'idée que je suis tombé, volontairement, aussi bas que mes semblables, et que j'ai le droit moins qu'un autre de prononcer des plaintes, sur notre sort, qui reste enchaîné à la croûte durcie d'une planète, et sur l'essence de notre âme perverse, me pénètre comme un clou de forge. »

Nous savons peu de chose sur les derniers jours d'Isidore Ducasse, si ce n'est qu'il habite alors dans les 2e et 9e arrondissements de Paris rue Vivienne, puis rue du Faubourg-Montmartre. Le 1er septembre 1870, l'armée française est écrasée à Sedan. Le Second Empire s'effondre. Les Prussiens s'approchent de la capitale qu'ils assiègent à partir de la mi-septembre. Le 24 novembre, Isidore Ducasse meurt au 7, rue du Faubourg-Montmartre, au-dessus de l'actuelle brasserie Chartier. On ignore les causes de sa disparition soudaine deux mois après le début du siège de Paris. Malnutrition ? Maladie ? Suicide ? Certains biographes prétendent, sans preuve, qu'il était tuberculeux. Inhumée au cimetière de Montmartre, sa dépouille s'évanouit peu après, sans doute jetée dans une fosse commune. Il n'a pas de sépulture. Son père, mort vingt-sept ans plus tard, a-t-il assisté à son enterrement ? Probablement pas. L'un des plus grands poètes de l'Histoire a été placé dans une tombe sans autre témoin que les croque-morts de service.

Quinze ans après sa disparition, Huysmans et Jarry découvrent son livre par le plus grand des hasards. Ils sont subjugués par la puissance évocatrice des *Chants de Maldoror*. Huysmans parle du poète en ces termes : « Que diable pouvait faire dans la vie l'homme qui a écrit d'aussi terribles rêves ? »

Commence alors la légende de l'écrivain sans biographie, sans visage, sans tombeau. On cherche à retrouver les traces de son existence dans son texte. On suppute qu'il était sourd dès sa naissance – « Je naquis entre les bras de la surdité » –, mais une œuvre littéraire ne reflète pas forcément la vie de l'auteur. Selon l'un de ses éditeurs qui ne l'a jamais connu, il aurait été grand et brun, aurait gueulé ses textes d'une voix tonitruante assis sur un piano. Le récit de sa destinée varie depuis près de cent cinquante ans. André Malraux écrit : « Lautréamont mangeait à peine, ne travaillait que la nuit après avoir joué du piano, et buvait tellement de café qu'il scandalisait l'hôtelier. » Au-delà de l'hagiographie du saint poète illuminé par le ciel, il reste ses mots à la beauté époustouflante, révolte d'un personnage énigmatique, fou, fasciné par un idéal qui l'emporte. *Les Chants de Maldoror* est un livre d'une telle puissance, d'une telle originalité, d'une telle splendeur qu'il inspire le mouvement surréaliste. Soupault, Aragon, Breton considèrent cette œuvre comme fondatrice de la poésie moderne. Le peintre et sculpteur Modigliani garde en permanence le livre sur sa table de chevet.

Je laisse les derniers mots à Isidore Ducasse. Ils prouvent que le poète n'est rien à côté de sa poésie, que l'écrivain est insignifiant par rapport à son œuvre. Sa vie a été misérable mais ses phrases sont fascinantes : « Au clair de la lune, près de la mer, dans les endroits isolés des campagnes, l'on voit, plongé dans d'amères réflexions, toutes les choses revêtir des formes jaunes, indécises, fantastiques. L'ombre des arbres, tantôt vite, tantôt lentement, court, vient, revient, par diverses formes, en s'aplatissant, en se collant contre la terre. Dans le temps, lorsque j'étais emporté sur les ailes de la jeunesse, cela me faisait rêver, me paraissait étrange ; maintenant, j'y suis habitué. Le vent gémit à travers les feuilles ses notes langoureuses, et le hibou chante sa grave complainte, qui fait dresser les cheveux à ceux qui l'entendent. Alors, les chiens, rendus furieux, brisent leurs chaînes, s'échappent des fermes lointaines ; ils courent dans la campagne, çà et là, en proie à la folie. »

Jean de La Ville de Mirmont

Du spleen à la boucherie de la guerre

1886-1914

Jean de La Ville de Mirmont est un écrivain oublié, tué par la folie humaine au même moment, au même âge, et presque au même endroit qu'Alain-Fournier. Mélancolique et solitaire, épris de sa mère, il meurt à vingt-sept ans, pulvérisé par un obus sur le front champenois. Contrairement à certains auteurs inconnus de leur vivant mais réhabilités après leur mort, il n'a pas fait parler de lui à la suite de sa tragique disparition. Rien, ou presque, à son sujet dans les anthologies de littérature. Il est encore temps de le faire connaître.

Bordelais comme Mauriac dont il est l'ami et le confident, fils d'un professeur de lettres traducteur de Cicéron, il est imprégné de littérature dès son adolescence. Ses parents ne voient aucun inconvénient, bien au contraire, à ce qu'il embrasse une carrière littéraire. Il est amoureux de sa mère, qu'il vénère, et élève de son père, qu'il admire comme un maître. Il rêve d'horizons lointains en regardant les navires amarrés dans le port de Bordeaux :

Je suis de ceux dont les désirs sont sur la terre,
Le souffle qui vous grise emplit mon cœur d'effroi
Mais votre appel, au fond des soirs, me désespère,
Car j'ai de grands départs inassouvis en moi.

À vingt-deux ans, il arrive à Paris, ardent et triste. Il entre à la préfecture comme fonctionnaire chargé d'aider les vieillards. Comme Maupassant des décennies auparavant, le métier de rond-de-cuir l'ennuie. Il traîne son spleen le long de la Seine dont les reflets lui rappellent ceux de la Garonne qu'il aime tant. Il ne connaît aucun auteur. Il écrit une œuvre délicate : *Les Dimanches de Jean Dézert* (clin d'œil à désert ?) qui raconte l'ennui insupportable de son métier de bureaucrate, et *L'Horizon chimérique*, des poèmes dont plusieurs vers seront mis en musique par Gabriel Fauré :

Vaisseaux, nous vous aurons aimés en pure perte ;
Le dernier de vous tous est parti sur la mer.
Le couchant emporta tant de voiles ouvertes
Que ce port et mon cœur sont à jamais déserts.

En août 1914, la guerre éclate. Elle sera courte, pense-t-il. Quelques mois ? Quelques semaines ? Il écrit à sa mère : « Si un obus m'emporte, je mourrai comme dans tes bras, quoique de si loin. » Elle est courte, hélas. Le 29 novembre, un obus l'emporte, ou plutôt le coupe en deux, dans l'Aisne, non loin du chemin des Dames. Avant de fermer les yeux pour toujours, il murmure : « Maman, maman. »

Violette Leduc

La femme blessée

1907-1972

Je l'ai rencontrée dans d'étranges circonstances. Quand j'étais étudiant à Sciences Po, on m'avait demandé pour la Journée du livre d'assister une romancière que je n'avais jamais lue : Violette Leduc. Je me suis installé à son stand pour l'attendre, à côté d'une dame âgée habillée comme une souillon mais très gentille. Au bout de longues minutes de quiproquo, je me suis aperçu que la vieille dame indigne était Violette Leduc elle-même ! Nous avons sympathisé et, tout l'après-midi, elle m'a parlé car les visiteurs n'étaient pas très nombreux. Ce qu'elle m'a raconté de son destin m'a profondément touché.

Il est scellé dès sa naissance : elle naît bâtarde. Situation banale aujourd'hui, on n'emploierait même pas ce mot désuet qui autrefois stigmatisait, vous marquait au fer rouge. Autrefois pour la petite Violette, c'est le dimanche 7 avril 1907 à 5 heures du matin. Elle naît à Arras dans le nord de la France, fille illégitime d'une certaine Berthe Leduc, qui a forcément « fauté », et d'André Debaralle, un « fils de famille » issu de la haute bourgeoisie de Valenciennes. Un homme « bien » qui a de l'éducation et le sens des valeurs, sauf qu'il refuse de reconnaître l'enfant. Il a, lui, une vie honorable à construire. Violette ne se remettra jamais de ce dimanche originel. Toute sa vie, elle se percevra comme la «Bâtarde», celle qui est «de trop». Elle se sentira mal aimée, au point de développer très tôt un syndrome paranoïaque: elle se croira épiée, persécutée, se méfiera de tous, devinera des complots, soupçonnera des cabales. Pour déjouer «ses ennemis», elle deviendra méfiante, maniaque, s'assurant chez elle qu'aucun objet n'ait été déplacé en son absence. Elle en perdra le sommeil au point de devoir séjourner en maison de repos. Elle sombrera peu à peu dans la démence.

Malgré ce qu'elle vivait comme une «tare», la honte de sa naissance, Violette, interne au collège de Valenciennes, est une enfant, puis une adolescente douée. La littérature est sa grande passion. Très jeune, elle est aussi une amoureuse ardente, elle a un immense besoin de reconnaissance. Mais elle préfère les amours interdites, ou impossibles. Encore collégienne, elle a une aventure passionnelle avec «Isabelle P.», une autre collégienne. Puis elle aura une liaison avec Denise, surveillante au collège de Douai, qui fera scandale et entraînera le renvoi des deux jeunes femmes de l'établissement. Violette et Denise vivent neuf ans ensemble. Elles vont d'hôtel en meublé aux portes de Paris. On ne peut vivre d'amour et d'eau fraîche: Violette est embauchée comme échotière aux éditions Plon. Enfin elle côtoie le milieu des lettres! Elle devient l'amie de Maurice Sachs, en tombe amoureuse. Maurice aime Violette au moins autant que la littérature, mais il est homosexuel. Plus tard, Violette se marie, divorce, frôle la mort en se faisant avorter, écrit, écrit encore. Pendant la guerre, elle commence un livre de souvenirs qu'elle intitulera *L'Asphyxie*. Le titre en dit long, la première phrase de ce «docu-fiction» aussi: «Ma mère ne m'a jamais donné la main.» Grâce à l'entremise de Simone de Beauvoir qui croit à son talent, *L'Asphyxie* sort chez Gallimard en mai 1946, dans la collection Espoir que dirige Albert Camus.

Éperdument amoureuse du Castor (le surnom de Simone de Beauvoir), Violette publie ensuite *L'Affamée*, long poème en prose dédié à l'objet de sa passion qu'elle ne nomme pas, préférant dire «elle». Violette a beau écrire, aimer, chercher des exutoires, sa «folie» chemine, grandit. Elle est amoureuse de l'écrivain Jean Genet, mais lui aussi est homosexuel et il l'appelle l'«emmerdeuse»… En 1957, elle séjourne six mois à La Vallée-aux -Loups, une maison de repos à Châtenay-Malabry. Elle y soigne ses «nerfs». Mais elle ne peut se défaire de ses démons, ils attendent leur heure tapis dans les ténèbres de sa psyché. Elle ne s'aime pas. Elle est de trop. En 1961, elle s'installe à Faucon dans le Vaucluse. Un refuge pour y trouver – espère-t-elle – la paix de l'âme. Elle y rédige enfin sa grande œuvre, un roman autobiographique qu'elle intitulera bien sûr *La Bâtarde* et qui paraîtra en 1964 avec une préface du Castor. Dans ce livre – impudique mais d'un rare talent – elle confesse: «Mon cas n'est pas unique: j'ai peur de mourir et je suis navrée d'être au monde. Je n'ai pas travaillé, je n'ai pas étudié. J'ai pleuré, j'ai crié. Les larmes et les cris m'ont pris beaucoup de temps… Le passé ne nourrit pas. Je m'en irai comme je suis arrivée. Intacte, chargée de mes défauts qui m'ont torturée. J'aurais voulu naître statue, je suis une limace sous mon fumier.»

Violette ne se supporte pas, elle se surnomme elle-même «le tampon Jex» parce qu'elle a les cheveux crépus et qu'elle déteste ça. Peut-être est-elle attirée par les homosexuels parce qu'ils sont «inaccessibles». Elle se juge indigne d'être aimée et d'aimer. Tous ses livres évoquent la honte, le dégoût de soi-même, l'illégitimité de vivre. Mais elle parle magnifiquement des autres, brosse de fins portraits, d'un trait, comme celui de Simone de Beauvoir: «C'est une voix un peu voilée. C'est un déchirement derrière un écran, c'est une mélancolie au second plan.» L'écriture de Violette Leduc est brillante: des phrases courtes, rythmées, poétiques, fiévreuses. Des mots qui vibrent. Il faut redécouvrir les livres de cette Maudite. Ils sont beaux, audacieux et profonds.

Primo Levi

Survivre pour témoigner

1919-1987

J'ai lu nombre de livres sur la Shoah. Non pour comprendre, il n'y a rien à comprendre quand il s'agit de l'horreur, de la barbarie absolue. Mais pour savoir, pour tenter d'appréhender l'indicible. Dans ce cheminement intellectuel, le livre de Primo Levi *Si c'est un homme* aura été pour moi décisif, avec *L'Imprescriptible* de Jankélévitch. À la lecture d'un tel ouvrage, d'une force inouïe, terrible, on perçoit mieux ce que la philosophe juive allemande Hannah Arendt entendait faire passer comme message quand – au risque de choquer les humanistes naïfs, ou aveugles – elle parlait du « mal radical » et de la « banalité du mal ». Et toujours à la fin, la question à jamais sans réponse : pourquoi des hommes ont-ils fait cela à d'autres hommes, à des femmes, à des enfants, à des vieillards ? Une interrogation comme une plaie qui ne pourra jamais se refermer.

Témoin majeur des camps de la mort, Juif italien, Primo Levi a écrit là le plus grand livre de la littérature concentrationnaire. Le reste de sa vie sera marqué à jamais par cette expérience aux limites de la mort.

Turinois issu d'une famille séfarade cultivée, bon élève, il se sent pourtant à l'écart de ses camarades. Il est le seul Juif de sa classe et subit ses premières brimades Il est incorporé de force dans les jeunesses fascistes. Malgré des lois antisémites, pas de persécution de la part de l'État mussolinien. Pas encore.

En 1939, il entreprend des études de chimie et, comme s'il cherchait à fuir la guerre qui gronde, il pratique une activité sportive soutenue : randonnées en montagne, exercices physiques, nuits en altitude. Son excellente santé lui sera d'un grand secours lors de son enfermement. Il obtient haut la main son diplôme en 1941 mais ne trouve pas d'emploi qualifié, car de « race juive », comme le stipule le document que lui remet l'université. Il travaille dans une mine d'amiante, puis dans une société suisse à Milan.

En 1943, Mussolini est renversé et son successeur, le maréchal Badoglio, signe l'armistice avec les Alliés. Le Duce est libéré par les Allemands et dirige un État croupion, fantoche, très violent, dans le nord de l'Italie. Primo Levi entre en résistance et gagne les montagnes pour lutter contre le dictateur honni. Il est arrêté dans le val d'Aoste et déporté à Auschwitz en février 1944 avec plusieurs centaines de ses compatriotes juifs.

La découverte du plus grand camp de la mort est celle d'un enfer qu'il croyait impossible. À l'arrivée, il est sélectionné pour travailler dans une usine de caoutchouc synthétique à Monowitz, satellite d'Auschwitz : « Alors, pour la première fois, nous nous apercevons que notre langue manque de mots pour exprimer cette insulte : la démolition d'un homme. En un instant, dans une intuition quasi prophétique, la réalité nous apparaît : nous avons touché le fond » (*Si c'est un homme*).

L'espérance de vie n'est que de quelques semaines mais Primo Levi échappe à la mort malgré une souffrance et un épuisement infinis. L'hiver 1944 est excessivement froid et la plupart de ses camarades, ceux qui ne sont pas gazés, meurent de fatigue, de malnutrition, de maladie : « Ce sont eux, les *Muselmänner*, les damnés, le nerf du camp ; eux, la masse anonyme, continuellement renouvelée et toujours identique, des non-hommes en qui l'étincelle divine s'est éteinte, et qui marchent et peinent en silence, trop vides déjà pour souffrir vraiment. On hésite à les appeler des vivants : on hésite à appeler mort une mort qu'ils ne craignent pas parce qu'ils sont trop épuisés pour la comprendre » (*Si c'est un homme*).

En tant que chimiste, il obtient une place dans une unité où le travail est moins éprouvant. Un compatriote lui offre chaque jour une ration de soupe, ce qui le sauve : « C'est curieux comme, d'une manière ou d'une autre, on a toujours l'impression qu'on a de la chance, qu'une circonstance quelconque, un petit rien parfois, nous empêche de nous laisser aller au désespoir et nous permet de vivre » (*Si c'est un homme*).

Juste avant la libération du camp par l'Armée rouge le 27 janvier 1945, il est atteint de scarlatine et ne peut plus bouger. Il échappe au sort de ses camarades emmenés de force lors de « marches de la mort » où ils périront presque tous.

Épuisé, malade, désespéré, il regagne Turin en novembre 1945 après un internement dans un camp soviétique et une errance à travers l'Europe. En Italie, tous ses proches le croient mort et son arrivée provoque la stupeur. Il est méconnaissable. Il raconte ce qui s'est passé. Le monde entier est stupéfait et incrédule.

Dès lors, pour survivre, il éprouve un besoin impérieux de témoigner. Survivre grâce au récit méticuleux d'une expérience traumatisante. Il ne sait pas encore qu'il écrit un livre. Il n'a aucune idée de ce qu'adviendront ses notes couchées sur le papier. Il utilise la première personne du singulier mais son analyse a une vocation universelle : il essaie de comprendre pourquoi l'être humain peut commettre de telles atrocités. Tout en continuant à travailler comme chimiste au sein de différentes sociétés, il publie *Si c'est un homme* en 1948.

Autour de lui, le souvenir d'Auschwitz sombre dans l'oubli. La société cherche à tourner la page de la guerre en s'adonnant à l'ivresse de la consommation. Le sang sèche vite en entrant dans l'Histoire. Pourquoi tant d'indifférence ? Déni ? Frayeur ? Honte ? Son livre passe presque inaperçu, c'est pourtant un chef-d'œuvre racontant avec une force incroyable ce que l'homme a inventé de plus vil :

> Vous qui vivez en toute quiétude
> Bien au chaud dans vos maisons,
> Vous qui trouvez le soir en rentrant
> La table mise et des visages amis,
> Considérez si c'est un homme
> Que celui qui peine dans la boue,
> Qui ne connaît pas de repos,
> Qui se bat pour un quignon de pain,
> Qui meurt pour un oui ou pour un non.
> Considérez si c'est une femme
> Que celle qui a perdu son nom et ses cheveux
> Et jusqu'à la force de se souvenir,
> Les yeux vides et le sein froid
> Comme une grenouille en hiver.

Prologue de *Si c'est un homme*

Au début des années 1960, un plus large public reconnaît son immense talent et l'importance majeure de son témoignage. Il publie alors *La Trêve*, qui raconte l'histoire de son retour chaotique à Turin. Mais l'écriture ne le guérit pas. Les saisons, les années passent. Auschwitz l'habite un peu plus chaque jour. Il sombre dans la dépression. Il abandonne son métier de chimiste et s'adonne à l'écriture pour tenter de chasser ses cauchemars. Il édite plusieurs livres : *La Clé à molette, Maintenant ou jamais, Les Naufragés et les Rescapés.*

Primo Levi meurt le 11 avril 1987 en tombant dans un escalier. Certains biographes considèrent qu'il s'est suicidé, nous n'en avons aucune certitude. Mais c'est plausible.

Ce damné de l'Histoire, persécuté parce que Juif, restera pour moi, au-delà de son expérience aux portes de la mort, l'un des grands écrivains italiens du XXe siècle. Il suffit de lire n'importe quel extrait de ses textes pour être frappé par la puissance de ses évocations : « Ils peuplent ma mémoire de leur présence sans visage, et si je pouvais résumer tout le mal de notre temps en une seule image, je choisirais cette vision qui m'est familière : un homme décharné, le front courbé et les épaules voûtées, dont le visage et les yeux ne reflètent nulle trace de pensée » (*Si c'est un homme*).

Jack London

L'aventurier de l'abîme

1876-1916

J'ai beaucoup lu Jack London enfant, puis adolescent. Ses romans et ses nouvelles me transportaient « ailleurs », ils m'offraient une vie alternative, vagabonde, dans les pas de l'extraordinaire bourlingueur que fut l'auteur de *Croc-Blanc* et de tant d'autres récits se déroulant dans la nature la plus sauvage. Grâce à la magie de la littérature, je partais vivre chez les Indiens, je découvrais le Grand Nord canadien à l'époque de la ruée vers l'or, j'affrontais mers et océans aux côtés de vieux loups de mer qui m'initiaient à l'art de la navigation et de la pêche, me racontaient des tempêtes dantesques ou des îles paradisiaques.

Avec London, mes voyages étaient géographiques et temporels. Ainsi, en lisant *La Peste écarlate*, je rejoignais un monde futuriste revenu à l'état primitif à la suite d'un terrible fléau. Seuls quelques individus avaient survécu à une étrange épidémie de peste et ils s'efforçaient de survivre et de réinventer un embryon de civilisation. J'avais la chance de participer à cette aventure hors normes, tout en échappant, dans le confort de ma chambre, à la sauvagerie du monde « postapocalyptique » dans lequel l'auteur nous plongeait, par la seule puissance évocatrice de son récit. Un pur bonheur d'évasion. Et pourtant, c'est une autre dimension littéraire de son œuvre que j'ai appréhendée en la relisant à l'âge adulte : celle d'un écrivain dont les voyages, les aventures, les tours du monde en bateau, l'écriture (il fut un auteur prolifique), participaient d'une quête existentielle désespérée. Elle imprègne une œuvre qui, du coup, prend une dimension universelle : elle n'est pas « dédiée » à la jeunesse, mais à tous les publics. Chaque âge peut y trouver ce qu'il y cherche. Je tenais dans ce livre à rendre hommage au merveilleux « travailleur de la plume » que fut Jack London : ses textes n'ont pas pris une ride.

Son existence est sismique, comme s'il avait vécu à la frontière de plusieurs plaques tectoniques, en équilibre instable, au bord du gouffre. L'écrivain est un aventurier, un vagabond, il sillonne le monde à la recherche d'une patrie qu'il ne trouvera jamais. Je lui envie ses existences multiples : écrivain, journaliste, reporter de guerre, photographe, ouvrier, bourlingueur, marin, chasseur de phoques, éleveur de poulets, chercheur d'or. En quarante ans d'existence, il a fait mille métiers, il a parcouru les mers et les continents à une époque où l'on ne voyageait presque pas, il a eu plusieurs existences en une seule. Dans *Ce que la vie signifie pour moi*, une courte autobiographie, il essaie de trouver une unité à son parcours terrestre : il se considère comme un écrivain politique dont l'œuvre est un combat pour la justice sociale.

Son enfance elle-même est chaotique. Jack London – John Chaney à la naissance – voit le jour à San Francisco dans une maison qui sera détruite par le grand tremblement de terre de 1906. Sa mère s'appelle Flora Wellman et son père est astrologue. Il abandonne sa femme juste avant la naissance de John. Pendant la grossesse, par deux fois, elle tente de se suicider. Quelque temps après avoir confié son nouveau-né à une nourrice, elle se marie avec un ancien combattant de la guerre de Sécession : John London. L'enfant devient alors « Jack London » et retrouve sa mère. Le nouveau père a deux filles diphtériques, ce qui assombrit la vie quotidienne d'une famille au bord de la misère, qui habite des petites fermes de Californie.

Il se passionne pour les livres dès son plus jeune âge. Il est émerveillé par le roman *Signa* de la romancière Ouida : l'épopée d'un adolescent issu d'une famille paysanne devenant un prestigieux compositeur. Cet ouvrage inspirera sans doute une partie de son œuvre. L'adolescent fréquente la bibliothèque d'Oakland, située dans la baie de San Francisco, où il se lie d'amitié avec sa directrice, la belle Ina Coolbrith, sacrée « première poétesse de Californie » et qui guide les premiers pas du jeune homme sur le chemin de la littérature.

Au même moment, il est subjugué par le spectacle de la mer et rêve de devenir navigateur. La mer sera toujours pour lui une source d'inspiration. À quinze ans, il quitte sa famille. Une vie d'errance commence. Il multiplie les petits métiers pour survivre : balayeur, paysan, menuisier, blanchisseur, marin. Il part chasser le phoque au large du Japon et de la Russie. Il emprunte de l'argent pour acheter un bateau. Il se met à boire. Il hante les tripots des ports, une expérience qu'il racontera dans *Le Cabaret de la dernière chance*. Son destin est scellé : il sera aventurier *et* écrivain.

À dix-huit ans, il traverse une période de chômage dans une société ravagée par la misère. Il participe à une marche de cent mille chômeurs qui avancent vers Washington pour exiger que soient lancés de grands travaux capables de résorber la crise de l'emploi. Il devient socialiste.

Mais Jack London n'appartient à personne, il n'aime pas être embrigadé, même pour la bonne cause. Il aime vivre sur les routes et dans les livres. Il devient vagabond par vocation, pratique interdite par la loi américaine. On l'arrête. Pendant trente jours, il est enfermé dans la prison de Buffalo (État de New York), où il découvre l'enfer terrestre.

Dès sa sortie de prison, il retourne à Oakland où il approfondit ses connaissances. À l'université, il devient un excellent élève. Il se passionne pour Karl Marx et adhère à la section socialiste du comté. Il milite en faveur de la justice sociale pour tous et manifeste. Il est condamné à un mois de prison – une fois encore – pour agitation.

Le 7 juillet 1897, un événement considérable se produit à San Francisco : le navire *Excelsior* accoste en provenance d'Alaska. À son bord, une tonne d'or. Les marins annoncent qu'ils ont découvert un fabuleux gisement dans la rivière Klondike au nord-ouest du Canada. La rumeur court qu'un Eldorado se trouve là-bas, provoquant une hystérie collective. Des milliers de Californiens abandonnent leur emploi. Commence la fameuse ruée vers l'or du Klondike, un exode massif auquel participent plus de cent mille chercheurs, chiffre gigantesque dans un pays où la population est clairsemée.

Jack London n'hésite pas. Il embarque à bord d'un navire avec des vivres pour une année. Là-bas, les conditions climatiques sont extrêmes : nuit, brouillard, blizzard. Jack prospecte peu mais ne rebrousse pas chemin. Il fréquente les cabarets enfumés, tanières de chaleur dans le froid polaire, où il écoute les récits des chercheurs d'or qui nourriront ses livres. Atteint du scorbut, il retourne à San Francisco l'année suivante. Imprégné par les paysages du Grand Nord, il écrit plusieurs livres qui me feront rêver à la lisière de l'enfance et de l'adolescence : *À l'homme sur la piste, Le Fils du loup, L'Appel de la forêt.*

L'Amérique n'est pas assez vaste pour lui. Il traverse l'Atlantique jusqu'à Londres où il croit avoir trouvé une place de journaliste pour couvrir la guerre des Boers, mais il arrive trop tard, la guerre est finie. Pendant six mois, il habite le quartier misérable de l'East End, une expérience qui inspirera *Le Peuple de l'abîme.* Puis il s'en va plus loin, en Corée, où il est reporter lors de la guerre russo-japonaise. Il est bouleversé par la barbarie des combats qu'il évoque dans une nouvelle : *La Corée en feu.*

Les horizons illimités le hantent et l'attirent : avec sa femme Charmian, il entreprend un tour du monde au départ de San Francisco à bord d'un voilier qu'il a fait construire, le *Snark* : Hawaï, Polynésie, Mélanésie, Australie. Loin, toujours plus loin. Toujours ailleurs. La Terre n'est pas assez grande, sa soif d'aventure est infinie.

À son retour en Californie, il redevient militant socialiste et adhère à différents partis. En Amérique, on le considère comme un homme d'extrême gauche. Dans *Le Talon de fer*, il imagine l'avènement d'une société dictatoriale d'extrême droite : un roman prémonitoire à une époque où le fascisme et le nazisme n'existent pas.

Fin du voyage le 22 novembre 1916. Il meurt à l'âge de quarante ans. Officiellement, on ignore les causes de sa disparition : empoisonnement du sang ? Dysenterie ? Alcoolisme ? Suicide ? Le chanteur et écrivain Yves Simon défend la thèse du suicide dans un livre biographique, *Le Vagabond magnifique*. J'ai la même conviction : on a retrouvé, près du corps sans vie de Jack London, un papier sur laquelle était inscrite la dose d'héroïne nécessaire pour se donner la mort.

Jack London est l'écrivain des pérégrinations insensées et des espaces infinis, ceux du Grand Nord, de l'Atlantique, du Pacifique, de l'Europe, de l'Asie. Son œuvre est inséparable de ses errances à travers le monde. En quelques années, cet enragé d'aventures et d'écriture a publié plus de cinquante livres. Sa prose est secouée de soubresauts perpétuels, comme en témoigne cet extrait de *Martin Eden*, un roman autobiographique dans lequel le héros finit par se suicider : « La mort ne faisait pas souffrir. C'était la vie, cette atroce sensation d'étouffement : c'était le dernier coup que devait lui porter la vie. Ses mains et ses pieds, dans un dernier sursaut de volonté, se mirent à battre, à faire bouillonner l'eau, faiblement, spasmodiquement. Mais malgré ses efforts désespérés, il ne pourrait jamais plus remonter; il était trop bas, trop loin. Il flottait, languide, bercé par un flot de visions très douces. Des couleurs, une radieuse lumière l'enveloppaient, le baignaient, le pénétraient. Qu'était-ce? On aurait dit un phare. Mais non, c'était dans son cerveau, cette éblouissante lumière blanche. Elle brillait de plus en plus resplendissante. Il y eut un long grondement, et il lui sembla glisser sur une interminable pente. Et, tout au fond, il sombra dans la nuit. Ça, il le sut encore: il avait sombré dans la nuit. Et au moment même où il le sut, il cessa de le savoir.»

Construire un feu est le livre de Jack London que je préfère. Cette nouvelle, publiée en 1907, rappelle *La Ruée vers l'or* de Charlie Chaplin. Christophe Chabouté l'a adaptée dans une bande dessinée au graphisme très réussi. Ce texte est un chef-d'œuvre. Sa dimension philosophique est immense. Un homme est confronté à une nature hostile en plein hiver dans le Grand Nord: désert de neige, solitude, blizzard. Il fait soixante degrés en dessous de zéro. L'homme est seul au monde, désemparé, abandonné. Avec son chien, il lutte pour sa survie. La seule possibilité pour s'en sortir dans le froid glacial est de construire un feu. Il en allume un premier, repart, puis en allume un second, qui s'éteint. L'homme meurt. Le chien, sage, soumis, connaît les risques de cheminer par un temps pareil, il réussira à survivre, contrairement à l'homme perdu par son orgueil et son entêtement.

Sur une plaque commémorative dressée sur le front de mer Jack-London à Oakland, la ville de l'adolescence de l'écrivain-bourlingueur, on peut lire: «J'aime mieux être un météore superbe plutôt qu'une planète endormie. La fonction de l'homme est de vivre, non d'exister. Je ne gâcherai pas mes jours à tenter de prolonger ma vie. Je veux brûler tout mon temps.» Ce texte est extrait de *L'Appel de la forêt.* J'ai relu récemment ce roman d'une grande puissance narrative, à l'occasion de sa publication dans la prestigieuse collection La Pléiade. Philippe Jaworski qui a conduit cette édition lui a donné sa juste traduction : *L'Appel du monde sauvage*. Ce n'est pas un détail anodin : *the call of the wild*, tel est le sens profond de ce livre qui, au-delà des aventures sur les terres glacées de l'Alaska dont il fait la narration, a une portée existentielle profonde : à la fin, la nature, dans sa sauvagerie et sa pérennité, reprend toujours ses droits. La « décivilisation » réinstaure une harmonie cosmique un moment mise à mal par les fragiles et orgueilleuses constructions des hommes. Buck, le chien de traîneau, héros de ce récit, rejoint une meute de loups, il en devient même le chef et la fin du livre, sublime, raconte une bête « au splendide pelage, qui ressemble à tous les autres loups, et pourtant ne leur ressemble pas ». Ce chien fantôme hurle comme ses compagnons et court toujours à la tête de la horde « sous les pâles rayons de lune ou dans la chatoyante aurore boréale ; gigantesque, il bondit plus haut que tous ses frères, et sa gorge puissante vibre du chant d'un monde neuf : le chant de la horde ». Jack London, c'est une évidence, préférait les loups gris aux chasseurs. Au bout de sa quête de nomade, il y avait probablement *the wild*, un monde sauvage, un monde neuf inaccessible dans sa perfection, qu'il ne rejoindrait qu'en se donnant (selon toute vraisemblance) la mort.

L'œuvre que nous laisse – pour notre bonheur – ce très grand écrivain en quête de l'inaccessible étoile constitue une philosophie du vagabondage, celle qui habite tous les *wanderers* selon la définition qu'en propose Sylvain Tesson, dans son *Petit traité sur l'immensité du monde* : « Ils n'appartiennent qu'au chemin qu'ils foulent. Ils traversent les pays autant que les époques et, selon les âges, ils ont reçu des noms différents : moines-mendiants, troubadours, voyageurs, *hobos* ou beatniks, ermites des taïgas, vagabonds, *wanderer* ou *waldganger*, errants ou loups des steppes… Leur unique signe distinctif : ne pas supporter que le soleil, à son lever, parte sans eux. »

Oui, tel est bien le legs de John Griffith Chaney, dit Jack London, à travers ses livres : une invitation à découvrir le vaste monde, à vivre plusieurs vies en une seule, à « partir chaque matin avec le soleil ».

Howard Phillips Lovecraft

Le chuchoteur des abysses

1890-1937

Je découvris Lovecraft en lisant en un soir un court roman, *L'Affaire Charles Dexter Ward.* Ce petit joyau romanesque me rappela les textes fantastiques de Nathaniel Hawthorne dont j'étais amateur. Immédiatement, j'aimai l'univers de Lovecraft, entre Providence et Salem, allant de l'étrange à l'horreur, et cette histoire de ressemblance troublante entre Charles Ward, un homme échappé d'un asile où il était soigné pour démence, et son trisaïeul Joseph Curwen, autrefois accusé de sorcellerie.

Plus tard, au fil de mes lectures, j'ai compris pourquoi l'œuvre de cet auteur exerce une véritable fascination : Howard Phillips Lovecraft fut un écrivain à part, à la lisière de la folie. Dans ses nombreux récits, il clame que l'homme ne peut comprendre l'univers dans lequel il se trouve. Il croit en des forces telluriques. Son œuvre considérable, hantée par le mal, a profondément influencé la littérature moderne.

Lovecraft entre dans sa vie de vampire le 20 août 1890 à Providence dans le sage État de Rhode Island. La famille est petite-bourgeoise, corsetée dans une existence conformiste. Le père est un commerçant ambulant qui vend des métaux précieux, toujours absent, bientôt fou. Il est placé dans un hôpital psychiatrique alors que son fils n'a que trois ans. Il n'en sortira jamais. Il meurt en 1898. Première tragédie.

L'enfant est élevé par des femmes – sa mère, deux tantes, la poétesse Louise Imogen Guiney, amie de la famille – et par son grand-père maternel dont la personnalité, la culture, l'appétence littéraire le marquent. C'est un enfant surdoué qui lit énormément. Dans la maison se trouve une bibliothèque peuplée de livres fantastiques. Il baigne dans un univers de rêve et de lettres, mais il est malade en permanence pour des raisons mystérieuses. Souffrance psychosomatique ? Ses terreurs nocturnes sont récurrentes.

Le grand-père qui l'avait initié à la littérature meurt à son tour. L'adolescent a quatorze ans, il est effondré, d'autant que les conditions de vie de la famille s'aggravent. Les premiers symptômes d'une dépression qui durera jusqu'à sa mort explosent. Il entre dans un monde obscur, où des forces imaginaires le côtoient, telles des créatures tutélaires, effrayantes et rédemptrices. En 1905, à quinze ans, il écrit un premier conte, *La Bête dans la caverne*. Passionné d'astronomie, il envisage d'en faire son métier, mais il ne comprend rien aux mathématiques. Il lance un fanzine polycopié, *The Rhode Island Journal of Astronomy*, où fiction et science se côtoient. Il ignore qu'il deviendra l'un des maîtres de la science-fiction.

À cause de sa santé fragile, il abandonne ses études et adhère à une association de journalistes amateurs. Il publie dans des revues et entretient de riches correspondances avec des auteurs comme Robert Erwin Howard, autre grand dépressif. En 1919, sa mère est internée dans l'hôpital où a séjourné le père. Le cauchemar recommence. Elle souffre de crises d'hystérie liées à une syphilis transmise par son mari volage et menteur. Elle meurt deux ans plus tard.

En 1923, le jeune Lovecraft découvre New York, hérissé de gratte-ciel effrayants, Babylone cosmopolite et bruyante qui l'épouvante, en tous points différente de sa ville natale. Il adhère à un cercle de passionnés de fantastique, le Kalem Club, et convainc un magazine, *Weird Tales*, de publier un récit qui raconte l'histoire d'un dieu terrifiant surgi des abysses : *Dagon*. Le texte passe inaperçu.

Il se marie avec Sonia Greene. Pendant deux ans, à New York, il mène une existence morose de couple sans surprise. Il n'arrive pas à trouver un emploi stable. Les difficultés financières sont telles que Sonia le quitte pour gagner sa vie ailleurs. Dans la grande métropole, mélange d'ethnies et de cultures disparates, il est épouvanté par les hordes de gens venus de contrées lointaines et sauvages. Dans *L'Appel de Cthulhu*, il évoque des captifs inspirés des passants rencontrés dans les rues de New York, ce qui fait dire à certains de ses lecteurs qu'il est raciste : « Tous les prisonniers avaient démontré leur appartenance à une espèce bâtarde, vile et mentalement aberrante. Ils étaient pour la plupart marins, une aspersion de nègres et de mulâtres en provenance des Caraïbes ou du Cap-Vert qui offrait une teinte vaudou au culte. Cependant, avant que bien des questions ne soient posées, il devint apparent qu'il y avait quelque chose de plus profond et plus vieux que du fétichisme nègre. Aussi avilies et ignorantes qu'elles étaient, ces créatures s'accrochaient avec une ténacité surprenante à l'idée centrale de leur foi répugnante. »

Apeuré par New York, le petit-bourgeois retourne à Providence où il passe les dix dernières années de son existence. Désocialisé, afin de ne pas sombrer dans la misère, il exerce des petits métiers dont celui de « nègre ». Il est emmuré dans le désespoir, coupé du monde, entouré de tantes et d'une armée de chats. Il mange mal. Ses volets sont toujours fermés, comme s'il avait peur de la lumière du jour. Il n'écrit que la nuit. Il entretient des correspondances exaltées avec d'autres auteurs, tels Clark Ashton Smith ou

August Derleth, des amis de plume qu'il ne rencontrera jamais. Il écrit de manière compulsive sans être publié, sauf une fois. Et pourtant, quelques-uns des plus grands textes de la littérature américaine jaillissent de son esprit d'ange maudit. Les titres à eux seuls sont des réussites : *Je suis d'ailleurs, L'Appel de Cthulhu, La Couleur tombée du ciel, La Quête onirique de Kadath l'inconnue, L'Abomination de Dunwich, Celui qui chuchotait dans les ténèbres, Les Montagnes hallucinées, Le Cauchemar d'Innsmouth, La Maison de la sorcière, Le Monstre sur le seuil, Celui qui hantait les ténèbres, Dans l'abîme du temps.*

En 1936, il est bouleversé par le suicide de l'écrivain Robert Erwin Howard avec qui il entretenait depuis des années une correspondance assidue. On lui découvre alors un cancer de l'intestin dont la progression est foudroyante, comme s'il avait voulu en finir le plus vite possible. Il meurt le 15 mars 1937, à quarante-six ans, dans des souffrances affreuses, à la façon des héros de ses livres terrorisés par des forces occultes et des monstres jaillis d'un monde invisible.

Inconnu de son vivant, Lovecraft est aujourd'hui considéré comme le maître du fantastique moderne. En mêlant épouvante et science-fiction, il a construit une mythologie complexe qui réveille nos peurs ancestrales. À côté de sa triste destinée existaient des royaumes infinis – mondes parallèles, civilisations extraterrestres – qu'il façonnait de ses doigts grêles. Il a marqué certains écrivains américains, comme Stephen King, qui le considère comme « le plus grand artisan du récit classique d'horreur du XXe siècle ».

Dans les premières pages de *L'Appel de Cthulhu*, Lovecraft évoque la condition humaine – la sienne – en des termes saisissants : « Ce qu'il y a de plus pitoyable au monde, c'est, je crois, l'incapacité de l'esprit humain à relier tout ce qu'il renferme. Nous vivons sur une île placide d'ignorance, environnée de noirs océans d'infinitude que nous n'avons pas été destinés à parcourir bien loin. Les sciences, chacune s'évertuant dans sa propre direction, nous ont jusqu'à présent peu nui. Un jour, cependant, la coordination des connaissances éparses nous ouvrira des perspectives si terrifiantes sur le réel et sur l'effroyable position que nous y occupons qu'il ne nous restera plus qu'à sombrer dans la folie devant cette révélation ou fuir cette lumière mortelle pour nous réfugier dans la paix et la sécurité d'un nouvel obscurantisme. »

Mais pour moi la noirceur de Lovecraft est aussi une porte vers des mondes lumineux. Si la peur des êtres qu'il décrit nous submerge, celle de leur beauté étrange est bien plus forte que tout. La nuit n'est jamais loin des soleils resplendissants.

Klaus Mann
L'ombre du magicien
1906-1949

Klaus Mann, « petit narcisse aux joues rebondies », est deuxième né d'une grande fratrie. Ils sont six frères et sœurs, aimés, choyés au sein d'une famille bourgeoise. Elle est représentative de la « bonne Allemagne » : bien que vivant dans l'aisance, elle n'a pas le culte de l'argent, plutôt celui des lumières de l'esprit, de la culture, des valeurs humanistes. Les enfants poussent à l'ombre de deux géants : leur père Thomas est l'un des phares de la littérature européenne du début du XXe siècle, auteur de *La Mort à Venise*, il écrira plus tard un immense chef-d'œuvre, *La Montagne magique*, et se verra attribuer le prix Nobel ; leur oncle, Heinrich, est également un écrivain reconnu, salué pour son roman *Professeur Unrat* qui passera à la postérité grâce à l'adaptation cinématographique qu'en fera Sternberg sous le titre *L'Ange bleu* avec Marlène Dietrich.

Le clan Mann est un peu écrasé par ces deux statues du Commandeur. La plupart s'en accommodent. Pas Klaus. Il est vrai que, très jeune, il est lui aussi attiré par les lettres, il rêve de devenir écrivain. Comment trouver sa place quand on est « fils de » ou « neveu de » ? Il ne la trouvera jamais, malgré un immense talent. Il passera sa vie (trop courte) d'homme de lettres à douter.

Il sera un éternel angoissé, un être mal dans sa peau. Pour tenter de calmer ses terribles tourments, il choisira la fuite : voyages, exil, drogues et, au bout de sa longue errance, le suicide. Ce destin ressemble à bien des égards à celui de Michel Bernanos, fils de Georges, évoqué dans cet éloge sentimental. Mais ainsi que le rappelle Jean-Michel Palmier dans un très beau texte à la mémoire de Klaus Mann, le complexe relatif au père éclaire d'autres destins tragiques, comme celui de Franz Kafka. Et à titre personnel, je ne peux que penser à la pièce de Stefan Zweig, *Légende d'une vie.*

Dans sa *Lettre au père* écrite en 1919, un réquisitoire jamais remis à son destinataire, l'auteur de *La Métamorphose* évoquait – à trente-six ans – sa douleur existentielle : « Quand j'aurais été élevé absolument à l'écart de ton influence, il est fort possible que je n'eusse pu devenir un homme selon ton cœur. Sans doute aurais-je tout de même été un être faible, anxieux, inquiet [...] Mais comme père tu étais trop fort pour moi. » On perçoit dans ces mots à la fois amour filial déçu, balancement entre fascination et répulsion, détestation de soi-même.

Klaus aime et admire ce père qu'il appelle le « magicien ». Mais ce dernier juge que son fils écrit « vite et facilement », manière de dire qu'il n'est pas un grand littérateur. Frustré par cette relation, ne supportant pas, en outre, la montée du nationalisme dans son pays, Klaus décide de parcourir le vaste monde avec sa sœur Erika (elle est son aînée d'à peine un an, on les appelle les « jumeaux » tant ils sont complices) : Europe, Afrique du Nord, Asie, Amérique. Le nomadisme comme antidote à la rancœur, à la souffrance. Ces pérégrinations n'empêchent pas Klaus d'être, très jeune, hanté par l'idée de la mort, et d'éprouver des pulsions suicidaires. Pour fuir ses pensées morbides, il s'affiche en dandy, il s'amuse à prendre des postures de mondain un peu snob et léger.

Mais Klaus restera un grand solitaire malgré quelques amitiés fortes comme celle de l'écrivain français René Crevel (autre Maudit de cet ouvrage), ou encore celle quasi incestueuse de sa chère Erika. Son homosexualité mal assumée accroît le mal de vivre. Son errance incessante lui offre quand même des moments de bonheur, sont souvent le fruit de belles rencontres : André Gide, Jean Cocteau.

Les années folles se terminent, les temps s'assombrissent. Au « tournant » des années 1930, le nazisme, virus invasif, gagne le cœur et l'esprit de la plupart des Allemands. Klaus ne supporte pas cette mise au pas du pays. Peu à peu, l'écœurement fait place à la révolte. En octobre 1930, alors que les nazis viennent de remporter un succès électoral, Stefan Zweig, tout juif qu'il est, trouve « naturelle » cette remise en question des vieux caciques de la politique par les nouvelles générations. Et ce parti de trublions qui secoue la république de Weimar ne suscite pas son indignation. Klaus Mann lui répond sans ménagement et avec lucidité : « Tout ce que fait la jeunesse ne nous montre pas la voie de l'avenir [...] La plupart des gens de mon âge – ou des gens encore plus jeunes – ont fait, dans l'enthousiasme qui devrait être réservé au progrès, le choix de la régression. C'est une chose que nous ne pouvons sous aucun prétexte approuver. Sous aucun prétexte. »

Et encore, pour renforcer la charge : « Le radicalisme ne peut être à lui seul quelque chose de positif surtout quand il manque d'imagination et prend des allures crapuleuses, comme c'est le cas pour nos chevaliers de la croix gammée. »

Visionnaire, Klaus a repéré la « bête immonde » et pressenti le tragique destin qui guette son cher pays. On ne pactise pas, ni même on ne dîne avec le diable, fût-ce avec des gants et une longue cuillère. Le 13 mars 1933, quelques semaines seulement après l'accession de Hitler à la chancellerie, Klaus Mann quitte l'Allemagne. Il n'y reviendra qu'une douzaine d'années plus tard comme soldat engagé volontaire dans les rangs de l'armée américaine… Le 1er novembre 1934, l'écrivain est loin de la terre qui l'a vu naître lorsque les autorités nazies prononcent la déchéance de sa nationalité.

Au cours de son exil, Klaus devient de plus en plus dépendant à la drogue. Les cures de désintoxication sont immanquablement suivies de rechutes. L'errance recommence : New York, Paris, Amsterdam (où il dirige une revue culturelle antinazie), Budapest… En 1936, il s'installe aux États-Unis, et se fixe sur la côte Est, tantôt à New York, tantôt à Princeton dans le New Jersey. En 1938, il participe à la guerre civile espagnole, comme correspondant de presse, avec sa sœur Erika. Son premier grand livre, *Le Volcan,* paraît en 1939. Il s'agit, comme le mentionne le sous-titre de l'ouvrage, d'un « roman de l'émigration allemande » des années 1930, une chronique fiévreuse et engagée. Le militant antinazi est bien décidé à affronter – avec sa seule arme, le verbe – un régime qui a fait, non seulement de l'Allemagne mais de l'Europe entière, un volcan en éruption crachant des torrents incandescents d'une lave haineuse. Ce journal des années de plomb est illuminé par l'énergie combattante de Klaus Mann, et la foi en l'avenir qu'il n'a pas (encore) perdue, même si le doute commence à poindre : « Un jour s'achève, écrit-il dans l'épilogue du *Volcan*, le soleil va disparaître, il envoie ses derniers rayons, rouges et dorés comme la lumière du matin […] Assistons-nous à la disparition d'une splendeur qui a fait son temps ou bien est-ce la certitude d'une nouvelle aurore ? »

En 1941, Klaus travaille à l'écriture de son nouveau livre, *The Turning Point*. Il a décidé d'abandonner la langue allemande, parce que les nazis l'ont souillée. Il le fait dans une infinie souffrance morale et sombre à nouveau dans la dépression. Il abuse des médicaments et de la drogue pour tenir. L'ouvrage paraît à New York en 1942. Klaus Mann devient, au sein de la communauté germanique en exil, le contempteur le plus déterminé du nazisme. Sa plume acérée est une arme. Il n'hésite pas à attaquer Hitler *ad hominem*. Il considère que le Führer est un psychopathe. Des années plus tôt, il a eu l'occasion d'observer le chef des nazis, à la terrasse d'un *tea room* munichois : un pitre, un minable qui se goinfrait de gâteaux. Le futur « maître du monde » s'empiffrait de sucre comme une vieille Anglaise en villégiature sur la Riviera : « La vue de sa gloutonnerie mi-infantile, mi-carnassière, me coupa l'appétit. […] Il semblait […] un méchant petit-bourgeois au regard brouillé par l'hystérie dans une face blême et bouffie ». En voyant cette scène à la fois ordinaire et pathétique, Klaus interroge autant qu'il interpelle : « Tu veux dominer l'Allemagne ? Tu veux être dictateur ? »

Le Tournant est le grand chef-d'œuvre de Klaus Mann, et sans doute l'un des livres les plus importants du XXe siècle. J'admire cet extraordinaire roman d'une vie, à la fois pour son style éblouissant et pour ce qu'il raconte de façon magistrale : ce « tournant », cette période décisive de l'Histoire où l'apocalypse aurait encore pu être évitée. Il est le récit d'une génération qui a glissé vers l'abîme : « Notre vie consciente commençait à une époque d'incertitude oppressante, écrit Mann. Alors que tout, autour de nous, se crevassait et chancelait, à quoi aurions-nous dû nous raccrocher, selon quelle loi aurions-nous dû nous diriger ? La civilisation avec laquelle nous faisions connaissance dans les années vingt semblait privée d'équilibre, privée de but, privée de volonté de vivre, mûre pour la ruine, prête à la chute. »

Klaus ne cache pas son amour filial et son admiration pour ce père – le magicien – dont l'ombre-portée sur sa propre vie sera pourtant une douleur de l'âme inguérissable. On suit un peu partout sur la planète « le sans-patrie, le déraciné ». On découvre la vie des hommes – Européens, Américains – avant un désastre. Klaus, lui, est toujours en mouvement, en quête d'un inaccessible bonheur.

Le 25 septembre 1943, Klaus est naturalisé américain. Ce jour-là, il éprouve des sentiments ambivalents : une joie immense teintée de profonde nostalgie pour la mère patrie. Pour aller au bout de sa logique de combattant, malgré sa faiblesse physique et son état dépressif, il endosse les habits de militaire dans l'armée américaine… C'est en soldat de l'US Army qu'il retrouve son pays en 1945 : un champ de ruines. La maison familiale à Munich n'est plus qu'un amoncellement de gravats.

La désespérance le gagne. Il sent que sa sœur Erika, son alter ego, s'éloigne de lui, il en souffre profondément. Il est seul : une nouvelle forme d'exil, la pire. Klaus Mann n'a plus vraiment d'endroit où aller. S'ajoutent des difficultés matérielles. Il se rend sur la Riviera française, la douleur existentielle sera peut-être moins vive au soleil. Mais le mal qui le ronge est trop invasif : il a pris possession de tout son être. Pour tenter d'échapper à ce même mal, son ami Stefan Zweig avait fui loin de l'Europe, jusqu'à Petrópolis, la « Cité impériale » brésilienne au cœur des forêts de la Serra dos Órgãos. L'écrivain autrichien, réfugié pourtant à neuf mille kilomètres du vieux continent, n'était pas parvenu à se sauver : sa « bile noire », son désespoir avaient fini par triompher, et le 22 février 1942, Stefan et sa seconde épouse Lotte avaient absorbé de puissantes doses de véronal pour mettre fin à leurs tourments. Pourquoi lui, Klaus, fils d'une « Montagne magique » écrasante, échapperait-il à la fatalité ?

C'est sans issue, ou plutôt, il n'en voit qu'une seule. Il meurt à Cannes le 21 mai 1949 après avoir absorbé une forte dose de somnifères. À quarante-trois ans, il rejoint dans la mort d'autres Maudits dont le suicide – geste ultime de désespoir et de liberté – le fascinait. Ses obsèques sont célébrées au cimetière cannois du Grand Jas. Seul membre de la famille présent, Michael, le jeune frère de Klaus, joue du violon. Erika, la « jumelle », n'a pas eu la force de faire le voyage. Un peu plus tard, elle fera graver sur la tombe de son cadet une phrase de l'évangile selon saint Luc qui devait servir d'*incipit* au roman politique auquel Klaus travaillait avant son suicide : « Celui qui cherche à sauver sa vie la perdra, mais celui qui perd sa vie, celui-là la sauvera. » Klaus Mann a sauvé sa vie : il laisse une empreinte littéraire presque aussi forte que celles de Thomas et de Heinrich Mann. Avec *Le Tournant*, il a offert aux futures générations, avant de disparaître dans la nuit, un chef-d'œuvre aussi grand que *Le Monde d'hier* de Zweig. Sur l'improbable île déserte, dans le coffre aux livres qu'on m'autoriserait, il est certain que ces deux livres – le meilleur du génie européen – auraient toute leur place.

Katherine Mansfield

Fauchée à trente-quatre ans

1888-1923

La vie de Kathleen Beauchamp dite Katherine Mansfield est une fulgurance. Elle naît en Nouvelle-Zélande en 1888, au sein d'une famille bourgeoise et puritaine. Sa mère, épuisée par ses nombreuses grossesses, consacre peu de temps aux gestes tendres. Son père est par nature et par éducation un homme distant. Katherine est élevée par sa grand-mère dont elle choisira le patronyme comme nom de plume.

Dès l'âge de quatorze ans, Katherine est envoyée à Londres – le bout du monde – pour y faire ses études à Queen's College. Lorsqu'elle rentre en Nouvelle-Zélande, elle rêve de devenir violoncelliste professionnelle. Son père s'y oppose. Elle suit des cours de dactylographie et de comptabilité, le cursus de base pour être une efficace secrétaire. Elle décide de s"émanciper de son milieu familial qui l'étouffe : retour en Europe. L'Angleterre. Puis la Bavière où elle découvre l'œuvre d'Anton Tchekhov qui sera une source d'inspiration. *Pension allemande*, son premier recueil de nouvelles publié en 1911, est le fruit de ce séjour en terres germaniques.

Tout au long de sa courte vie, Katherine Mansfield restera une vagabonde, une femme sans attaches. Elle se marie, divorce, se remarie, a des amours et des amitiés féminines. Elle écrit de nombreuses nouvelles – des textes courts, comme son existence –, elles sont brillantes, on la compare à Tchekhov ou à son amie Virginia Woolf. Cette dernière écrira dans son journal, à propos de la romancière néozélandaise: «Je ne voulais pas me l'avouer mais j'étais jalouse de son écriture, la seule écriture dont j'aie jamais été jalouse. Elle avait la vibration.»

L'année 1918 est un tournant: Katherine apprend qu'elle est atteinte de la tuberculose. La maladie devient sa plus fidèle compagne. Pour freiner l'évolution du mal, elle fait de longs séjours au soleil ou à la montagne, sur la Riviera française ou italienne, en Suisse, en Bavière… Malgré son nomadisme incessant, la mort parvient à la retrouver le 9 janvier 1923 – elle n'a que trente-quatre ans – alors qu'elle séjourne au Centre Gurdjieff, à Avon, près de Fontainebleau, au milieu d'une bande d'illuminés. Quelques mois avant son décès, elle écrivait dans son journal des mots prémonitoires: «Dans le jardin d'automne, les feuilles tombent. Petits pas qui se posent comme un chuchotement léger. Ils dansent, tourbillonnent, virevoltent, frémissent…» Katherine Mansfield est partie en nous laissant un grand nombre de récits éblouissants: *Le Nid de colombes*, *La Garden Party*, *La Maison de poupées*, *Sur la baie*… Dans ces histoires impressionnistes, il ne se passe pas grand-chose: tout est dans l'indicible, le fugitif, le mystère des êtres et des choses… Du grand art. Les volumes de son journal et ceux de sa correspondance valent ses textes de fiction. Le tout constitue une œuvre d'un immense talent. André Clavel a publié dans *L'Express* un très juste portrait de l'«éternelle vagabonde» à la hauteur de ce talent: «Katherine Mansfield, c'est une petite sœur de Rimbaud surgie des antipodes: une très grande dame des lettres britanniques, mais aussi une voleuse de feu qui ne cessa de s'immoler sur les brasiers de l'absolu. Diable au corps, semelles de vent, frange d'ébène, elle incarnait l'ivresse et l'aventure, comme un météore en perpétuelle incandescence.»

Guy de Maupassant

La Folie et la mort aux trousses

1850-1893

Son œuvre d'une exceptionnelle beauté est imprégnée de folie. Très tôt, le « hors-là » – cet autre lui-même, sa part maudite – rôde, tourmente sa psyché avant de finir par en prendre possession. Personnage ambivalent, à la fois amoureux des plaisirs charnels, hédoniste, sportif, charmeur, bon vivant, Maupassant est aussi un dépressif qui meurt syphilitique à l'âge de quarante-deux ans après des mois d'agonie dans une clinique psychiatrique. Au bout de ses doigts d'ange maudit a jailli l'une des plus grandes œuvres en prose de l'histoire de la littérature.

C'est en lisant *La Petite Roque,* une nouvelle digne des meilleurs romans policiers, qu'adolescent j'ai fait ma première incursion dans l'œuvre très prolifique de ce géant des lettres françaises que la gloire littéraire n'aura sauvé ni du désespoir ni de la folie. Qui est la « Petite Roque » ? Une jeune fille de douze ans retrouvée nue, assassinée au bord d'une rivière, la Brindille, au cœur du bocage normand. L'enfant a été violée puis étranglée. « Elle avait les bras ouverts, les jambes écartées, la face couverte d'un mouchoir. Un peu de sang maculait ses cuisses. » Qui a commis cet acte odieux ? Tous les hommes des environs sont suspects, ou presque. Surtout les marginaux, les rôdeurs, les journaliers, les sans-grades. On soupçonne très vite un braconnier dénommé Cavalle (avec un nom pareil !), un pêcheur de truites et d'écrevisses, puis un certain Clovis, piqueur de bœufs. Pas l'ombre d'une preuve. Les pauvres bougres sont vite relâchés et ils repartent sur les chemins de traverse. L'enquête tourne court. Aucune piste sérieuse. Mais le lecteur a deviné qui est l'auteur de ce crime parfait. L'impunité garantie pour le coupable ? Sauf que le remords taraude la conscience de l'assassin. Louise, la Petite Roque, hante les nuits de Renardet, le maire du village, qui redoute la vengeance du « spectre » de la fillette. Il vit dans un tel effroi qu'il voudrait se faire sauter la cervelle avec un pistolet, mais il n'en a pas le courage. Il espère la justice des hommes autant qu'il la redoute. Le notable respecté pleure comme un enfant. Il a compris que le crime appelle le châtiment. Il a peur, il est même terrorisé. Je n'en dirai pas plus, sauf que la fin de ce chef-d'œuvre d'une trentaine de pages est du grand art : l'auteur offre à son lecteur cet effet dramatique que les Anglo-Saxons, friands du procédé, appellent le *trick ending.* Mais autant l'exprimer en français dans cet abécédaire intime : l'histoire de la Petite Roque se termine au moment même où Renardet se sent « calme, maintenant, délivré, sauvé », sur un coup de théâtre magistral. Un court livre brutal et poétique. La poésie vient des descriptions de la nature, et du rôle métaphorique que tient l'eau de la rivière dans ce récit qui oscille entre réalisme « naturaliste » et fantastique. Une ambivalence fascinante. Un style dépouillé. L'écrivain est à son sommet.

Guy de Maupassant est un colosse qui semble plus fort que la mort. Dès sa prime jeunesse, il est bouillant de vie et de désir. Né à Fécamp, ou au château de Miromesnil comme l'indique un acte de naissance sans doute erroné, il est issu d'une famille aristocratique provinciale et désargentée. Il grandit au bord de la Manche, au Havre, à Étretat, à Yvetot. Les paysages normands – blanches falaises du pays de Caux, bocages piqués de bourgs pittoresques et de fermes à colombages – hanteront sa mémoire et ses textes. Adolescent, il se lie d'amitié avec Gustave Flaubert, de trente ans son aîné, Normand comme lui et qui deviendra son maître.

Son père est volage, il le sera aussi. En 1872, à vingt-deux ans, il débarque à Paris où il a trouvé un emploi ennuyeux de bureaucrate au ministère de la Marine. Il a deux passions irrépressibles : le sport et le sexe. Bien bâti, débordant de vitalité, il ressemble à un garçon boucher. Il aime les plaisanteries grasses et les histoires salaces. Il trouve un exutoire à son ennui dans le canotage sur la Seine, très en vogue à l'époque. En aval de Paris – à Bougival, Sartrouville, Chatou, Argenteuil –, on canote, on papote. Le jeune homme vigoureux montre sa musculature. Les femmes le regardent et le désirent. Le canotage est une activité physique éreintante. Un sport de lutteur, de matador, de conquérant. Il aime aussi la natation, la boxe, la gymnastique, c'est un sportif accompli. Mais les sages rives de la Seine représentées par tant de peintres – Manet, Caillebotte, Renoir – sont aussi un haut lieu de drague. Les hommes exhibent leur virilité sans pudeur :

« Ils étaient étendus sur des chaises, presque couchés. Ils avaient la face noircie par le soleil et la poitrine couverte seulement d'un mince maillot de coton blanc qui laissait passer leurs bras nus, robustes comme ceux des forgerons. C'étaient deux solides gaillards, posant beaucoup pour la vigueur, mais qui montraient en tous leurs mouvements cette grâce élastique des membres qu'on acquiert par l'exercice » (*Une partie de campagne*).

Des filles faciles, jolies, lestes, lascives, sensuelles, parfois des prostituées, sont à portée de main et de bouche. Quelle échappatoire délicieuse à la morne vie de gratte-papier. Guy enchaîne les aventures sans lendemain. Son succès est phénoménal, son appétit gargantuesque. Bientôt les dimanches de sexe ne suffisent plus. Il hante les maisons closes parisiennes, il vaque de fille en fille. Il se vante : des centaines de partenaires passent entre ses bras.

De l'abattage. Pour pimenter ses prouesses, il invite des amis à participer à ses ébats. L'ogre n'est jamais rassasié. En une soirée, il peut honorer une dizaine de fringantes demoiselles. Obscène, exhibitionniste, insatiable, sa vraie vie, à cette époque, c'est le sexe.

Au même moment, mais beaucoup plus mollement, il s'essaie à l'écriture qui ne lui apporte pas les mêmes joies que l'érotisme endiablé. Mais des joies quand même. Il se découvre un talent, lui qui n'a jamais songé à une carrière d'écrivain, du moins pas sérieusement. Le génie est tapi en lui, mais il ne le sait pas encore. Flaubert son mentor guide ses premiers pas. Il publie dans une revue un premier conte macabre, *La Main d'écorché*. Il fait jouer une pièce pornographique, *À la feuille de rose, maison turque*, qui se déroule dans un lupanar. La mort, le sexe et l'écriture sont intimement liés.

En janvier 1877, coup de tonnerre dans un ciel de stupre. Il apprend qu'il a contracté la syphilis, maladie alors incurable. Rien d'étonnant à cela, la maladie infeste les maisons de plaisir. Ce sportif, très attaché à son hygiène, se croyait intouchable. La nouvelle l'accable mais il en rit : « J'ai la vérole enfin ! La vraie ! Pas la misérable chaude-pisse, la grande vérole, la vraie [...], la grande vérole dont est mort François Ier. Et j'en suis fier. Et je méprise par-dessus tout les bourgeois. Alléluia, j'ai la vérole et par conséquent, je n'ai plus peur de l'attraper. »

En réalité, il plonge dans une dépression qui ne le quittera plus. Il sait qu'il ne vivra pas longtemps. À moins de trente ans, commence le face-à-face avec la mort. D'un coup, le sexe l'ennuie. Il confie à son ami Flaubert « trouver le cul des femmes monotone ». Que faire ? La vie de bureaucrate est insupportable. Il rêve d'autres rivages. Et s'il tentait vraiment d'écrire ? Pas écrivaillon du dimanche qui s'amuse en griffonnant quelques pages après avoir pénétré de jolies filles. Un vrai écrivain, comme son idole et ami Flaubert. Il vient d'avoir vingt-six ans, il continue à s'amuser, à chasser – une autre passion — mais avec moins de conviction et d'enthousiasme. La syphilis a tué son insouciance. Sa carrière d'écrivain s'ébroue. Elle est chaperonnée par l'auteur de *Madame Bovary* qui n'hésite pas à le rappeler à l'ordre tel un professeur, à le gourmander, à le remettre dans le droit chemin. Flaubert connaît l'appétit sexuel de son protégé, il devine surtout son incroyable talent : « Il faut, entendez-vous, jeune homme, il faut travailler plus que cela. J'arrive à vous soupçonner d'être légèrement calleux. Trop de putains ! trop de canotage ! trop d'exercice ! Oui, monsieur ! Le civilisé n'a pas tant besoin de locomotion que prétendent les médecins. Vous êtes né pour faire des vers, faites-en ! "Tout le reste est vain" à commencer par vos plaisirs et votre santé ; foutez-vous cela dans la boule. »

Grâce à Flaubert, le vigoureux sportif touche-à-tout devient en quelques mois le Maupassant qui restera dans la mémoire des hommes. Bouleversement complet. Il rencontre Stéphane Mallarmé, Ivan Tourgueniev, Émile Zola. Comme ce dernier, il se dit naturaliste. Il participe au livre collectif des *Soirées de Médan* dans lequel il publie *Boule de Suif* quelques jours avant la mort de Flaubert qui, après avoir lu le manuscrit, avait écrit : « Boule de suif [...] est un chef-d'œuvre. » Maupassant n'oubliera jamais les conseils de son incomparable maître.

Il ressent les premiers symptômes de sa maladie. À mesure que sa santé se détériore, son œuvre grandit, se bonifie. L'écrivain succède au jeune homme frivole. Plus il souffre, plus il crée. Le bolide du sexe est devenu celui de l'écriture. Les romans se succèdent : *Une vie, Bel-Ami, Pierre et Jean, Mont-Oriol.*

Dans *Bel-Ami*, il raconte le destin d'un homme à l'ambition démesurée, le jeune Georges Duroy, ancien hussard, employé de bureau dans une administration, qui enchaîne les conquêtes féminines grâce auxquelles il escalade à toute vitesse les échelons de la hiérarchie sociale. Le cynique finit par triompher de tout. Il devient un homme puissant, ami de journalistes d'influence, de banquiers, d'hommes politiques. Ce livre, miroir accablant de la cupidité qui triomphe à la fin du XIXe siècle dans la grande bourgeoisie, connaît un succès considérable parce qu'il tape dans le mille. Il est faux de dire que Duroy est un double de Maupassant. Ils ont des points communs, certes, mais l'écrivain n'est ni mondain ni cynique.

Pendant dix ans, Maupassant publie dans *Le Gaulois, Le Figaro, Gil Blas, L'Écho de Paris*, quelque sept cents chroniques et trois cents nouvelles. Ces dernières sont par la suite réunies dans des recueils : *La Maison Tellier, Mademoiselle Fifi, Contes de la bécasse, Miss Harriet, Contes du jour et de la nuit, L'Inutile Beauté*… Ce sont pour moi des chefs-d'œuvre de la littérature. Une concision, une poésie, un style et une dramaturgie inouïs : « La nuit vint deux heures plus tôt, tant le ciel était sombre. J'avais pour guide un paysan qui marchait à mon côté, par un tout petit chemin, sous une voûte de sapins dont le vent déchaîné tirait des hurlements. Entre les cimes, je voyais courir les nuages en déroute, des nuages éperdus qui semblaient fuir devant une épouvante. Parfois, sous une immense rafale, toute la forêt s'inclinait dans le même sens avec un gémissement de souffrance ; et le froid m'envahissait, malgré mon pas rapide et mon lourd vêtement. Mon guide, par moments, levait les yeux et murmurait : "Triste temps !" Les ténèbres étaient profondes. Je ne voyais rien autour de moi et toutes les branches entrechoquées emplissaient la nuit d'une rumeur incessante » (*La Peur*).

Maupassant est reconnu par ses pairs mais aussi par un public de plus en plus large. Il gagne suffisamment d'argent pour abandonner son travail de gratte-papier. Il s'évade vers des horizons lointains : Angleterre, Italie, Algérie. Il achète un yacht, le *Bel-Ami*, à bord duquel il découvre les rivages enchanteurs de la Provence. Il raconte ce voyage maritime dans un récit mal connu mais d'une beauté fulgurante, *Sur l'eau* (qui est aussi le nom d'une célèbre nouvelle) : « […] le soir, les flancs boisés des côtes s'assombrissent et plaquent une tache noire sur un ciel de feu, sur un ciel invraisemblablement dramatique et rouge. Je n'ai jamais vu nulle part ces couchers de soleil de féerie, ces incendies de l'horizon tout entier, ces explosions de nuages, cette mise en scène habile et superbe, ce renouvellement quotidien d'effets excessifs et magnifiques qui forcent l'admiration et feraient un peu sourire s'ils étaient peints par des hommes. »

Naviguer est un bonheur pour ce yachtman dans l'âme. Il peut renouer avec les sensations de l'enfance, quand il vivait dans la grande demeure familiale « Les Verguies » à Étretat, et qu'il partait des journées entières à bord d'une embarcation de pêcheurs. Les vieux loups de mer l'avaient pris en sympathie et lui faisaient volontiers une place sur leurs petits chalutiers encombrés de paniers, de nasses et de filets. Désormais, le long des rivages de la Riviera, la navigation est aussi une consolation : sur l'eau, il est bercé, porté par la vague. Il oublie un moment que la grande faucheuse le traque. Il affronte les coups de vent et les embruns pour mettre sous le boisseau ses tempêtes intérieures, celles de son esprit assiégé et chancelant. Tel est le sens caché de ce récit de cabotage : sur l'eau, la folie et la mort sont tenues à distance. Naviguer devient une fuite. À bord du *Bel-Ami,* avec pour seuls compagnons ses deux matelots, Bernard et Raymond, les nuits sont paisibles : « On ne voit plus rien autour de nous que du noir. C'est là une sensation, une émotion troublante et délicieuse. S'enfoncer dans cette nuit vide, dans ce silence, sur cette eau, loin de tout. Il semble qu'on quitte le monde, qu'on ne doit plus jamais arriver nulle part, qu'il n'y aura plus de rivage, qu'il n'y aura plus de jour [...] et je jouis avec ivresse de cette fuite, continue et tranquille. »

Le magnifique petit livre qu'est *Sur l'eau* ressemble à un journal de bord : le marin y consigne ses observations concernant les vents, l'état de la mer, le comportement du *Bel-Ami* sur les flots... Mais à y regarder de plus près, le récit maritime raconte – avec des pages d'une précision clinique – une dérive, toutes voiles déployées, vers les terres sombres de la folie. Il n'y a pas d'échappatoire. Ce joyau littéraire est le récit d'un désespéré auquel la mer, dont il est follement amoureux, apporte quelques fragments de bonheur qu'il ne parvient même plus à trouver dans les paradis artificiels (l'éther, le haschich ou l'opium n'ont plus pour lui qu'une seule fonction : celle de l'assommoir). Lors de ce vagabondage, dès que Maupassant quitte son navire, dès qu'il met pied à terre, les terribles angoisses existentielles reprennent le dessus. Ainsi, lors d'une escale dans le port de Saint-Tropez, l'écrivain navigateur décide un matin de se rendre au cœur le plus sauvage du massif des Maures pour y admirer, envahies par la végétation, les ruines de la chartreuse de la Verne, une vieille abbaye du XIIe siècle que les moines qui l'occupaient ont désertée à la Révolution française. Cette belle journée d'avril commence dans la quiétude. La traversée d'une forêt de châtaigniers séculaires prend même, pour cet esprit tourmenté, la tournure d'une expérience gothique sans rapport avec la réalité des lieux : « Les arbres, vieux comme l'abbaye, survivent à cette morte, énormes, mutilés, agonisants. Les uns sont tombés ne pouvant plus porter leur âge, d'autres décapités, n'ont plus qu'un tronc creux où se cacheraient dix hommes. Et ils ont l'air d'une armée formidable de géants antiques et foudroyés qui montent encore à l'assaut du ciel. On sent les siècles et la moisissure, l'antique vie des racines pourries dans ce bois fantastique où rien ne fleurit plus au pied de ces colosses. » Les arbres « mutilés et agonisants » deviennent l'expression métaphorique de l'âme d'un homme qui a la mort aux trousses et dont la raison chancelle. Malgré sa vigueur de toréador, Guy est taraudé par son mal. La vérole ne le lâche pas, elle grandit, il essaie de la dompter. En vain.

En 1888, Maupassant écrit son cinquième roman, *Fort comme la mort*, tentative d'exutoire à sa détresse : il raconte le vieillissement du corps, plus puissant que celui de l'âme, alors que les désirs restent les mêmes. Maupassant n'a que trente-huit ans. Mais il est vieux – déjà –, usé, à bout de force, rongé. Le naufrage de son corps naguère si vigoureux le précipite dans les bras de la solitude. Il est gagné par une folie dont l'origine reste mystérieuse : hérédité – son frère souffre des mêmes maux –, traumatismes de l'enfance, syphilis ? Paranoïaque, il a une peur panique de la mort. Il écrit *Le Horla*, journal fantastique d'un désespéré. Autre chef-d'œuvre. Le héros de ce livre est habité par une créature invisible qui le traque, l'épouvante et le tue à petit feu :

> Je le tuerai. Je l'ai vu ! Je me suis assis hier soir, à ma table ; et je fis semblant d'écrire avec une grande attention. Je savais bien qu'il viendrait rôder autour de moi, tout près, si près que je pourrais peut-être le toucher, le saisir ? [...]. Donc je faisais semblant d'écrire, pour le tromper, car il m'épiait lui aussi ; et soudain, je sentis, je fus certain qu'il lisait par-dessus mon épaule, qu'il était là, frôlant mon oreille. [...] Comme j'eus peur ! Puis voilà que tout à coup je commençai à m'apercevoir dans une brume, au fond du miroir, dans une brume comme à travers une nappe d'eau ; et il me semblait que cette eau glissait de gauche à droite, lentement, rendant plus précise mon image, de seconde en seconde. C'était comme la fin d'une éclipse. Ce qui me cachait ne paraissait point posséder de contours nettement arrêtés, mais une sorte de transparence opaque, s'éclaircissant peu à peu.
>
> Je pus enfin me distinguer complètement, ainsi que je le fais chaque jour en me regardant.
>
> Je l'avais vu ! L'épouvante m'en est restée, qui me fait encore frissonner.

Comme Nerval trois décennies auparavant, il est soigné dans la clinique du docteur Blanche. Son mal empire. Au faîte de la gloire, il se demande pourquoi la vie est passée si rapidement. À peine reconnu, il sombre dans le néant. Le 31 décembre 1891, il envoie une lettre à un ami médecin, le docteur Cazalis. Voici les dernières phrases qu'il écrit : « Je suis absolument perdu. Je suis même à l'agonie. J'ai un ramollissement du cerveau venu des lavages que j'ai faits avec de l'eau salée dans mes fosses nasales. Il s'est produit dans le cerveau une fermentation de sel et toutes les nuits mon cerveau me coule par le nez et la bouche en une pâte gluante. C'est la mort imminente et je suis fou ! Ma tête bat la campagne. Adieu ami vous ne me reverrez pas !... » Le lendemain, il tente de se suicider. Frappé de paralysie, il sombre dans un état d'inconscience presque total. Cinq cent cinquante jours plus tard, le 6 juillet 1893, il meurt avant d'avoir atteint ses quarante-trois ans.

Dans son agonie interminable, a-t-il croisé les filles faciles qu'il collectionnait sur les bords de la Seine : Mouche, Mimi, Bleuet, Berthe ? A-t-il caressé leurs beaux cheveux, embrassé leurs jolies lèvres, dévoré leur irrésistible chair, pénétré leur corps extatique ? A-t-il rencontré les personnages truculents de ses romans, de ses nouvelles ? Mademoiselle Fifi, Miss Harriet, ce cochon de Morin, Madame Luneau, le père Boniface, le père Mongilet, Mohammed Fripouille, le bel ami ? Le Horla a-t-il ricané en le voyant anéanti par sa détresse ?

Dans une autre vie, Maupassant avait été un sportif accompli, un charmeur, un conquérant, un généreux, un insatiable. Il avait été l'un des grands écrivains du siècle. Il a traversé le ciel des hommes comme un météore. Il a écrit pendant dix ans. Dix ans de romans et de nouvelles d'une puissance inégalée.

« En dehors de sa gloire d'écrivain, il restera comme un des hommes qui ont été les plus heureux et les plus malheureux de la Terre, celui où nous sentons le mieux notre humanité espérer et se briser, le frère adoré, gâté, puis disparu au milieu des larmes... » Ce bel éloge de l'ami Émile Zola peint au plus juste la vérité d'un homme, Guy de Maupassant, qui demeure l'un de nos plus grands romanciers et nouvellistes. Chez ce magnifique écrivain, j'aime le styliste hors pair et le conteur talentueux. J'apprécie aussi le peintre de la mer à travers nombre de ses écrits. J'ai cité *Sur l'eau.* J'aurais pu aussi bien évoquer la nouvelle *En mer* publiée dans la revue *Gil Blas* sous le pseudonyme de Maufrigneuse (le nom d'un héros de *La Comédie humaine*, en hommage à Honoré de Balzac), histoire d'une pêche au chalut qui tourne mal. Navigateur moi-même, chaque fois que je puis en saisir l'occasion, Breton de cœur et d'adoption, fier d'appartenir au corps des Écrivains de Marine, je suis sensible à cette thématique de la mer. Et toujours heureux d'avoir sous la main une nouvelle du grand Maupassant.

Carson McCullers

Des yeux bleus comme des flaques

1917-1967

Je suis entré à la fois dans l'œuvre et la vie de cette romancière aussi émouvante que talentueuse en lisant *Illuminations et nuits blanches*, un recueil de textes contenant son autobiographie inachevée, trois nouvelles et la correspondance qu'elle échange en 1944 et 1945 avec Reeves, son ex-mari, alors qu'il est mobilisé en Europe au sein de l'armée américaine. Lorsqu'il est de retour au pays, blessé, elle l'épouse de nouveau. Minée par une terrible maladie rhumatismale invalidante, Carson, âgée de seulement quarante ans, et en proie à la dépression, tente de se suicider en 1947. Hospitalisée à New York, elle est sauvée. Le couple s'installe en France en 1952, à Bachivillers, dans l'Oise. Dépressif, lui aussi, Reeves va imiter son geste dans une chambre d'hôtel à Paris en 1953. Il en meurt. Carson apprend la nouvelle en Amérique. Elle ne se remettra jamais de son chagrin. Cette douleur, ajoutée à son état de délabrement nerveux et physique (elle est amputée de la jambe gauche) l'amène à lâcher prise : Carson meurt jeune, à cinquante ans à peine, en 1967, des suites d'une hémorragie cérébrale.

« L'auteur de *Reflets dans un œil d'or* avait les ailes d'un ange. Mais sa vie ressemble à un long naufrage », écrit André Clavel en ouverture d'un portrait tout en finesse : « Sur les photos, toujours le même visage effarouché. On dirait une mésange tombée du ciel, qui attend le coup de feu du chasseur, prête à payer le prix de son insolente liberté. » Josyane Savigneau elle aussi a rendu dans *Un cœur de jeune fille* un hommage émouvant à ce météore des lettres

Avant le naufrage, Carson a été une enfant brillante, virtuose du piano qui se destinait à une carrière de musicienne. Puis elle découvre le clavier… d'une machine à écrire. C'est décidé, elle sera femme de lettres. Elle se révèle aussi douée pour les mots, la littérature, que pour la musique. À seize ans, elle écrit sa première nouvelle. À vingt-trois ans, elle a eu le temps d'épouser Reeves, un caporal de l'armée, d'en divorcer, de publier *Le cœur est un chasseur solitaire*, son chef-d'œuvre qui met en scène une galerie de personnages gravitant autour d'un sourd-muet, dans une petite ville du sud – le Deep South – écrasée de soleil, avec ses quartiers nègres où flotte la « note bleue » du jazz. L'année suivante paraît *Reflets dans un œil d'or*, comme si Carson pressentait l'urgence qu'il y a à vivre, à écrire. À vingt-quatre ans, elle est célèbre. À trente-sept ans, elle est quasi hémiplégique. Elle fait tout très vite… En 1951 paraît son recueil de nouvelles *La Ballade du café triste :* des récits qui évoquent les toiles du peintre Edward Hopper, expriment les petits bonheurs, l'élan amoureux, les enthousiasmes, les ambitions, mais aussi la perte des illusions, l'absence, la solitude, la désespérance. La magnifique nouvelle titrée *Wunderkind* est sans doute largement autobiographique : elle raconte l'histoire d'une jeune fille pianiste prodige qui comprend qu'elle devra renoncer à embrasser une carrière musicale.

Après le suicide de son mari en 1953, Carson partage sa vie entre Nyack, sur les rives de l'Hudson près de New York, et Bachivillers, en France.

Épuisée, Carson McCullers lâche prise le 29 septembre 1967 : elle meurt à l'âge de cinquante ans des suites d'une hémorragie cérébrale. *Le Cœur hypothéqué* (recueil de poèmes, nouvelles, essais) ne paraîtra qu'à titre posthume…

Dans son livre *Avec mon meilleur souvenir*, Françoise Sagan raconte son voyage aux États-Unis, en 1954, à l'occasion du lancement de son roman *Bonjour tristesse* sur le marché américain. Elle est subjuguée par sa rencontre avec Carson : « une femme grande et maigre dans un short, des yeux bleus comme des flaques, […], d'un bleu si pâle qu'ils la rejetaient illico dans l'enfance ».

Il nous reste de cet écrivain brillant quelques livres – elle se garda d'être prolifique – à l'écriture finement ciselée, qui sont autant de pépites contenant son talent de styliste, son humour, sa sensibilité, et ses blessures de femme meurtrie par la vie.

Gérard de Nerval

L'écriture ou la mort

1808-1855

Le délicat Gérard de Nerval se suicide après avoir terminé le plus beau livre de sa vie, *Aurélia*, un hommage à la femme idéale et inaccessible. Il a mis tout son génie, tout son cœur, toute sa folie dans ce texte qui, une fois achevé, le précipitera dans les bras de la mort. Il n'a plus rien à accomplir, plus rien à dire, et préfère se pendre.

Gérard Labrunie – rebaptisé par lui-même « de Nerval » pour des raisons esthétiques – est fils d'un médecin militaire de la grande armée napoléonienne, qui œuvre sur les champs de bataille de l'Europe et qui délaisse son fils. La mère meurt quand il a deux ans : traumatisme immense, fondateur, qui explique la folie à venir. Il est élevé par un grand-oncle à Mortefontaine, dans le Valois, région boisée, poétique, fantasmatique qu'il évoquera dans son œuvre.

Au lycée, il se passionne pour des poètes allemands – Klopstock, Goethe, Schiller, Burger – qu'il commence à traduire. Fragile, triste, mélancolique, il se réfugie dans l'écriture. En romantique aguerri, il participe à la bataille d'*Hernani* aux côtés du jeune Victor Hugo qu'il admire comme un grand frère. Il publie deux anthologies de poésie qui passent inaperçues mais lui permettent d'entrer dans des cénacles réunissant les grands écrivains du moment. Il compose deux pièces qui sont jouées au théâtre de l'Odéon et qui reçoivent un bon accueil. Sa deuxième vie, celle du rêve éveillé, de l'écriture poétique illuminée par la folie, prend son envol. Elle le mènera à la mort.

Une chanteuse lyrique le fascine, inaccessible : Jenny Colon. Elle devient la femme idéale, la mère, la muse, le symbole d'un paradis perdu. Il ne parvient pas à la séduire. Elle l'ignore, mais son dédain exacerbe les désirs du jeune homme. Il connaît au même moment ses premières crises de folie. Il prétend être le fils du roi Joseph, frère de Napoléon 1er. Il promène un homard vivant au bout d'un ruban bleu dans les rues de Paris. Il essaie de s'envoler vers le ciel en battant des bras à la façon d'un oiseau. Ses accès de démence ne sont pas causés par l'amour impossible avec la belle actrice, mais le dépit sentimental les aggrave. Il est interné à plusieurs reprises dans la célèbre clinique du docteur Blanche. Celui-ci croit en la fonction cathartique de la création. Il pousse Nerval à écrire pour échapper à ses démons. Le poète plonge alors corps et âme dans l'écriture. Il crée un univers idéal, éclaboussé par une lumière qu'il n'avait encore jamais vue.

De retour d'un voyage de plusieurs mois en Orient – Le Caire, Beyrouth, Constantinople –, il sombre dans une détresse matérielle et psychique. Il ne mange pas à sa faim, il est malade, éploré, désemparé, en proie au *delirium tremens.* Il se passionne pour l'alchimie et l'ésotérisme. La vie quotidienne l'ennuie. Seule compte la splendeur de l'écriture. Entre 1853 et 1855 – les trois dernières années de sa vie – il compose trois chefs-d'œuvre : *Sylvie, Les Filles de feu, Aurélia.* Ces textes majeurs sont dédiés à des femmes qui n'ont jamais voulu de lui. Il les retrouve dans un monde habité par les étoiles du cosmos, celui des rêves dont seules des bribes survivent à l'éveil. La plus grande partie de l'œuvre de Nerval a été oubliée, mais ces recueils en prose sont d'une beauté à couper le souffle.

Au même moment, il compose *Les Chimères*, recueil de douze sonnets : *El Desdichado, Myrtho, Horus, Antéros, Delfica, Artémis, Le Christ aux Oliviers* (cinq sonnets), *Vers dorés.* Douze en l'honneur des douze tribus d'Israël et des douze apôtres. Ils sont hermétiques, ésotériques, sublimes. Pour moi, *El Desdichado* reste l'un des poèmes mythiques de la langue française :

> Je suis le Ténébreux, – le Veuf, – l'Inconsolé,
> Le Prince d'Aquitaine à la Tour abolie :
> Ma seule Étoile est morte, – et mon luth constellé
> Porte le Soleil noir de la Mélancolie.

Ces vers sont connus de tous les lycéens ; ils n'en gardent pas moins leur mystère.

Aurélia, dont le sous-titre est *Le rêve ou la vie*, conçu comme un projet clinique sur les recommandations du docteur Blanche, est le livre ultime. Nerval décrit les émotions qu'il éprouve lors de ses crises de folie. L'itinéraire est onirique, érotique et spirituel :

> Je vais essayer [...] de transcrire les impressions d'une longue maladie qui s'est passée tout entière dans les mystères de mon esprit – et je ne sais pourquoi je me sers de ce terme maladie, car jamais, quant à ce qui est de moi-même, je ne me suis senti mieux portant.

L'écriture de ce texte l'éblouit, mais dès qu'il pose son crayon, la folie, les crises de panique le gagnent dans sa chambre misérable. Seule l'écriture le transporte vers des lieux enchanteurs :

> Cette nuit-là, je fis un rêve qui me confirma dans ma pensée. – J'errais dans un vaste édifice composé de plusieurs salles [...]
> Je me perdis plusieurs fois dans les longs corridors, et, en traversant une des galeries centrales, je fus frappé d'un

> spectacle étrange. Un être d'une grandeur démesurée, – homme ou femme, je ne sais, – voltigeait péniblement au-dessus de l'espace et semblait se débattre parmi des nuages épais. Manquant d'haleine et de force, il tomba enfin au milieu de la cour obscure, accrochant et froissant ses ailes le long des toits et des balustres. Je pus le contempler un instant. Il était coloré de teintes vermeilles, et ses ailes brillaient de mille reflets changeants. Vêtu d'une robe longue à plis antiques, il ressemblait à l'Ange de la Mélancolie d'Albrecht Dürer. Je ne pus m'empêcher de pousser des cris d'effroi, qui me réveillèrent en sursaut.

En janvier 1855, le roman est achevé. Le manuscrit, relu, corrigé, est apporté à l'éditeur. Nerval est orphelin d'Aurélia, la femme parfaite, solaire, comme il a été orphelin de sa mère dans sa petite enfance. Les crises reprennent de plus belle. Il hurle la nuit. Sa vie est un vide abyssal.

La soirée du 25 janvier est polaire. Paris est enseveli dans un brouillard teigneux. Nerval erre dans les rues en proie à des souffrances infinies. Fin du voyage terrestre. Il passe chez sa tante à qui il laisse un mot griffonné sur une minuscule feuille de papier : « Quand j'aurai triomphé de tout, tu auras ta place dans mon Olympe, comme j'ai ma place dans ta maison. Ne m'attends pas ce soir, car la nuit sera noire et blanche. » Quelques minutes plus tard, coiffé de son chapeau de clown, il se pend à une grille dans la ruelle de la Vieille-Lanterne à deux pas de la place du Châtelet. La légende veut que ce soit à l'endroit exact du trou du souffleur sur la scène du théâtre de la Ville, et chaque fois que j'assiste là-bas à un spectacle, je pense à celui qui a accompagné si puissamment mes propres désespoirs adolescents. Selon la célèbre formule de Charles Baudelaire qui voyait en Nerval une sorte de double maudit, il a voulu « délier son âme dans la rue la plus noire qu'il pût trouver ».

Friedrich Nietzsche

Dionysos déchiré par ses chiens

1844-1900

Nietzsche devait-il figurer dans cet abécédaire ? Je me suis interrogé. Il est le seul philosophe de mon troupeau de Maudits. Je relus à l'automne 2016 *La Naissance de la tragédie à partir de l'esprit de la musique* : le doute n'était plus permis. Avec la puissance de son verbe, ses aphorismes, ses fulgurances, sa poésie, Nietzsche est un immense écrivain. « Malheur à moi qui suis une nuance ! » écrit-il. Ses textes débordent de sens, d'énigmes. Outre la portée philosophique – qui ne peut être comparée, par son ambition, qu'à celle de Platon –, lire Nietzsche procure un plaisir esthétique, une intense jubilation intellectuelle, et permet d'accéder – pour quelques heures ou toute une vie d'homme – à « la liberté des grandes âmes ». Tel est le génie incomparable du philosophe allemand : sa pensée est magique et « aristocratique » : au-delà des mots qui la portent et qui ont un sens précis, elle permet d'accéder, par le chemin de l'incantation poétique, à des concepts, des idées inintelligibles pour les autres. La dialectique de Nietzsche n'est pas réductible à la seule raison cartésienne : elle est inspirée. Elle requiert, de la part du lecteur, de la finesse de jugement, de l'intuition, et surtout, de l'audace. On ne peut arriver l'esprit étriqué en terre nietzschéenne : le verbe de Nietzsche, comme celui autrefois de la pythie, du sorcier, du druide, du chamane, donne accès au magique, à l'indicible. L'essentiel de sa pensée se trouve derrière les mots, ou plutôt : au-delà d'eux. La virtuosité stylistique n'est pas gratuite : le rythme des phrases, leur musique (ou encore : la mélopée des aphorismes, à partir de son essai intitulé *Humain, trop humain*) participent de l'accession au sens. C'est un mode de communication radicalement nouveau qui m'enchanta dès qu'adolescent j'en fis la découverte au lycée, en classe terminale. Par cette approche, par ce langage, Nietzsche a posé les fondements d'une pensée philosophique pour les XXe et XXIe siècles. Et il compte, avec Dostoïevski et Kafka, parmi les plus grands écrivains des Temps modernes.

Maudit, ô combien le fut-il ! Qu'on en juge : le jeune Friedrich n'a que cinq ans lorsque son père meurt, l'« esprit égaré » à la suite d'une violente chute accidentelle sur les marches d'un perron. Un an plus tard, le petit Friedrich perd son frère. Il endure mais cela ne l'empêche pas de devenir, à neuf ans, un virtuose du piano composant mazurkas et fantaisies. Mais il se révèle très tôt instable, un angoissé alternant phases d'exaltation et moments de déprime. Plus tard, il souffre de troubles de la vue et de violents maux de tête. Considéré par ses pairs, lorsqu'il devient enseignant, comme un « personnage bizarre », il est mis à l'écart. Pour oublier son affreuse solitude, il se tue au travail, lit Schopenhauer, s'enthousiasme pour la musique de Wagner dont il fait la connaissance et dont il devient l'ami. Une amitié qui dure sept ans – une « communauté de pensée » –, de 1869 à 1876. Elle est passionnée, orageuse, faite « d'admiration et d'une adoration réciproque » jusqu'à ce que les deux hommes finissent par ne plus supporter des sentiments aussi exacerbés. Alors la méfiance s'installe, puis la rancœur, et la séparation des deux amis devient inévitable. C'est au cours de cette période que Nietzsche écrit son chef-d'œuvre *La Naissance de la tragédie* (1872) dans lequel, tout en éclairant la genèse du théâtre grec, il valorise l'art musical de Wagner qu'il place sous le signe de Dionysos : une expérience grandiose d'envoûtement, une musique quasi « démoniaque ». « Comment peut-on écouter de la musique de Wagner sans mourir ? interroge-t-il. Comment imaginer un homme (un musicien authentique) capable d'écouter le troisième acte de *Tristan et Yseult* [...] sans expirer sous la tension convulsive des ailes grandes ouvertes de leur âme... » Le mythe, le verbe appartiennent au monde plastique et sont placés, eux, selon Nietzsche, sous l'égide d'Apollon...

En 1876, Friedrich publie son essai *Wagner à Bayreuth*. Il accorde une grande importance à cette œuvre qui consacre le « wagnérisme ». Mais Richard Wagner se borne à accuser poliment réception de l'ouvrage à celui qui, pourtant, « a sonné la cloche » pour lui. L'amitié entre les deux hommes est consommée.

Professeur de philologie à l'université de Bâle, il tombe gravement malade en 1875 : à seulement trente et un ans, presque aveugle, il est en proie à des crises de paralysie. Il doit cesser son métier d'enseignant en 1879, à trente-cinq ans, à cause de sa santé mentale chancelante.

Nietzsche devient alors un paria. Il voyage en quête de soleil tandis que son esprit s'assombrit : Venise, Naples, Gênes, Turin, Nice, Èze... Dans ces lieux de villégiature, il marche seul des heures et des heures à s'en soûler, souvent en surplomb de la mer. L'exercice physique l'aide à tenir ses démons intérieurs à distance. Durant neuf ans de ce régime, il parvient vaille que vaille à ne pas sombrer totalement sans pour autant se départir d'une extrême solitude. L'état dépressif ne le quitte plus. « Dix ans de maladie, plus de dix ans, écrit-il. Et pas simplement une maladie pour laquelle il existe des médecins et des remèdes. Quelqu'un sait-il seulement ce qui m'a rendu malade ? Ce qui, des années durant m'a tenu au seuil de la mort, et appelant la mort ? »

En avril 1882, Nietzche – il a trente-huit ans – fait la connaissance à Rome d'une envoûtante Allemande d'origine russe, Lou Andreas-Salomé. Il tombe follement amoureux d'elle. Belle et extraordinairement douée, la jeune femme a dix-sept ans de moins que le philosophe allemand. L'histoire d'amour ne dure pas et reste platonique. Après la rupture, Nietzsche écrit à un ami : « Elle me manque même avec ses défauts [...] Maintenant c'est comme si j'étais condamné au silence ou à une sorte d'hypocrisie humanitaire dans mes rapports avec tous les hommes. »

La maladie mentale de Friedrich gagne du terrain. Elle ne l'empêche pas d'écrire des livres majeurs qui révolutionnent la philosophie. Comme *Ainsi parlait Zarathoustra* dont il écrit la troisième partie à Nice l'hiver 1884, et la quatrième l'hiver suivant, alternant les séances studieuses dans sa chambre et les longues randonnées solitaires jusqu'à la presqu'île de Villefranche et au sentier très escarpé d'Èze (qui aujourd'hui porte son nom).

Dans ses livres, il est visionnaire et annonce le dépassement de l'humanité et l'avènement du surhomme, grâce à la volonté de puissance qui assurera cette mutation décisive.

« L'homme, écrit-il, est un animal dont les qualités ne sont pas encore fixées. » Et encore : « [La vie] tend à la sensation d'un maximum de puissance ; elle est essentiellement l'effort vers plus de puissance ; sa réalité la plus profonde, la plus intime, c'est de vouloir. »

Dans *Zarathoustra*, il éclaire son parti pris formel : « Celui qui écrit en aphorismes et avec du sang, celui-là ne veut pas être lu, mais appris par cœur. »

Il bâtit une œuvre qui influencera tous les domaines de l'art au XXe siècle : littérature, musique, peinture (Rothko) et même cinéma... Mais il n'est pas reconnu de son vivant. Ses livres connaissent des ventes modestes, parfois confidentielles.

Nietzsche séjourne tout l'hiver 1888 de nouveau à Nice. Il lit Dostoïevski. De bonne humeur, il écrit : « Il souffle un air délicieux, léger, espiègle, qui donne des ailes aux pensées trop lourdes. »

À la fin de l'année 1888, Nietzsche habite à Turin, dans le nord de l'Italie. Il loge dans une auberge place Carlo Alberto. Le 3 janvier 1889, à la vue d'un cocher frappant violemment son cheval, l'écrivain s'effondre. Il se jette au cou de l'animal dans un geste d'une immense compassion qui semble être la réplique de celui de Raskolnikov enfant, le héros de Dostoïevski dans son roman *Crime et Châtiment*. Nietzsche pleure, puis se met à hurler. Un attroupement de badauds se forme autour de Nietzsche et de la bête martyrisée. Le penseur allemand regarde la foule sans la voir, hébété, égaré. Davide Fino, son logeur, l'a reconnu, il le ramène à l'auberge à quelques pas de là. Nietzsche se laisse conduire, mais il hurle à qui veut l'entendre qu'il est le successeur de grands hommes qui ont fait l'Histoire, peut-être même est-il le fils de Dieu. Une fois à l'auberge, on l'étend sur un sofa, il se calme, se tait, finit par s'assoupir. À son réveil, il ne sait plus où il est. Il a perdu la raison. Jusqu'au 7 janvier, il reste cloîtré dans sa chambre. Le jour, il est prostré sur son lit, les yeux dans le vague. La nuit, il chante, harangue, déclame de longues tirades. Dans ses rares moments de calme, il écrit des lettres au pape, au roi d'Italie, à des amis.

Overbeck, un théologien protestant très proche de Nietzsche, s'occupe de son internement à Bâle dans un asile d'aliénés. Le grand homme n'a que quarante-quatre ans, la force de l'âge pour le commun des mortels. Mais Nietzsche est tout sauf commun. Les observations cliniques font état d'une paralysie générale et d'un désordre mental d'origine syphilitique. Plus tard, le malade est transféré dans un autre établissement à Iéna.

Le 24 mars 1890, Nietzsche quitte l'hôpital, on l'installe chez sa mère à Naumburg.

Le 27 décembre 1894, Rohde, un ami, lui rend visite. Il relate cette pitoyable entrevue à Overbeck: « J'ai vu le malheureux lui-même ; il est totalement éteint et ne reconnaît plus personne, hormis sa mère et sa sœur. Il n'articule guère plus d'une phrase par mois, il est complètement affaissé, rabougri, débile, mais il conserve le teint frais. Bref, un spectacle à vous arracher des larmes. »

Nietzsche sombre peu à peu dans les ténèbres et une vie végétative. « La beauté de ses yeux qu'aucun verre ne voilait, était parfaitement bouleversante. Ce regard stellaire d'une pénétrante tristesse, qui semblait errer dans le lointain et, en même temps, plonger au plus profond de lui-même, irradiait une force extraordinaire… », note le biographe Curt Paul Janz.

Sur cette fin de vie dramatique, j'ai lu voilà quelques années (dans une édition NRF de 1931 dénichée chez un bouquiniste parisien) un petit livre passionnant, *L'Effondrement* de Nietzsche, du docteur E.F. Podach. L'auteur suit pas à pas, depuis la scène turinoise, onze années d'enfoncement progressif d'un génie dans la démence. Jusqu'à sa mort en 1900, à l'âge de cinquante-cinq ans, Nietzsche est, en effet, habité par la folie, malgré quelques épisodes de lucidité. Ainsi, un jour, installé sur une terrasse inondée de soleil, il regarde intensément sa sœur qui lui rend visite et lui demande : « N'ai-je pas écrit de beaux livres ? »

Nietzsche, l'une des plus grandes figures spirituelles de l'histoire de l'humanité, n'a pas seulement écrit de beaux livres : il a offert aux hommes des livres sublimes pour qu'ils en fassent usage sur cette route escarpée où ils cheminent vers la surhumanité, avec l'intuition, en ce début de XXIe siècle, qu'elle adviendra bientôt.

Mais pour dire ce verbe qui éclairera longtemps les consciences, il fallait que Friedrich Nietzsche fût maudit, qu'il se retire dans une forme de désert, abandonné de la plupart de ses semblables ou les ayant fuis de sa propre volonté.

Dans son essai biographique *Le Combat avec le démon,* Stefan Zweig écrit fort justement à propos du philosophe allemand : « Pour ces errants, à peu près ignorés de leur vivant, la pensée ou la création ne sont pas cette sereine construction d'un idéal d'harmonie et de raison dont Goethe donne l'exemple accompli ; elles ne peuvent naître que dans un corps à corps avec un démon intérieur qui fait d'eux les fils de Dionysos déchiré par ses chiens. »

Novalis

L'enfant tourmenté du romantisme allemand

1772-1801

Novalis est un écrivain mythique de la littérature romantique allemande, génie mélancolique, noir et lumineux, environné de brumes et de mystère. Il est poète, mais aussi romancier, juriste, mathématicien. L'œuvre sublime de cet esprit encyclopédique a marqué la littérature européenne. Elle a étanché ma soif d'absolu à l'adolescence. De ses doigts tristes et beaux ont jailli des poèmes en vers ou en prose, symbole d'une patrie perdue. Éternellement amoureux et éternellement malade, il meurt à l'âge où la plupart des écrivains commencent leur carrière.

Il s'appelle en réalité Georg Friedrich Philip von Hardenberg, deuxième d'une fratrie de onze enfants, issu d'une vieille famille aristocratique prussienne qui habite le manoir d'Oberwiederstedt en Saxe-Anhalt. Son enfance ressemble à celle d'un de ses contemporains, François-René de Chateaubriand. Mais Georg Friedrich n'a pas la santé du Breton, il est chétif, souffreteux. Élève très doué, précoce, grand lecteur, latiniste et helléniste, il traverse son adolescence dans une sorte de rêve éveillé, peuplé de poèmes chevaleresques et de contes d'un autre âge. Puis il est étudiant dans de prestigieuses universités : Iéna, Leipzig, Wittenberg où il rencontre Schiller et Hölderlin.

Le romantique en herbe tombe amoureux d'une première femme – une adolescente – Sophie von Kühn, « l'âme de ma vie et la clé de mon propre moi », mais elle meurt trois ans après leur rencontre. Son souvenir inspire l'un de ses plus beaux textes, *Les Hymnes à la nuit*, symbole de l'unité divine, qui deviendra un classique du romantisme allemand. Sophie apparaît dans *Les Femmes de ma vie*, un livre que j'ai publié il y a une trentaine d'années.

Lassé de tout même de l'espérance, il continue à écrire des poèmes d'une grande pureté, romantiques et maladifs, où l'amour de la religion se mêle à celui de la nature. En 1798, il prend le pseudonyme de Novalis lors de sa première publication, *Grains de pollen*, en référence à un domaine familial remontant à des temps très anciens. Il est nostalgique d'un monde disparu, idéal, ardent, celui de la foi du Moyen Âge qui vibre dans son cœur.

Après la mort de Sophie von Kühn, il fait la connaissance de Julie von Charpentier, autre idylle, autre muse, avec laquelle il se fiance. Il travaille un temps dans des salines puis reprend des études de géologie, tout en continuant à écrire des poèmes. Mais son génie littéraire ne s'épanouit qu'au cours des trois dernières années de sa brève existence. Comme Diderot quelques années auparavant, il se lance dans la rédaction d'une gigantesque encyclopédie sous forme de fragments, qui se veut la synthèse de toutes les connaissances humaines. Il multiplie les textes en prose et en vers. Il compose de beaux *Cantiques spirituels*, qui sont toujours chantés dans les églises luthériennes allemandes. Il commence à écrire *Heinrich von Ofterdingen*, un texte complexe qui préfigure les grands romans du XIXe siècle européen. De santé toujours précaire, mélancolique à l'excès, il n'a même pas le temps de se marier avec Julie. Frappé de phtisie, mal alors incurable, il meurt à l'âge de vingt-neuf ans.

Novalis laisse une œuvre d'une rare beauté. S'il a peu publié de son vivant, ses livres sont découverts au XIXe siècle. *Henri von Ofterdingen*, son œuvre majeure, restera inachevée, mais j'ai besoin de relire ces pages imprégnées du romantisme le plus pur :

> Il est possible que la Nature ne soit plus aussi féconde, et que de nos jours il ne se forme plus aucun métal nouveau, aucune pierre précieuse, ni un rocher, ni une montagne ; il se peut que les plantes et les animaux ne s'élèvent plus jusqu'à une dimension et une vigueur aussi étonnante ; par contre, plus sa puissance créatrice s'est épuisée, plus se sont accrues les forces qui façonnent, améliorent et unissent ; son âme s'est faite plus sensible et plus tendre, son imagination est devenue plus variée et plus riche en symboles, sa main plus légère et plus artiste. Elle se rapproche de l'homme, et si elle fut autrefois un Roc aux enfantements démesurés, elle est maintenant une Plante qui croît tranquillement, une Artiste silencieuse et humaine.

Flannery O'Connor

Ce mal au nom étrange

1925-1964

Américaine, catholique et sudiste, Flannery O'Connor apprend à l'âge de vingt et un ans qu'elle est condamnée. Sa maladie est rare, avec un nom qui sonne comme un glas, ou une sentence : un lupus érythémateux disséminé. Elle entre en résistance, ou plutôt, avec une rigueur stoïcienne, elle apprivoise son mal. Du coup, admirative de tant de force d'âme, la grande faucheuse lui laisse un peu de répit.

Influencée par Dostoïevski qu'elle a beaucoup lu, O'Connor écrit, pendant sa courte vie de femme de lettres, deux romans, plus d'une trentaine de nouvelles, ainsi qu'une abondante correspondance. À peine quatorze années consacrées à son œuvre : Flannery meurt le 3 août 1964 à trente-neuf ans.

C'est à travers sa correspondance éditée à la fin des années 1970 sous le titre *L'Habitude d'être* que j'ai découvert cette auteure au talent immense, dotée d'une lucidité, d'un courage et d'une sagesse qui forcent l'admiration. Je tenais à lui rendre hommage dans cet éloge très personnel et surtout vous inviter à la découvrir à travers quelques phrases. Ainsi, le 17 mars 1953, s'adressant à un couple d'amis, Elizabeth et Robert Lowell, elle écrit en parlant de sa maladie : « J'ai assez d'énergie pour écrire et comme c'est tout ce que j'ai à faire ici-bas, je peux, en clignant de l'œil, considérer que c'est là une bénédiction. Vous finissez par y regarder de très près lorsque quelque chose vous est donné à la portion congrue. C'est du moins ce que je me dis. »

Un autre extrait de *L'Habitude d'être* est délicieux d'humour. Une leçon de vie. Flannery y raconte son admission à l'hôpital Piedmont : « À mon entrée, quand j'ai donné tous les renseignements me concernant au service d'admission, une femme aux cheveux carotte et aux lunettes assorties m'a demandé qui était mon employeur. "Je suis mon propre patron, lui ai-je dit. – Et c'est quoi au juste votre entreprise ? s'est-elle inquiétée. – Je suis écrivain", ai-je avoué. Elle s'est arrêtée de taper à la machine et, au bout d'une seconde, elle m'a lancé : "Vous êtes quoi ? – Écrivain", ai-je répété. Pendant un bon moment, elle m'a dévisagée, puis elle a dit : "Comment écrivez-vous ça ?" »

Je ne peux manquer d'évoquer dans ce court éloge *La Sagesse dans le sang*, le texte le plus dostoïevskien de la romancière dans lequel, comme chez le Russe, le tragique et le burlesque se mêlent magistralement. Ce roman raconte l'histoire d'un prêcheur, un illuminé, petit-fils d'un évangéliste, qui parcourt le Tennessee pour colporter la « bonne parole », celle d'une Église sans Christ. Hazel Motes est persuadé que le péché n'existe pas. Pourquoi, dans ces conditions, ne pas se débarrasser d'un personnage aussi encombrant que Jésus-Christ ? Un faux prophète fait à Hazel une concurrence qu'il juge déloyale ? Aucune importance : il suffit de l'assassiner. Là où les choses prennent une tournure plus grave, c'est quand notre prêcheur de pacotille décide de se brûler les yeux avec de la chaux pour mieux voir dans les ténèbres… Tout l'art de l'écrivain sudiste se retrouve dans ce récit : scènes grotesques relevant du gag, drames, chagrin et pitié. Des personnages dont on perçoit les profondeurs de l'âme – parfois abyssales. Un grand « roman-tragédie ».

Mais la pièce maitresse dans l'œuvre de Flannery O'Connor est sans conteste le recueil de nouvelles intitulé *Mon mal vient de plus loin*, publié en 1965, à titre posthume. Chaque récit-parabole de ce livre que j'ai abondamment souligné et annoté est une interrogation sur le mal au cœur de l'humaine condition. On n'en sort pas indemne. Mais après avoir lu ces pages, on comprend mieux les hommes, et peut-être éprouve-t-on pour eux – nos semblables, nos frères – un peu plus de compassion.

Sylvia Plath

Poétesse lumineuse et incomprise

1932-1963

Sylvia Plath est une jeune fille issue de la bourgeoisie de Nouvelle-Angleterre. Grande poétesse, auteur de vers tourmentés, dépressive, traumatisée par la mort précoce de son père, elle se sent écrasée par le sexisme de ses proches. Elle se suicide à trente et un ans. Pour un grand nombre de ses admirateurs, elle reste le symbole du génie féminin incompris dans un monde dominé par les hommes. Avec une amie qui me fut chère, j'ai écrit un roman dont l'héroïne était Sylvia ; mais la vie nous sépara et le livre ne vit jamais le jour…

Sylvia Plath est née dans une banlieue huppée de Boston. Son père, un universitaire renommé, meurt quand elle a huit ans après avoir été amputé d'une jambe. Elle dit alors : « Je ne parlerai plus jamais à Dieu. » Premier choc dans une vie qui en connaîtra tant d'autres. Jusqu'à sa mort, elle vit dans la poignante nostalgie de ce père qu'elle admirait. Pour lui ressembler, elle veut devenir une femme reconnue dans une société où les femmes ne sont pas reconnues. Elle est attirée par l'écriture. Elle compose ses premiers textes empreints de tristesse et de nostalgie.

Jeune adulte, elle plonge dans la dépression. Elle souffre de troubles bipolaires comme naguère Virginia Woolf, un écrivain qu'elle admire. Elle entre à Smith College, une université américaine réservée aux femmes. Elle tente de se suicider à l'âge de vingt et un ans, épisode qu'elle racontera dix ans plus tard dans son seul roman – mais quel roman ! – *La Cloche de détresse* aux accents durassiens :

> C'était un été étrange et étouffant. L'été où ils ont électrocuté les Rosenberg. Je ne savais pas ce que je venais faire à New York. Je deviens idiote quand il y a des exécutions. L'idée de l'électrocution me rend malade, et les journaux ne parlaient que de ça. La « Une » en caractères gros comme des boules de loto me sautait aux yeux à chaque carrefour, à chaque bouche de métro fleurant le renfermé et les cacahuètes. Cela ne me concernait pas du tout, mais je ne pouvais m'empêcher de me demander quel effet cela fait de brûler vivant tout le long de ses nerfs.

La jeune et douce Sylvia est admise dans une maison de santé où son état s'améliore. Elle termine avec succès ses études universitaires avec les félicitations du jury. Tout va bien en apparence mais tout va mal dans son esprit. Malgré sa détresse, elle participe à tous les événements de la vie estudiantine et cache son désespoir à ses proches. Tantôt pleine d'entrain, elle sombre sans transition dans le désespoir le plus noir. Elle est déchirée entre le conformisme ambiant, étouffant, sclérosant mais confortable, et l'envie d'être libre : elle veut devenir une femme détachée des contingences liées à son sexe. Elle refuse de devenir une ménagère en tablier, comme on les représente dans la quasi-totalité des médias de l'époque. La Nouvelle-Angleterre d'après-guerre est puritaine, normative, phallocrate.

Grâce à une bourse d'études, elle s'enfuit en Angleterre. Elle entre à l'université de Cambridge où elle rencontre le poète Ted

Hughes, qui deviendra l'un des écrivains phares de la fin du XXe siècle – il sera même le poète officiel de la reine Elizabeth II de 1984 à 1998. Le coup de foudre est immédiat, ils se marient quelques mois plus tard. Extérieurement, le couple semble couler des jours heureux, ils sont jeunes, beaux, talentueux, mais les apparences sont trompeuses. Elle est reléguée au rang d'épouse, secrétaire de son mari, chargée de toutes les tâches matérielles. Les poèmes ne rapportant rien, ils ont des problèmes d'argent et décident de migrer aux États-Unis, où la poétesse reste une inconnue. Elle occupe des emplois très en dessous de ses capacités intellectuelles, comme employée dans un hôpital psychiatrique. Elle finit par trouver un poste d'enseignante dans l'université où elle a étudié. Elle rencontre deux poètes qui influenceront sa courte vie, Robert Lowell et Anne Sexton.

Sylvia attend un premier enfant, le couple retourne à Londres, puis s'installe dans la campagne anglaise. Les deux poètes aiment la France. Ils découvrent la côte d'Opale et sa belle lumière qui inspirent à Sylvia des pages magnifiques (*Berck-Plage*). Elle publie son premier recueil en 1960, *Le Colosse.* Ses autres textes seront rassemblés par sa famille après sa mort. *Arbres d'hiver* comporte des textes éblouissants :

Lac noir, barque noire, deux silhouettes de papier découpé,
noires.
Jusqu'où s'étendent les arbres noirs qui s'abreuvent ici ?
Leurs ombres doivent couvrir le Canada.

Une petite lumière filtre des fleurs aquatiques.
Leurs feuilles ne souhaitent pas que nous nous dépêchions :
Elles sont rondes et plates et pleines d'obscurs conseils.

Des mondes glacés tremblent sous la rame.
L'esprit de noirceur est en nous, il est dans les poissons.
Une souche lève en signe d'adieu une main blême ;

Des étoiles s'ouvrent parmi les lys.
N'es-tu pas aveuglé par de telles sirènes sans regard ?
C'est le silence des âmes interdites.

En 1961, après la naissance d'un deuxième enfant, elle fait une fausse couche, un événement qui la traumatise. Le couple parfait en apparence traverse une crise grave. La raison du naufrage est double : Ted ne supporte plus les troubles bipolaires de son épouse et il s'est entiché d'une jeune femme mariée à un ami poète. Sylvia brûle les lettres et les manuscrits de son mari. Commence alors la période la plus noire, mais aussi la plus productive de sa vie.

Elle s'installe à Londres avec ses deux enfants dans la maison naguère habitée par un poète irlandais, William Butler Yeats, ce qui la réjouit. Mais l'hiver 1962-1963 est glacial, désespérant, et elle n'a plus d'argent.

Le 11 février, désespérée, elle se tue en mettant la tête dans sa cuisinière à gaz. Ses enfants se trouvent à l'étage du dessus et ne s'aperçoivent de rien. Elle leur a même préparé un petit déjeuner pour leur réveil...

Sa famille ne se remettra jamais du suicide de celle qui a décidé de partir trop tôt. Sa mère est désespérée. Ted Hughes se sent coupable de l'avoir délaissée. Son fils, Nicholas, sera dépressif toute sa vie. Il se suicidera en 2009 à l'âge de quarante-sept ans.

Mais la gloire de Sylvia Plath ne s'arrête pas à sa mort. Comme John Kennedy Toole, elle reçoit le prix Pulitzer (de la poésie) à titre posthume en 1982 pour une anthologie de ses œuvres.

Il est des admirateurs pour considérer que Ted Hughes a empêché la publication de certains de ses textes, mais personne ne peut en jurer. Devenu célèbre, il parle de celle qu'il a aimée dans son dernier recueil de poèmes, *Birthday Letters*, publié en 1998 : il rend hommage à son ancienne femme et tente de comprendre pourquoi elle s'est donné la mort. Tout suicide restant un mystère insondable, il est impossible de dire si quelqu'un est responsable et ce qui aurait dû être fait pour l'empêcher. La poétesse Sylvia Plath est partie avec son mystère. Il reste d'elle quelques-uns des plus beaux poèmes anglais de l'après-guerre.

Edgar Poe

Whisky, fantastique et désespoir

1809-1849

Tous les ingrédients de l'écrivain maudit sont réunis. Edgar Allan Poe perd son père et sa mère dans sa petite enfance. Adulte, c'est un alcoolique compulsif. Après avoir vécu un amour tragique avec une femme tuberculeuse, il disparaît à l'âge de quarante ans. Malgré une vie chaotique et une mort prématurée, il a laissé une œuvre considérable – poèmes noirs, romans noirs, contes noirs – qui a marqué la littérature moderne.

La vie commence très mal pour le jeune Edgar. Ses parents sont des acteurs ambulants et faméliques qui meurent l'un après l'autre alors que l'enfant n'a pas trois ans. Sa sœur est handicapée mentale et son frère tuberculeux. Adopté par un négociant de tabac, John Allan, qui lui donne son second prénom, il est ballotté d'une ville à l'autre, d'un pays à l'autre : Boston, Écosse, Londres. De retour aux États-Unis, il suit une brillante scolarité à l'université de Virginie, mais c'est un joueur compulsif qui s'endette. Son père adoptif, avare, refuse de lui porter secours.

Edgar s'installe un temps à Boston où, après avoir envisagé de devenir militaire, il décide d'embrasser une carrière d'écrivain.

Désargenté, il s'en va vivre chez une tante, Maria Clemm, à Baltimore, où sévit une terrible épidémie de choléra. Il échappe de peu à la mort, cet épisode le traumatise. Il commence à écrire dans des revues. L'une de ses premières nouvelles est une satire des récits de voyage : *Manuscrit trouvé dans une bouteille.*

John Allan meurt en 1834 sans laisser d'héritage à son fils adoptif qui se marie avec Virginia, la fille de Maria, une cousine âgée de treize ans. Il devient critique dans divers journaux où il publie des récits, dont *Double Assassinat dans la rue Morgue* dans lequel apparaît pour la première fois Auguste Dupin, le détective qui voit tout, qui devine tout, ancêtre de Sherlock Holmes et d'Hercule Poirot.

Je voudrais parler ici d'un de ses chefs-d'œuvre, *Les Aventures d'Arthur Gordon Pym*, publié en 1838. L'histoire, exubérante et baroque, est formidable. Elle raconte les aventures maritimes, invraisemblables et énigmatiques d'un homme dans l'océan austral. Charles Baudelaire, d'abord réticent, traduira ce roman avec passion. L'*incipit* à lui seul est grandiose :

> Aventures d'Arthur Gordon Pym de Nantucket contenant les détails d'une révolte et d'un affreux massacre à bord du brick américain le *Grampus*, faisant route vers les mers du Sud, en juin 1827 ; plus, l'histoire de la reprise du navire par les survivants : leur naufrage et leurs horribles souffrances par suite de la famine ; leur délivrance par la goélette anglaise la *Jane Guy* ; courte exploration de ce navire dans l'océan Antarctique ; prise de la goélette et massacre de l'équipage dans un groupe d'îles au quatre-vingt-quatrième parallèle de latitude sud ; conjointement, les incroyables aventures et découvertes dans l'extrême Sud dont ce déplorable désastre a été l'origine.

À bord de plusieurs bateaux, le héros vogue d'aventure en aventure à proximité de l'Antarctique, affrontant les dangers les plus fous. Le livre est un formidable roman maritime. Pourtant, au fil des pages, on s'éloigne du réel pour dériver vers un univers onirique fascinant. Autour de l'île Tsalal, l'eau est veinée de couleur rouge. Plus loin, vers les mers du Sud, les flots prennent une couleur laiteuse, tandis que des cendres pleuvent sur le navire en perdition. Puis un brouillard épais et blanchâtre s'installe… De gigantesques oiseaux poussent des cris énigmatiques, « Tekeli-li… Tekeli-li ». Quel est le sens de leur message ? Un ciel qui s'assombrit, une immense cataracte, et sous elle, une silhouette blanche voilée aux dimensions colossales… Et à la fin du roman, une énigme : « J'ai gravé cela dans la roche, et ma vengeance est écrite dans la poussière du rocher. » Ce récit somptueux qui garde sa part de mystère a inspiré de nombreux écrivains : Jules Verne (qui, avec *Le Sphinx des glaces* en a écrit une suite), Howard Phillips Lovecraft, Michel Bernanos… Jorge Luis Borges, Gaston Bachelard seront fascinés par cette épopée. La psychanalyste Marie Bonaparte étudiera ce texte et y verra le désir éperdu d'Edgar Poe de retrouver le ventre maternel pour s'y bercer dans la chaleur du liquide amniotique. Peut-on jamais mettre au jour les secrets et les ressorts d'une œuvre ?

Mais le génie n'empêche ni l'alcoolisme ni la dépression. Poe considère que l'alcool exacerbe son imagination. De préférence le gin et le whisky. Il écrit, il boit. Plus il écrit, plus il boit. Plus il boit, plus il écrit. À quoi bon s'arrêter ? Il sait que son talent est immense, le public est enthousiaste, mais s'il ne boit pas, il n'arrive plus à écrire. Il hante les tripots, observe ses frères humains à travers une brume éthylique. Les crises de delirium tremens se succèdent. Cela ne l'empêche pas de produire des chefs-d'œuvre comme, en 1839, *La Chute de la maison Usher* qui raconte de façon magistrale la décadence d'une famille en même temps que se fissure la demeure qui l'abrite. Le « Palais hanté », l'inceste, la folie, le vampirisme, le double, la mort ou l'enterrement vivant enchantent ce récit au charme vénéneux qui a régulièrement inspiré le cinéma et l'opéra.

Poe aimerait gagner davantage d'argent pour lancer sa propre revue, mais il n'y parvient pas. À partir de 1845, il publie ses plus grands textes : *Le Scarabée d'or, Le Chat noir, Le Corbeau.* Il devient célèbre, on parle même de lui en Angleterre, le pays où il a vécu enfant. Son texte le plus connu à défaut d'être le meilleur, *La Lettre volée*, fait de lui l'un des précurseurs du roman policier. Pendant quelque temps, il est propriétaire de son propre journal, mais l'aventure est éphémère à cause de l'alcool. Toujours l'alcool. L'alcool le tue à petit feu.

Sa jeune femme souffre de tuberculose, il est désespéré, il tente de la soigner, de l'aider, de la réconforter, sans succès. Ses contes deviennent de plus en plus fantastiques, de plus en plus noirs, de plus en plus pessimistes. Virginia meurt en 1847. Rien n'a pu la sauver.

Edgar est envahi par un pessimisme insondable, il se soûle, il est victime de crises de panique. En juin 1848, il tente de mettre fin à ses jours en ingurgitant du poison. Il se rate. Dix-huit mois plus tard, on le retrouve sans connaissance dans un caniveau de Baltimore. Nouvelle tentative de suicide ? Coma éthylique ? Accident ? On ne sait. À l'hôpital, aucun médecin n'arrive à le ranimer. Il reste inconscient quatre jours avant de mourir le 7 octobre 1849. Il vient à peine d'avoir quarante ans.

En France, il est découvert après sa mort par Charles Baudelaire qui devient le traducteur de son œuvre trempée dans la noirceur et le mystère de l'existence. Poe, écrivain du fantastique et inventeur du roman policier, par sa vie, par ses textes, est une légende noire, énigmatique, sublime. J'aimerais ici saluer l'immense Edgar Allan Poe en citant la fin de l'énigmatique poème en prose *Le Corbeau* dont les pages sont parmi les plus sombres et les plus belles de la littérature :

Et le corbeau, sans voleter, siège encore – siège encore sur le buste pallide de Pallas, juste au-dessus de la porte de ma chambre, et ses yeux ont toute la semblance des yeux d'un démon qui rêve, et la lumière de la lampe, ruisselant sur lui, projette son ombre à terre : et mon âme de cette ombre qui gît flottante à terre, ne s'élèvera – jamais plus !

Ce texte a une telle puissance narrative, une telle force d'évocation, un tel mystère, qu'à la suite de Baudelaire, Stéphane Mallarmé eut à cœur, lui aussi, d'en faire une traduction qu'il publia en 1875 chez Richard Lesclide dans une magnifique édition avec des illustrations d'Édouard Manet.

« Never more ! » Jamais plus, ne cesse de répéter le grand corbeau noir à l'homme qui a perdu Lenore, la femme qu'il aimait. *Never more*. Aucun espoir.

Le début de la chanson de Serge Gainsbourg *Initials BB* (sur une mélodie elle-même inspirée de la symphonie numéro 9 de Dvořák) rend hommage à l'ouverture du *Corbeau* de Poe : « Une nuit que j'étais à me morfondre… » Ce texte composé à Londres en 1968 était un cadeau d'adieu à Brigitte Bardot, à la fin de leur histoire d'amour. L'Homme à tête de chou, Lucien Ginsburg dit Gainsbourg puis Ginsbarre, n'était-il pas lui aussi, malgré le succès et la beauté de sa poésie décadente, un poète maudit ? Ivre sur les plateaux de télévision, profondément désespéré, il s'inscrivait, pour son malheur, dans la lignée de Baudelaire et de Poe.

L'influence d'Edgar Poe sur la littérature mondiale est grande. L'écrivain américain Wystan Hugh Auden était convaincu que « ses portraits d'états anormaux ou autodestructeurs favorisèrent nettement Dostoïevski ». Il est vrai que le cauchemar d'Ivan Karamazov (la figure du diable) ne dépareillerait pas dans un recueil de contes fantastiques de l'écrivain américain.

Dostoïevski, Baudelaire, Poe… une arborescence de génies nés sous le signe du corbeau.

Jean Prévost

Martyr de la Résistance

1901-1944

Jean Prévost, écrivain trop méconnu, est l'un des grands héros de la Résistance dans le Vercors. Il a tenu tête aux Allemands pendant des semaines avant d'être abattu à la mitrailleuse.

En 1924, ce brillant normalien, disciple du philosophe Alain, devient l'un des jeunes collaborateurs de Jacques Rivière à *La Nouvelle Revue française*. Dans *Plaisir des sports*, son premier livre, il vante les mérites des exercices physiques, alors peu à la mode, en affirmant qu'ils ont changé sa vie. Cet athlète se lie d'amitié avec Saint-Exupéry qui, triste hasard, mourra quelques heures avant lui dans un accident d'avion. En 1930, son roman, *Les Frères Bouquinquant*, rate de peu le Goncourt. Dès lors, à moins de trente ans, il est reconnu par les cercles littéraires parisiens.

Son destin bascule en 1939 au moment de la déclaration de guerre, un cataclysme dans une existence d'auteur fragile et sensible. La guerre transforme sa vie en destin. Après avoir divorcé, il se marie avec Claude Van Biema, médecin de confession juive. Il prend conscience du danger effrayant du nazisme. Pour sauver son épouse restée à Paris après la défaite, il lui fait gagner la zone sud.

En 1942, il entre dans la Résistance. Il adhère au Comité national des écrivains fondé par Aragon et collabore au journal clandestin *Les Étoiles*. En pleine tragédie, il obtient le Grand Prix de littérature de l'Académie française. Ami du célèbre alpiniste Pierre Dalloz, il prépare avec lui un plan audacieux, le projet Montagnards, pour occuper la forteresse naturelle du Vercors cerné de falaises. Avec d'autres irréductibles et l'accord des plus hautes autorités de la France libre, ils créent le plus grand maquis de la guerre.

En 1943, la bataille commence. Les maquisards prennent possession de l'énorme plateau de calcaire percé de gorges, de gouffres et de grottes. Ils créent la république libre du Vercors, embryon d'une nation libérée de la barbarie. Dans un premier temps, les Allemands sont défaits mais leur cruelle contre-attaque s'organise. Les résistants attendent des renforts alliés qui ne viendront jamais et, en juillet 1944, ce sont des planeurs allemands qui descendent du ciel. Commence alors un effroyable bain de sang : des centaines de résistants et de civils sont massacrés.

Jean Prévost, dont le nom de résistant est « capitaine Goderville », se réfugie quelque temps dans la grotte dite des Fées avec plusieurs compagnons, mais au bout de plusieurs jours ils n'ont plus rien à manger. Pensant que les nazis ont décampé, ils quittent leur cachette et pénètrent dans des gorges profondes près du village d'Engins. À l'aube du 1er août, ils sont surpris par une unité allemande qui les déchiquette à la mitrailleuse sans sommation. Cinq corps éclaboussés de sang gisent sous le soleil de l'été. L'écrivain qui combattait le jour et écrivait la nuit n'a que quarante-trois ans.

Au moment de son assassinat, sur sa machine à écrire portative, il rédigeait un essai consacré à Charles Baudelaire, un poète qui le subjuguait.

Jérôme Garcin, dans un livre inspiré intitulé *Pour Jean Prévost*, a rendu un bel hommage à cet écrivain héros de la Résistance. « L'encyclopédisme de Prévost, écrit-il, n'est pas une façon de paraître, mais une manière d'être. Il veut savoir, pour se connaître. Il lui importe moins d'améliorer sa phrase que lui-même. C'est ce qu'il aime tant chez Stendhal, son modèle [...] Prévost ne conçoit pas qu'on puisse réussir son œuvre sans réussir sa vie. » J'aime comme lui l'esprit encyclopédique de cet écrivain doué. J'ai dans ma bibliothèque nombre de ses essais littéraires que j'ai lus et relus. Je conseille, à ceux qui veulent découvrir Prévost, sa *Vie de Montaigne* et son brillant essai sur *La Création chez Stendhal*, sur le métier d'écrire et la psychologie de l'écrivain.

Raymond Radiguet

Le météore et la grâce

1903-1923

Éphémère, génial, scandaleux, précoce, provocateur, révolté, cultivé, foudroyé. Les qualificatifs ne manquent pas pour définir Raymond Radiguet, mort avant d'avoir vécu, à vingt ans.

Curieusement, ce n'est pas un bon élève. Il est trop dissipé, trop libre. Fils d'un caricaturiste, il fréquente l'école de manière sporadique. Il passe ses journées dans la bibliothèque familiale où il découvre Proust, Stendhal, Rimbaud, Verlaine, Mallarmé, Lautréamont.

À quatorze ans, le jeune homme à la libido débordante rencontre une certaine Alice, jeune femme dont le fiancé, Gaston, combat vaillamment sur le front. Elle habite Saint-Maur, juste à côté du domicile familial de Raymond. La liaison est torride, à un âge où, dans ces beaux quartiers, on suit pieusement les cours de catéchisme. Ils couchent ensemble pendant un an. Cette liaison scandaleuse sera mise en scène dans *Le Diable au corps*.

À quinze ans, Radiguet abandonne les bancs du lycée. Il se lance dans le journalisme, animé d'une ardeur sans pareille. Il a trouvé la porte d'entrée du monde des adultes : les dessins de son père, qu'il apporte dans un carton au quotidien *L'Intransigeant*. Sa jeunesse, sa précocité, son talent, sa beauté, son audace fascinent. Il rencontre le rédacteur en chef André Salmon à qui il soumet ses premiers poèmes. On aurait pu rire de lui et le renvoyer dans les jupons de sa mère. Bien au contraire, on l'adoube comme un nouveau Rimbaud. Il fréquente Reverdy, Jacob, Aragon, Breton, Apollinaire, Picasso, Modigliani, Milhaud, Poulenc, Honegger. Tandis que ses copains de lycée préparent le baccalauréat, le jeune poète se lie d'amitié avec des écrivains, des peintres, des musiciens. En 1915, *Le Canard enchaîné* publie son tout premier numéro. Sous le pseudonyme de Rajky, il en est l'un des premiers rédacteurs.

À la fin de la Grande Guerre, il rencontre Jean Cocteau lors d'un hommage à Guillaume Apollinaire qui vient de mourir. Coup de foudre réciproque. Raymond a quinze ans, Jean deux fois plus. La relation est fusionnelle, passionnée, amoureuse. Ont-ils été amants ? On l'ignore, mais quelle importance ? Cocteau est fasciné par les poèmes de l'adolescent et par sa personnalité flamboyante. Il l'aide à publier ses textes dans des revues d'avant-garde. Raymond et Jean vivent ensemble. Ils deviennent inséparables, enchaînés l'un à l'autre, fous d'ivresse et de passion l'un pour l'autre. Ils créent une revue, *Le Coq*, à laquelle participent Paul Morand et Tristan Tzara. Le rêve d'un monde idéal, de poésie, éclôt dans leurs mains juvéniles. Si la nature exacte de la relation entre Cocteau et Radiguet reste un mystère, on sait que le second a multiplié les liaisons féminines. Il aimait Jean mais il aimait aussi des dames plus âgées que lui. Sa personnalité – l'ami intime d'un homme, l'amant de femmes – échappe à toutes les définitions, à toutes les normes. Radiguet dort peu, il écrit, il fait l'amour. Sa créativité et sa sexualité sont débordantes.

À dix-neuf ans – à seulement dix-neuf ans – il considère sa vie de débauché compulsif comme désordonnée et brouillonne. Il cherche à mettre de l'ordre dans ce chaos.

Il achève l'écriture du *Diable au corps* dans une maison de campagne qu'il partage avec Cocteau. Ce dernier l'a-t-il aidé ? La prose du jeune homme est celle d'un écrivain accompli : « Quand elle dormait ainsi, sa tête appuyée contre un de mes bras, je me penchais sur elle pour voir son visage entouré de flammes. C'était jouer avec le feu. Un jour que je m'approchais trop sans pourtant que mon visage touchât le sien, je fus comme l'aiguille qui dépasse d'un millimètre la zone interdite et appartient à l'aimant. Est-ce la faute de l'aimant ou de l'aiguille ? C'est ainsi que je sentis mes lèvres contre les siennes. Elle fermait encore les yeux, mais visiblement comme quelqu'un qui ne dort pas. Je l'embrassai, stupéfait de mon audace, alors qu'en réalité c'était elle qui, lorsque j'approchais de son visage avait attiré ma tête contre sa bouche. »

L'éditeur Bernard Grasset lance *Le Diable au corps* comme un savon Cadum – l'expression est de Radiguet – avec des moyens de marketing modernes – affiches, réclames sur les écrans de cinéma – et des slogans qui font mouche : « Le premier livre d'un romancier de dix-sept ans », « Le plus jeune romancier de France ». Le jour de la sortie, il couche ces mots dans *Les Nouvelles littéraires* : « Ce petit roman d'amour n'est pas une confession [...]. On y voit la liberté, le désœuvrement, dus à la guerre, façonner un jeune homme et tuer une jeune femme [...]. Le roman exigeant un relief qui se trouve rarement dans la vie, il est naturel que ce soit justement une fausse biographie qui semble la plus vraie. » La critique se méfie de ce tapage médiatique – le premier de l'histoire littéraire – mais lorsque le texte est lu, dévoré, elle se prosterne. Le roman de l'ange est un beau et grand livre. Radiguet est félicité par Max Jacob et Paul Valéry. *Le Diable au corps* est un triomphe commercial. Plus de cent mille exemplaires vendus en trois mois.

Toujours aussi pressé et combatif, Radiguet écrit son second et dernier roman, *Le Bal du comte d'Orgel*, dans une villa du Lavandou où il habite avec Cocteau. Il n'assistera pas à sa publication. Le

12 décembre 1923, il est emporté par une fièvre typhoïde après plusieurs jours de prostration, d'abattement et de délire. Selon Cocteau qui l'a veillé jusqu'à la dernière seconde, il aurait déclaré avant de mourir : « J'ai peur, dans trois jours je serai fusillé par les soldats de Dieu. » Il a vingt ans. Foudroyé en plein triomphe, en pleine jeunesse. L'écrivain japonais Mishima, qui aurait lui aussi mérité de se retrouver parmi mes écrivains maudits, consacrera une magnifique nouvelle à cet événement révoltant : *La Mort de Radiguet.*

Jean Cocteau est anéanti par sa disparition. Il n'a même pas la force d'assister à l'enterrement de celui qu'il aime. Pendant plusieurs années, il sombre dans le désespoir et s'intoxique à l'opium.

Que serait devenu Radiguet s'il avait vécu plus longtemps ? L'un des grands écrivains du siècle ? Ou un simple feu de paille ?

En hommage à ce météore qui me fascinait, je signais mes premiers poèmes et mes premiers articles de ce pseudonyme : Alexis d'Orgel.

Pierre Reverdy

Pauvre, surréaliste et mystique

1889-1960

Poète surréaliste abandonné par ses parents à la naissance, Pierre Reverdy traverse des périodes de très grande pauvreté. À trente-sept ans, cet homme libre choisit Dieu et se retire à l'abbaye de Solesmes jusqu'à sa mort.

Né à Narbonne de père et de mère inconnus, il passe son enfance et son adolescence sans savoir qui l'a mis au monde. Histoire très étrange : sa mère est mariée à un Argentin et ne reconnaît son fils qu'à la mort de ce dernier. À vingt-deux ans, Pierre découvre enfin l'identité de ses parents. Au même moment, il s'installe à Paris. À Montmartre, il rencontre des artistes : Apollinaire, Breton, Jacob, Aragon, Soupault, Tzara. Le surréalisme est en germe tandis que l'Europe s'apprête à basculer dans l'horreur de la Grande Guerre. Il lance la revue *Nord-Sud*, du nom de la ligne de métro reliant Montmartre à Montparnasse – aujourd'hui ligne 12 –, censée réconcilier les surréalistes et les dadaïstes qui hantent ces deux quartiers.

Après l'Armistice, il se lie d'amitié avec les plus grands peintres du siècle : Picasso, Braque, Matisse. Leurs couleurs, leurs motifs, leur lumière inspireront son œuvre. Le surréalisme bouscule les idées convenues, Reverdy prône une poésie nouvelle, détachée de tous les conformismes. Malgré une œuvre peu lue, il est l'un des théoriciens du mouvement. Selon Aragon, il incarne « toute la pureté pour nous du monde. Notre immédiat aîné, le poète exemplaire. »

Mais le révolutionnaire des mots, père d'une école littéraire qui s'acoquinera avec le communisme stalinien, a soif d'une autre condition. Il cherche un idéal plus grand que la seule poésie. Destin singulier que celui de cet homme qui, à trente-sept ans, se tourne vers Dieu après l'avoir fui. Les surréalistes sont sidérés, ils ne comprennent pas que le maître des mots et des élans infinis entre en religion. Il n'est pourtant pas le seul à être illuminé par la grâce. Au même moment, Max Jacob séjourne à Saint-Benoît-sur-Loire. Pierre, lui, entre à l'abbaye de Solesmes, dans le Maine, ou plutôt dans une petite maison adjacente. Il reste là, écrivant les plus beaux poèmes de sa vie, jusqu'à sa mort en 1960. Les recueils, dont certains sont illustrés par Pablo Picasso ou Georges Braque, ont des titres qui frappent : *Le Chant des morts, Une aventure méthodique, Cette émotion appelée poésie, La Liberté des mers.* Le surréaliste athée est devenu contemplateur de Dieu, voilà qui fait de lui un écrivain à part dans l'histoire de la littérature.

Dans *Tard dans la vie*, il écrit ces mots définitifs, métaphore de son existence surprenante :

Je suis dur
Je suis tendre
Et j'ai perdu mon temps
À rêver sans dormir
Partout où j'ai passé
J'ai trouvé mon absence
Je ne suis nulle part
Excepté le néant

Mais je porte accroché au plus haut des entrailles
À la place où la foudre a frappé trop souvent
Un cœur où chaque mot a laissé son entaille
Et d'où ma vie s'égoutte au moindre mouvement

Jacques Rigaut

Un revolver pour livre de chevet

1898-1929

Issu d'une famille bourgeoise du 7ᵉ arrondissement de Paris, il est le fils d'un des dirigeants du Bon Marché. Rien n'annonce le destin tragique de Jacques Rigaut, mort en se tirant une balle dans la tête.

Scolarité d'abord brillante, puis médiocre. Passionné de littérature, c'est un paria au milieu des enfants de la bonne société parisienne. En 1916, il s'engage dans l'armée et part sur le front de Lorraine où il reste soldat jusqu'à la fin de l'année 1919. À son retour à Paris, il rencontre plusieurs écrivains. Drieu La Rochelle l'admire et fait de lui le personnage principal de trois de ses romans : *La Valise vide, Feu follet, L'Adieu à Gonzague.* Rigaut est attiré par le mouvement dada qui inspire ses premiers textes fragmentaires et hallucinés. Le jeune adulte continue à vivre confortablement dans l'appartement bourgeois de ses parents. Il mène une vie de dandy, plonge à corps perdu dans l'illusion des plaisirs éphémères : opium, cocaïne, héroïne.

Paris l'ennuie. Il s'enfuit à New York avec Gladys Barber, une jeune et riche Américaine, qu'il épouse. Il espère des jours meilleurs, mais Gladys est effrayée par sa toxicomanie et le quitte avec fracas. Dès lors, le feu follet déchu erre dans Manhattan. Mourant de faim et de désespoir, il rentre à Paris où il est hébergé dans une maison mise à sa disposition par l'artiste surréaliste Paul Chadourne. Il essaie de sortir de l'enfer de la drogue grâce à des cures de désintoxication, en vain.

Après avoir proclamé que son livre de chevet était un revolver, il se suicide le 6 novembre 1929 d'une balle en plein cœur dans la maison de santé de La Vallée-aux-Loups à Châtenay-Malabry, à l'endroit même où Chateaubriand a écrit une partie des *Memoires d'outre-tombe.*

Son existence décousue, chaotique, sa mort tragique à trente ans est mise en scène dans un livre publié à titre posthume : *Agence générale du suicide* que Jean-Jacques Pauvert, infatiguable éditeur de textes imprégnés de soufre, publiera des années plus tard. Cet ouvrage provocateur, marqué d'humour noir, décrit une entreprise qui aide les gens à se tuer. Le style est enflammé, sarcastique, désespéré, comme en témoigne cet extrait du prologue :

AGENCE GÉNÉRALE DU SUICIDE

Société reconnue d'utilité publique.
Capital : 5 000 000 de francs.
Siège principal à Paris : 73, boulevard Montparnasse.
Succursales à Lyon, Bordeaux, Marseille, Dublin,
Monte-Carlo, San Francisco.

Grâce à des dispositifs modernes, l'AGS est heureuse d'annoncer à ses clients qu'elle leur procure une mort assurée et immédiate, ce qui ne manquera pas de séduire ceux qui ont été détournés du suicide par la crainte de "se rater".

C'est en pensant à l'élimination des désespérés, élément de contamination redoutable dans une société, que M. le ministre de l'Intérieur a bien voulu honorer notre Établissement de sa présidence d'honneur.

Arthur Rimbaud

Le poète aux semelles de vent

1854-1891

Mon idole ! Et celle de tant de jeunes gens de toutes générations… L'adolescent poète, génie de la littérature, est une légende et un mystère. Cas unique dans l'histoire des lettres françaises, il met fin à sa carrière au moment où sa vie d'adulte commence. Qui peut rester insensible à *Voyelles* ! « O l'Omega, rayon violet de Ses Yeux ! » Rimbaud n'a pas révolutionné la poésie : il l'a réinventée. Il n'a pas dix-sept ans quand il écrit : « Je dis qu'il faut être voyant, se faire voyant. Le poète se fait voyant par un long, immense et raisonné dérèglement de tous les sens. »

Tout est mythique dans cette existence très courte. Il naît à Charleville-Mézières, une ville de garnison, fils d'un capitaine d'infanterie qui quitte sa femme alors que l'enfant a six ans. Arthur vit avec sa mère Vitalie, qu'il appelle la « bouche d'ombre », son frère et ses deux sœurs. Rien ne le prédispose à devenir poète. Le mode de vie familial est petit-bourgeois, étouffant. On ne s'intéresse pas à la poésie. Et pourtant, Arthur, le fils cadet, devient dès la puberté un adolescent à la créativité inouïe. L'élève surdoué collectionne les prix d'excellence. Il écrit des poèmes en latin et en français. Il se sent à l'étroit dans cette existence confinée et provinciale. Contrairement à Mozart, autre génie précoce, il est issu d'une famille insensible à son talent.

Arthur a quinze ans. Il se prend d'affection pour son jeune professeur de rhétorique, Georges Izambard, qui lui prête des livres et l'encourage à écrire. Il compose ses premiers grands poèmes. C'est déjà un être à part, étranger aux siens. Il écrit à Théodore de Banville, chef de file des Parnassiens, à qui il confie, parodiant la célèbre phrase de Victor Hugo (« Je veux être Chateaubriand ou rien. ») : « Je veux être parnassien ou rien. » Il ne sera jamais parnassien, il sera Arthur Rimbaud, l'un des génies du siècle.

Août 1870. Les armées françaises marchent vers Sedan qui sera leur tombeau. Dans les Ardennes, l'ambiance est apocalyptique. Arthur séjourne dans la ferme familiale, à Roche, à quelques lieues du champ de bataille où se joue le destin de la France et de l'Europe. Au loin tonne le canon.

Sur un coup de tête, l'adolescent fugue à Paris. L'aventure tourne court. Il n'a pas payé son billet de train et il est emprisonné quelques jours. À sa sortie, Izambard l'héberge à Douai en pleine débâcle militaire alors que le Second Empire s'effondre et que le pays est à l'agonie. Des armées étrangères marchent sur Paris, provoquant la stupeur de la population. Quand Arthur rentre à Charleville, sa mère le gifle. Elle est abasourdie. Comment l'élève modèle en est-il arrivé là ? Qu'importent les réactions de celle qu'il surnomme la « mother », Rimbaud vivra son destin comme il l'entend. L'enfant sage est devenu un adolescent incontrôlable et provocateur.

Dès lors, il multiplie les fugues. Sa mère est dépassée. Le monde ancien s'écroule. Il veut retourner à Paris, mais Paris est assiégé par les Prussiens. Pendant la Commune qui l'exalte, il écrit une lettre à l'écrivain Paul Demeny, appelée la « lettre du

Voyant », un combat politique et poétique : « *Je* est un autre. Si le cuivre s'éveille clairon, il n'y a rien de sa faute. » Il compose ses premiers grands poèmes dont le plus célèbre, *Le Bateau ivre*, est la métaphore du jeune homme.

Le voyage qui bouleverse sa vie a lieu en septembre 1871. Depuis quelques semaines, il échange des lettres et des poèmes avec un certain Paul Verlaine, écrivain reconnu, qui l'invite : « Venez, chère grande âme, on vous appelle, on vous attend ! » Rimbaud n'a pas dix-sept ans. Verlaine en a dix de plus. Il vient de se marier avec Mathilde Mauté de Fleurville enceinte de huit mois. L'arrivée de Rimbaud dans le cocon douillet provoque un cataclysme. Le coup de foudre entre les deux poètes est réciproque : Verlaine a trouvé un élève idéal, l'adolescent se sent enfin reconnu. Les manuels de littérature ne racontent pas comment a débuté cette idylle où sexe et poésie sont intimement liés.

Rimbaud est d'une beauté à couper le souffle : « L'homme était grand, bien bâti, presque athlétique, au visage parfaitement ovale d'ange en exil, avec des cheveux châtain clair mal en ordre et des yeux d'un bleu pâle inquiétant », écrit Verlaine. Celui-ci a un physique ingrat, mais qu'importe. Ils deviennent amoureux l'un de l'autre. Ils ne s'en cachent pas. Leur sexualité est débridée. Ils boivent ensemble. Ils écrivent ensemble. Ils dorment ensemble. Ce sont les amants maudits. Verlaine est bien désolé, mais il délaisse Mathilde qui va accoucher. Un couple à trois est impossible. Et d'ailleurs, il ne désire plus Mathilde, il n'y peut rien, c'est comme ça.

Cette liaison choque la bonne bourgeoisie parisienne, d'autant qu'un des amants est mineur et l'autre marié. Moins d'un an plus tard, ils quittent Paris sous les quolibets. Leur passion est poétique, incandescente, irrépressible. Parfois paisible, elle devient violente quand ils ont bu. Ils partent à Londres, puis en Belgique. Ils s'adorent, ils se détestent. L'amour ne dure pas.

Au cours de cette relation fusionnelle qui provoque le scandale, Rimbaud écrit une grande partie de son œuvre. Aurait-elle existé s'il n'avait pas vécu sans cette aventure hors norme ?

Quelques-uns de ses poèmes resteront pour toujours gravés dans ma mémoire. Ils sont trop nombreux pour être cités.

En juillet 1873, à Bruxelles, Rimbaud annonce à son amant que leur histoire d'amour, moins de deux ans après son prélude, est terminée. Verlaine est soûl, désespéré. Il tire sur le garçon qu'il aime et le blesse au poignet. Il est arrêté, jugé, incarcéré à la prison de Mons pendant dix-huit mois.

L'adolescent retourne dans la ferme de Roche où il s'enferme pour écrire *Une saison en enfer*. Il fait ses adieux à la littérature. Il n'a pas vingt ans. Sa carrière de poète est terminée.

Entre le premier voyage à Paris et *Une saison en enfer*, trois ans. Un siècle. Le siècle de Rimbaud. Trois ans d'errance, de sexe, de beuveries, d'illuminations, de création poétique. Le rideau tombe sur le bateau ivre. La tempête est terminée. À l'âge où la plupart des écrivains n'ont pas écrit une seule ligne, Arthur Rimbaud claque avec fracas la porte de la littérature.

Il est l'homme de tous les superlatifs. Enfant prodige. Collectionneur de prix d'excellence. Latiniste surdoué. Fugueur compulsif. Adolescent précoce. Voyant explosif. Provocateur extraverti. Visionnaire rongé d'impatience. Poète de génie. Voyou enragé. Pornographe débridé. Alcoolique sans limite. Idéaliste absolu.

Une nouvelle période de dérèglement des sens commence, celle de la fuite éperdue, de l'errance à travers le monde. Y a-t-il des points communs entre l'adolescent et l'adulte ? Rimbaud est un poète mais surtout un homme libre, un aventurier, un marginal, un paria. Il est l'homme du refus. Il refuse ce qui dure. Il refuse la vie provinciale et les idées bourgeoises. Il refuse d'être enfermé. La poésie l'a extirpé de sa prison pendant quelques années, mais désormais, elle ne suffit plus. Et puis les paysages infinis, les déserts écrasés de chaleur, n'est-ce pas une autre forme de poésie ?

A-t-il cherché à fuir symboliquement une homosexualité qu'au fond il réprouvait à cause de son éducation catholique, comme certains biographes le subodorent ? Pressentait-il qu'il n'avait pas sa place dans la société bourgeoise et étouffante de la fin du XIXe siècle ? Cette hypothèse n'est pas absurde, mais aucun élément factuel, aucun texte ne permet de l'étayer. Rimbaud est-il à la recherche de la « clarté divine », de l'absolu, comme le suggère *Une saison en enfer* ? Impossible de répondre là encore. Était-il un « mystique sauvage », comme Paul Claudel, l'un de ses admirateurs, l'a affirmé par la suite ?

Avant de disparaître, aidé par son ami le poète Germain Nouveau, il s'occupe mollement de relire son œuvre et de la compléter en vue d'une éventuelle publication, mais le cœur n'y est pas. Les grands espaces l'appellent. Sans argent, il part en Allemagne apprendre l'allemand, en Italie apprendre l'italien. Verlaine demande des nouvelles de lui à Ernest Delahaye, ils partageaient le même banc à l'école, à Charleville. Celui-ci répond : « Des vers de lui ? Il y a beau temps que sa verve est à plat. Je crois même qu'il ne se souvient plus du tout d'en avoir fait ».

Bien qu'ayant fui ses obligations militaires en France, Rimbaud s'engage dans l'armée des Pays-Bas pour six ans comme mercenaire chargé de mater une insurrection aux Indes néerlandaises. Le voyage en bateau dure plusieurs mois, et Rimbaud, qui exècre la discipline militaire, finit par déserter. Il se cache. Il retourne en Europe où il travaille quelque temps sur des bateaux britanniques. Rimbaud mercenaire, Rimbaud marin, qui aurait pu l'imaginer ? A-t-il eu des amis, des amants, des amantes ? A-t-il lu ? Personne ne sait. L'abondante correspondance qu'il échange avec ses proches est très factuelle. Elle n'a rien de poétique, rien d'intime. On dirait qu'un deuxième Rimbaud s'est substitué au premier. Le poète génial est devenu un banal rédacteur de lettres incolores destinées à sa famille et ses amis.

On a peine à suivre ses pérégrinations à travers l'Europe : Cork, Liverpool, Brême, Cologne, Hambourg, Stockholm, Copenhague. À une époque où l'on voyageait peu, ces déplacements ressemblent à une errance brouillonne et enragée. Cherche-t-il un idéal qui n'existe pas ? Danemark, Suède, Norvège, Italie. Il va même tenter de s'engager dans la marine américaine mais ça ne marche pas. De quoi vit-il ? Mendicité ? Prostitution ? Petits boulots ?

L'année 1878 marque le début de ses voyages en Méditerranée, puis en Afrique. Il a vingt-quatre ans. Il a déjà traversé plusieurs vies. Il devient ouvrier en bâtiment à Chypre, puis gagne l'Égypte où il travaille sur un nouveau chantier. Il s'en va toujours plus loin vers le sud, jusqu'à Aden, antichambre de la péninsule arabique, dernier port de la mer Rouge avant l'océan Indien. « Aden est un roc affreux, sans un seul brin d'herbe, ni une goutte d'eau bonne : on boit de l'eau distillée », écrit-il. Rimbaud rêve de partir pour Zanzibar…

À partir de 1880, il séjourne une première fois à Harar, dans une région éthiopienne colonisée par les Égyptiens, où il s'occupe de transporter des marchandises à travers les paysages brûlants de l'Afrique orientale. Harar est une cité fortifiée. Pour y arriver, vingt jours de cheval sont nécessaires à travers le désert somali. Soleil de plomb et poussière, risque permanent d'attaque du convoi caravanier par des bandes de pillards… Rimbaud retourne à Aden avant de regagner Harar où il devient trafiquant d'armes pour Ménélik, roi du Choa, région centrale de l'Éthiopie. Une image est restée dans les mémoires, celle d'un Rimbaud à la tête d'une caravane d'une cinquantaine de chameaux et d'une trentaine d'hommes armés sous une chaleur accablante dans le grand désert d'Abyssinie. Deux mois de marche épuisante.

Pendant ce temps, à Paris, Verlaine est hanté par son ancien amant. Ses poèmes continuent à l'émerveiller. Il veut les réunir en vue d'une publication. Rimbaud l'apprend, il n'en a cure. Grâce au trafic d'armes, il gagne un peu d'argent qu'il place dans une succursale du Crédit lyonnais. Il envisage de travailler à Madagascar ou à Zanzibar, plus loin, toujours plus loin. Il commence à sentir une douleur au genou droit, il en ignore la cause. Dans le milieu littéraire parisien, la disparition du poète génial et provocateur suscite bien des fantasmes. On le dit mort ou agonisant.

De 1888 à 1890, Rimbaud séjourne une dernière fois dans la région de Harar où il cherche à se lancer dans un commerce plus traditionnel que celui des armes : café, peaux de bêtes, cotonnades, ivoire, or, produits manufacturés. Il ouvre un comptoir à son nom mais il s'ennuie. Contrairement à ce qui a été affirmé ici ou là, il n'a jamais été trafiquant d'esclaves.

Son genou droit le fait souffrir atrocement. Un médecin lui conseille de se faire soigner en France. Le voyage du retour est épuisant. Le 20 mai 1891, il débarque à Marseille. Il écrit dans une lettre : « Me trouvant par trop faible à l'arrivée ici, et saisi par le froid, j'ai dû entrer ici à l'hôpital de la Conception [...]. Je suis très mal, très mal, je suis réduit à l'état de squelette par cette maladie de ma jambe droite, qui est devenue à présent énorme... » On diagnostique un cancer, il est amputé en urgence. Il marche avec des béquilles. Sa jambe de bois le torture, l'appel des origines devient pressant. Il se rend à Roche. Sa mère le veille. Il tombe de nouveau malade. Il retourne à l'hôpital de Marseille. Il envisage un nouveau départ pour le Harar. Il meurt le 10 novembre 1891 à l'âge de trente-sept ans. La veille, dans une ultime illumination, il a demandé à quel moment il pouvait être transporté à bord d'un navire en partance pour Suez.

Et là, je rajeunis : pour mes quatorze ans, mes parents m'ont offert un Vélosolex. Grâce à lui, j'ai pu franchir les quatre-vingt-dix kilomètres qui séparent Reims, ma ville natale, de Charleville, sa ville natale. C'était beaucoup plus long et beaucoup plus éprouvant que je ne l'avais imaginé, mais à l'arrivée, quelle émotion : la tombe de mon héros, couché, aux côtés de sa mère et de ses sœurs Vitalie – elle aussi – et Isabelle.

Plus tard, lors d'un voyage sur ses traces, en 2008, je l'ai retrouvé à Aden, à Harar, à Marseille où subsiste sur les murs de l'hôpital de la Conception cette plaque : « Ici, le 10 novembre 1891, revenant d'Aden, le poète Arthur Rimbaud rencontra la fin de son aventure terrestre. »

En relisant la correspondance du poète devenu aventurier, je suis frappé par la constance de son projet de voyage à Zanzibar. L'île aux épices et aux clous de girofle, avec ses magnifiques palais antiques aux portes sculptées, ses boutres à voile blanche portées par les alizés sur des eaux vert émeraude, devient une chimère, une quête existentielle. Il écrit : « Le monde est très grand et plein de contrées magnifiques que la vie de mille hommes ne suffirait pas à visiter. Déguerpir. Trouver mieux un peu plus loin. Je suis appelé à Zanzibar… » L'enfant de Charleville n'ira jamais à Zanzibar ; il ne connaîtra jamais le « rivage des Hommes noirs ». Il n'en n'aura pas le temps.

Arthur Rimbaud est le plus grand poète adolescent de l'Histoire. Et sans doute le plus grand poète tout court. Son existence est la plus difficile à cerner parmi celle des écrivains majeurs. Un génie précoce devenu trafiquant d'armes en Abyssinie, ce n'est pas chose banale. Le mystère Rimbaud n'a jamais été élucidé. L'« homme aux semelles de vent » – l'expression est de Verlaine – n'a été compris par personne. Même pas par lui.

Rutebeuf

Premier poète de la condition humaine

1230-1285

On connaît mal sa vie ensevelie dans le brouillard du Moyen Âge. A-t-il été clerc d'église, jongleur, artiste de rue ? Rompant avec la littérature galante, il est le premier à chanter les affres de la condition humaine.

Pour comprendre son existence, il faut imaginer l'époque qui est la sienne, le beau XIIIe siècle, le règne de Saint Louis, le chantier des grandes cathédrales gothiques – Chartres, Bourges, Amiens –, les croisades, le pouvoir de l'Église, la religiosité populaire, la misère des campagnes. Rutebeuf est un surnom dérivé de « rude bœuf », le bœuf puissant, animal des fabliaux, lesquels s'opposent à la poésie courtoise très en vogue à l'époque. Rutebeuf est combatif, massif, obstiné, populaire, il bouscule les idées convenues et les nobles traditions.

Sans doute originaire de Champagne qu'il évoque dans son œuvre, il habite à Paris, mais les seules traces de lui se trouvent dans ses poèmes. L'écrivain aurait été un ménestrel donnant des spectacles devant les grands de l'époque et sur les places publiques. Il sait mollement jongler. De nombreux textes évoquent cet art gracieux prisé par le peuple et la noblesse. Mais c'est un jongleur malheureux, peu habile. Dans ses textes, il rappelle à maintes reprises qu'il n'arrive pas à pratiquer un métier manuel. Les marchands, les soldats, les artisans, les sculpteurs sont doués de leurs mains, à une époque où les métiers intellectuels sont rares et déconsidérés, sauf si l'on fait partie du clergé. Rutebeuf appartient à un groupe déclassé, celui des gens qui ont fait des études. Faute de formation pratique, il n'a pu trouver un emploi digne de ce nom. Il est condamné à écrire, à jongler, à chanter.

Sa poésie raconte sa vie de ménestrel, qui joue de la musique devant un public plus ou moins noble, plus ou moins attentif, plus ou moins bienveillant. L'artiste est pauvre et triste, il boit plus que de raison, il se couche tard, il se lève tard, assommé par le vin. Soumis au rythme des saisons, il chante en été, il pleure en hiver.

Rutebeuf est passionné par le jeu, comme Dostoïevski et d'autres des siècles plus tard. Il joue, il gagne. Mais le plus souvent, il perd. Il est malheureux. Il est pauvre, il n'a rien à manger et à boire, alors il continue à chanter et à jongler de ville en ville, de château en château, sans connaître le repos.

La pauvreté est omniprésente dans l'œuvre de Rutebeuf. Ce thème obsessionnel, martelé comme une complainte, laisse penser que le poète a connu de très grandes difficultés matérielles. Il se compare au Job de l'Ancien Testament, symbole du dénuement total. Le poète est un paria, un clochard, les amis détournent la tête, ils s'en vont. Rutebeuf tombe malade, il devient borgne. Le pessimisme le gagne. Ses poèmes sont des litanies de la vie errante. Il décrit les malheurs de l'homme, l'infortune, la tristesse, le dégoût, toutes choses absentes de la poésie courtoise où la galanterie – parfois mièvre – triomphe.

Son œuvre disparate s'explique par les commandes qu'il reçoit de toutes parts. Il est doué et prolifique, mais il doit beaucoup travailler pour ne pas mourir de faim. Il est mal payé. Il écrit des vies de saints, des pièces de théâtre, des poèmes satiriques et polémiques, un long poème dramatique (*Le Miracle de Théophile*), un roman (*Renart le Bestourné*) et des poésies aux accents très personnels comme *La Pauvreté Rutebeuf*. On l'imagine les clamant dans les salles de château.

Où a-t-il vécu ? Comment est-il mort ? Nous n'en savons rien. Son texte le plus célèbre est dédié à la mort et à l'amitié. En voici quelques vers :

Que sont mes amis devenus
Que j'avais de si près tenus
Et tant aimés
Ils ont été trop clairsemés
Je crois le vent les a ôtés
L'amour est morte
Ce sont amis que vent emporte
Et il ventait devant ma porte
Les emporta

Avec le temps qu'arbre défeuille
Quand il ne reste en branche feuille
Qui n'aille à terre
Avec pauvreté qui m'atterre
Qui de partout me fait la guerre
Au temps d'hiver
Ne convient pas que vous raconte
Comment je me suis mis à honte
En quelle manière

Que sont mes amis devenus
Que j'avais de si près tenus
Et tant aimés
Ils ont été trop clairsemés

Je crois le vent les a ôtés
L'amour est morte
Le mal ne sait pas seul venir
Tout ce qui m'était à venir
M'est avenu…

En 1955, Léo Ferré, grand admirateur de Rutebeuf, a chanté ce poème le plus connu du poète. *Pauvre Rutebeuf* a été repris par de nombreux artistes comme Jacques Douai, Joan Baez, Hugues Aufray, Nana Mouskouri, Philippe Léotard, Marc Ogeret. C'est dire l'universalité du pauvre Rutebeuf que je tiens pour un frère malheureux.

Maurice Sachs

Aventurier immoral et talentueux

1906-1945

Il est difficile de trouver une unité à Maurice Sachs, écrivain pétri de contradictions irréconciliables : Juif, catholique, homosexuel, mais également escroc de haut vol et indic de la Gestapo pendant la guerre. Il est assassiné par un SS après avoir été enfermé pendant des mois dans un camp de concentration. C'est un auteur talentueux, sulfureux, mal connu, dont une partie de l'œuvre décrit les affres de l'Occupation. Après avoir hésité, je l'ai ajouté à ce livre en ne gommant surtout pas les aspects noirs de sa personnalité. Barbara Israël lui a récemment consacré un livre dont le titre résume à lui seul les paradoxes du jeune homme : *Saint Salopard.*

Sa vie est une aventure chaotique. Il est issu d'une famille anticléricale, agnostique, républicaine, d'origine juive. Son père délaisse le foyer familial alors que l'enfant n'a que six ans. L'épouse se remarie avec un chroniqueur mondain. L'enfant est malheureux, il vaque de pensionnat en pensionnat, désespéré. Poursuivie pour escroquerie, sa mère l'abandonne en 1923. Livré à lui-même, l'adolescent n'a aucune ressource.

Il est accueilli par une famille et devient secrétaire de Jean Cocteau qui n'est pas insensible à la beauté ténébreuse du garçon. Jacques Maritain le pousse à se convertir au catholicisme. Le jeune homme entre au séminaire d'où il est chassé rapidement pour conduite immorale. Il rencontre alors Max Jacob, qui l'héberge et l'encourage à écrire. Mais Sachs est un voleur invétéré, ce qui lui vaut d'être abandonné par la plupart de ses amis. Sa vie bascule de nouveau. Il se rend aux États-Unis où il est embauché par NBC pour s'occuper d'une émission de radio. Nouveau départ : il envisage de se lancer dans une carrière politique, se convertit au protestantisme et épouse Gwladys Matthews, fille d'un responsable de l'Église presbytérienne. Tous ses projets échouent lamentablement, à commencer par son mariage de pure façade. Il abandonne sa nouvelle patrie et rentre en France au bras d'un jeune Américain rencontré en Californie.

À Paris, il fait la connaissance d'André Gide et de Jean Paulhan. Ce dernier lui confie la direction d'une collection chez Gallimard, Les Chefs-d'œuvre du roman d'aventures. Le jeune homme publie un premier roman, *Alias*, dont quelques pages méritent notre attention.

Désœuvré et perdu, le jeune homme à la vie dissolue s'enthousiasme pour le Parti communiste. Mais de nouveau, il manque d'argent et plonge dans la dépression. Il se fait interner pour échapper à ses créanciers. En 1939, il écrit un livre de confessions, *Le Sabbat*, souvenir d'une jeunesse orageuse, dans lequel il essaie de comprendre ce qu'il est, où il va : « Dans ces moments où tous les enfants se demandent : "Que feras-tu plus tard ?" je répondais invariablement : "Je serai écrivain."

« Je ne voyais rien d'autre qui valût la peine de vivre. Et d'ailleurs, je ne vois aujourd'hui rien d'autre, en effet, qui puisse me faire vivre heureux. »

La déclaration de guerre empêche la publication de son livre. En 1940, il redevient speaker de radio. Il prône l'entrée en guerre des États-Unis contre l'Allemagne nazie. À Berlin, il est considéré comme un dangereux activiste. Après le 10 mai 1940, il s'enfuit à Bordeaux avant de rentrer à Paris où il se livre à divers trafics. Il est obligé de se réfugier dans l'Orne avec Violette Leduc qu'il fait passer pour sa femme.

Nouvelle volte-face : désargenté, il s'engage dans le Service du travail obligatoire (STO) proposé par les nazis qui, curieusement, acceptent sa candidature, alors qu'il est juif et considéré comme dangereux. Il habite Hambourg où il termine ses mémoires. Signe de son inconsistance idéologique, il propose ses services à la Gestapo sous un nom d'emprunt. Plusieurs êtres coexistent à l'intérieur d'un seul : il a des aventures avec des garçons tout en fréquentant la Légion des volontaires français (LVF) réputée homophobe et antisémite. Trafiquant lui-même, il dénonce les trafiquants à la Gestapo, mais aussi des résistants comme ceux de la Rose blanche, organisation clandestine composée d'étudiants et d'intellectuels opposés au national-socialisme. Il finit par être à son tour arrêté par la Gestapo, exaspérée par sa personnalité imprévisible et son manque de sérieux. Envoyé en camp de concentration avec plusieurs de ses camarades, puis emprisonné dans une cellule, il continue à dénoncer les résistants auprès des chefs du camp. On le laisse écrire. L'écriture devient sa seule consolation. Il est très prolifique. Après la guerre, ses textes seront réunis dans un recueil au titre évocateur *Derrière cinq barreaux*.

En avril 1945, face à l'avancée des Alliés, les prisonniers du camp sont évacués. Commence alors une « marche de la mort » où la plupart des captifs meurent d'épuisement. Au bout de trois jours, anéanti de fatigue et de souffrance, il s'effondre et refuse d'avancer. Un SS l'achève d'une balle dans la nuque. « Sa mère qui ne l'a jamais aimé et qu'il a rarement vue se précipite de Londres à Paris pour faire publier ses œuvres et encaisser ses droits d'auteur », écrit Barbara Israël dans la préface de son livre qui sait se tenir à distance respectable de son héros si peu respectable.

Donatien Alphonse François de Sade

La vie tourmentée du sire de l'érotisme

1740-1814

Donatien Alphonse François, marquis de Sade, a passé près de trente ans enfermé dans les prisons ou les asiles de fous. Il n'a jamais été heureux en dépit de ses fantasmes débridés qui, selon lui, permettaient d'accéder à la félicité suprême. Qui est vraiment cet homme à l'œuvre considérable dont tout le monde a entendu parler sans vraiment le connaître ? Il a donné son nom à un substantif, « sadisme », utilisé dans toutes les langues occidentales. Au-delà des préjugés et des images d'Épinal, quelle vie a menée le seul écrivain banni de tous les manuels scolaires ?

Il est né dans une famille aristocratique sous le règne de Louis XV. Adolescent, il étudie dans une école militaire de province, où il étouffe. Rentré à Paris, le jeune homme multiplie les conquêtes féminines, c'est un érotomane compulsif qui, malgré son mariage, ne peut se résoudre à abandonner sa vie de luxure. Pour la première fois, il est condamné à une peine de prison pour « débauche outrée ».

Chez le « divin marquis », l'érotisme n'est jamais loin de la cruauté. Après avoir flagellé une jeune fille, il est de nouveau enfermé. Dès lors, les périodes de liberté alternent avec les incarcérations. En 1772, il est même condamné à mort pour avoir tenté d'empoisonner une prostituée. Il est arrêté, il s'évade, il est repris, enfermé à la Bastille, à Vincennes, à Charenton. Dans sa geôle, pour tromper la solitude et l'ennui, il écrit des récits imprégnés de sexe et de violence comme *Les Crimes de l'amour, Les Infortunes de la vertu, Justine ou les Malheurs de la vertu.*

Dans *Les Cent Vingt Journées de Sodome*, composées à la Bastille en 1785, dont le thème sera repris par le cinéaste Pasolini, il raconte l'histoire de quatre aristocrates enfermés dans un château de la Forêt-Noire qui ont pouvoir de vie et de mort sur une quarantaine de jeunes gens enlevés à leurs parents. Les victimes meurent dans d'atroces souffrances après avoir été torturées pendant des jours.

L'histoire du manuscrit elle-même est un roman. Sade recopie les brouillons – « gigantesque catalogue de perversions » selon Jean Paulhan – d'une écriture minuscule sur trente-trois petits feuillets, recto verso, collés bout à bout, et gardés sous forme de rouleau.

Le 2 juillet 1789, face à la foule qui gronde sous les murs de sa prison, il hurle qu'on égorge les prisonniers et qu'il faut les délivrer. Est-il à l'origine de la prise de la Bastille douze jours plus tard ? De manière marginale, sans doute. Le marquis n'est pourtant pas libéré lors de l'assaut car il a été transféré juste avant dans l'hospice des malades mentaux de Charenton. Il a laissé ses affaires dans sa geôle, il est éploré, il craint que son précieux manuscrit ne soit définitivement perdu. La Bastille est détruite mais le texte est sauvé par un certain Arnoux de Saint-Maximin.

En 1790, comme la plupart des prisonniers enfermés par lettre de cachet, il est libéré par les révolutionnaires. Mais ses deux fils émigrent et sa femme l'abandonne. Criblé de dettes, il vend ses biens, dont le fameux château de Lacoste en Luberon, aujourd'hui propriété de Pierre Cardin, dans lequel j'ai pu lire des poèmes éternels tandis que mon ami Jean-Philippe Collard jouait Chopin.

Son destin d'homme libre est misérable et pathétique. Il fait jouer ses pièces de théâtre, sans succès. Il milite en faveur de la Révolution mais il est condamné à mort par un tribunal de la Terreur. Il échappe à la guillotine *in extremis*. Pendant quelques années, il vit modestement de ses écrits, mais en 1801 une décision administrative l'enferme à l'asile de Charenton où il restera jusqu'à sa mort.

Lucide, intellectuellement supérieur et nullement fou, il passe la moitié de sa vie d'adulte enfermé. Poursuivi comme un criminel en raison de ses textes, il n'a jamais connu la félicité. Athée radical, pornographe endiablé, prosateur de génie, il est redécouvert au XXe siècle. Son œuvre longtemps interdite est réhabilitée comme la manifestation d'une liberté absolue, loin de tous les carcans imposés par la société. La puissance de son œuvre – quel que soit le jugement moral qu'on lui porte – fait du marquis de Sade l'un des grands écrivains français. Il a été libertin, libertaire, libre de toute influence.

À tous ceux qui veulent découvrir l'œuvre du sulfureux marquis, je recommande de commencer leur initiation par la lecture de *La Philosophie dans le boudoir ou les instituteurs immoraux*. L'ouvrage est sous-titré *Dialogues destinés à l'éducation des jeunes demoiselles*. L'ouvrage est conçu fort intelligemment sur un principe d'alternance entre dissertation philosophique (libertine et libertaire), et mise en œuvre des principes évoqués, et des figures et positions décidées. Théorie, puis application pratique. « Les égarements sont fondés philosophiquement sur le matérialisme et l'athéisme. »

Annemarie Schwarzenbach

Un beau visage d'ange inconsolable

1908-1942

En butinant un peu au hasard dans ma bibliothèque, comme je le fais souvent dès que je parviens à m'extraire de l'agitation, j'ai exhumé une célèbre photographie d'Annemarie Schwarzenbach, l'écrivain suisse enfant terrible des années 1930. On la voit, vêtue avec une élégance de dandy, regard dans le vague. Il y a quelque chose de fascinant et de vénéneux dans ce portrait. Un mystérieux cocktail mêle, dans un même visage, la beauté dans sa perfection et l'ambiguïté sexuelle, comme dans les miniatures arabes de l'époque abbasside où les femmes ont perdu les formes rondes et sensuelles, les seins lourds qu'elles avaient dans l'art omeyyade. Annemarie a les cheveux courts, une coupe masculine. Elle porte une veste sombre sur une chemise blanche. Entre ses doigts, une cigarette se consume. La cravate élégamment nouée renforce le charme androgyne. À observer intensément cette photo, d'autres ambiguïtés affleurent : on perçoit tout à la fois, dans ce beau visage diaphane, la rébellion et la désespérance ; quelque chose de lumineux, une aura, mais aussi une infinie tristesse – altière, discrète, sans rien de relâché –, une profonde solitude, celle du

Desdichado de Gérard de Nerval. Le photographe semble avoir saisi – à l'instant décisif – une âme blessée à mort.

Je scrute à nouveau le beau « visage d'ange inconsolable » (l'expression est de l'écrivain Roger Martin du Gard). On comprend qu'Annemarie ait si souvent fait chavirer le cœur des hommes, et celui des femmes…

Le sentiment d'étrangeté au monde qui rend d'emblée Annemarie Schwarzenbach si séduisante aux yeux de ceux qui la croisent n'est pas feint. Il est le symptôme d'une faille existentielle profonde, abyssale, remontant à l'enfance, et aux rapports que la petite Annemarie a entretenus avec une mère autoritaire et envahissante. Une fillette à la sensibilité exacerbée, en souffrance dans le giron d'une mère ogresse, voilà ce qu'est encore, rendue à l'âge adulte, la brillante femme de lettres originaire de Suisse alémanique.

Écrivain-voyageur, journaliste, reporter-photographe, archéologue à ses heures, Annemarie Schwarzenbach naît à Zurich le 23 mai 1908, dans une famille de la haute bourgeoisie au sein de laquelle on trouve militaires de haut grade et industriels. Son père, Alfred, est un magnat de la soie. Sa mère, Renée, est une femme autoritaire et castratrice. Annemarie a une âme d'artiste. Elle en a les fragilités. Les névroses qui la tourmenteront adulte s'installent, doucement, en silence. Plus tard, elles feront beaucoup de bruit. Et d'irréparables dégâts. L'éducation est classique et rigoureuse. Annemarie rêve de devenir écrivain. Elle commence à écrire des articles pour la presse helvétique dès 1927, tout en étudiant l'histoire et la littérature à Paris. À vingt-trois ans, elle publie *Les Amis de Bernhard*, son premier roman. Elle est précoce. Dès cette époque, elle se lie d'amitié avec Klaus Mann et sa sœur Erika Mann, le fils et la fille « presque jumeaux » du « Magicien », le grand écrivain allemand Thomas Mann.

Après un premier voyage en Espagne, Annemarie se rend en Perse en 1933. Un éblouissement. Mais déjà la fuite : la longue errance commence. Elle vit ce départ au Moyen-Orient comme un exil. En Allemagne, en janvier 1933, Hitler est devenu chancelier du Reich. Quelque temps plus tard, à Berlin, sur la place de l'Opéra, on a brûlé des livres. La mère d'Annemarie soutient les efforts de Hitler qui a fait don de sa personne pour redresser son pays. Il faut aider ce « grand frère » de la Suisse. Il va remettre de l'ordre, chasser tous ces métèques, donner du travail aux enfants du peuple aryen. Pourquoi les Suisses s'opposeraient-ils à un si beau dessein ? Annemarie étouffe, ne supporte plus ces discours de haine. Elle a honte de son pays. Son sentiment de solitude intérieure s'accroît. Elle ressent comme jamais son étrangeté au monde. Si elle partage intellectuellement le point de vue de ses amis Klaus et Erika, selon lesquels face au mal radical de la peste brune, il faut affirmer une opposition radicale, elle ne se sent pas la force de devenir une combattante, elle n'a pas l'âme d'une militante, même pour une cause aussi noble. Elle ne trouve, pour affronter ses contradictions, son état dépressif et ses pulsions suicidaires, que l'écriture, la morphine, le nomadisme incessant, la fuite en avant. Toutes ces raisons de vivre sont surtout des raisons de ne pas mourir – du moins, pas tout de suite.

Annemarie quitte la Suisse en octobre 1933. Elle ne retrouvera cette terre natale, chantre d'une neutralité qu'elle ne comprend plus, que six mois plus tard. Elle traverse la Turquie, la Syrie, la Palestine, et ce royaume perse qu'on ne tardera pas à appeler l'Iran. Elle en rapporte un journal dans lequel elle raconte avec poésie cet ailleurs qui adolescente la fit rêver. Elle a tant de choses à dire à son retour. Elle a découvert les immensités de sable du désert et les ruines antiques de Persépolis, la cité édifiée par le roi Darius Ier au pied de la montagne Kuh-e Rahmat ; la ville fastueuse conquise plus tard par Alexandre le Grand. À Ravy, où serait né Zarathoustra, elle a pu participer à des fouilles archéologiques. Dans ce carnet de voyage, elle livre aussi ses réflexions existentielles ou sur l'état du monde: « La maison brûle [...], elle brûle, nous en souffrons, toute l'humanité en souffrira. »

Mais sa douleur n'a pas attendu l'installation du Führer Adolf Hitler à la chancellerie du Troisième Reich à Berlin. Son mal vient de plus loin.

Après son périple, Annemarie essaie de se défaire de son addiction à la morphine: cure de désintoxication, rechute, tentative de suicide, profonde dépression... Un cercle infernal auquel il va bien falloir s'habituer.

Pour tenter de se sauver, elle croit faire un pas vers la normalité d'une vie bourgeoise en épousant en 1935 Claude Clarac, un diplomate en poste à Téhéran. Il est homosexuel comme elle. Un mariage de façade, une concession aux conventions bourgeoises. Ils partent à dos de mulet dans l'immense désert de pierre et de sable. Annemarie retrouve les paysages grandioses et inhospitaliers de la Perse éternelle, de l'« Orient absolu ». Ils traversent la vallée du Larh. C'est pour elle un voyage intérieur. Dans la solitude minérale, elle commence à écrire *La Mort en Perse* qui restera comme son chef-d'œuvre, un récit magnifique empreint d'une poésie tragique dont le narrateur est un homme: « On s'agenouille, à moitié couché dans le vent. Il en sera toujours ainsi, pense-t-on, toujours [...] Tous les chemins que j'ai suivis, tous ceux que je n'ai pas suivis, aboutissent ici, dans cette "Vallée heureuse" d'où il n'y a plus d'issue, et qui, pour cette raison, doit ressembler au royaume des morts. »

Et encore, avec des accents poignants, cette phrase qui fait résonance au titre du livre: « Quelquefois, nous appelons cette vallée Fin du Monde car elle s'étend bien au-dessus des hauts plateaux du nord, loin des routes de plaine fréquentées. »

Lors de cette expédition, Annemarie ressent la finitude de l'homme face à l'impassible pérennité des pierres que les vents balaient avec indifférence. À cheminer dans une nature grandiose mais imperturbable, elle mûrit une philosophie du renoncement : désormais, son vœu le plus cher sera de rejoindre ce règne minéral silencieux auquel l'initie la lente traversée de la Vallée heureuse.

Quelques années plus tard, le 6 juin 1939, on sent venir la guerre, et Himmler a amorcé la rafle des « asociaux » du Reich. Annemarie quitte de nouveau la Suisse, cette fois à bord d'une luxueuse Ford Roadster De Luxe 18 CV. Elle laisse derrière elle la lâcheté helvétique et le désespoir européen. Direction : l'Afghanistan. « Et maintenant, en route pour de nouvelles aventures ! » Place aux steppes arides. Un peu comme dans les albums de Tintin. Sans Milou. Mais le tragique en plus. Elle est aux côtés d'Ella Maillart. Sa nouvelle compagne est une talentueuse bourlingueuse native de Genève. À trente-six ans, Ella a déjà sillonné l'Asie et publié plusieurs récits de voyage qui lui ont apporté la notoriété, comme *Oasis interdites – De Pékin au Cachemire*.

Ella est solide, expérimentée et s'est fixé pour objectif, à l'occasion de ce voyage, de libérer Annemarie de l'emprise de la drogue, et de celle de son double destructeur. Cette dernière est plus fragile que jamais et supporte mal les terribles vérités que lui assène Ella : « Quand donc serez-vous définitivement écœurée de vous-même ? » « Quand admettrez-vous votre bassesse ? » « Non seulement vous devez vomir la drogue comme vous l'avez déjà fait, mais aussi tout cet ensemble qui constitue votre faux moi… » Ou encore, concernant la relation d'Annemarie aux autres : « J'ai vu comment vous épuisez les êtres qui vous aiment. Vous demandez un amour qui est au-delà des possibilités humaines. »

Plus tard, beaucoup plus tard, pour mon émission *Ex-Libris*, Ella Maillart, qui n'était pas une sentimentale, m'a raconté sa relation avec Annemarie.

Le 1er septembre, faisant avec leurs dissensions, les deux jeunes femmes arrivent à Kaboul après avoir traversé des contrées dignes des *Mille et Une Nuits*, comme Tabriz en Iran, qui fut autrefois le fief des Ilkhans mongols, né des conquêtes de Timour le Boiteux, avec sa fabuleuse Mosquée bleue. Dans la capitale afghane, elles apprennent l'imminence de la guerre. Dans son journal, Annemarie écrit : « Je commets à nouveau des fautes, des fautes graves. » Elle évoque ses addictions. Elle est cumularde : tabac à outrance, opium, morphine… Elle est hantée par des visions de guerre. Des visions cauchemardesques qui entretiennent sa fuite vers les paradis artificiels. La drogue devient une affaire de survie, du moins le pense-t-elle.

« Votre mère est votre pire ennemi. » De toutes les vérités, celle-ci sera la plus dure à entendre. Parce que la plus vraie, la plus lourde de conséquences. Ella Maillart sait qu'avec cette phrase – lâchée sans violence, juste par maladresse ou pour susciter un sursaut – elle a touché en son cœur la névrose de son amie. La veille de leur départ, Renée ne lui a-t-elle pas confié : « Je vous décharge de toute responsabilité. Si vous ne pouvez pas l'amener en Afghanistan, laissez-la où vous voudrez, son cas est sans espoir » ? Des mots terribles qui laissent sans voix.

La relation d'Annemarie à sa mère Renée, descendante du chancelier Bismarck, qui affiche une adhésion sans états d'âme à l'idéologie nazie, est une longue histoire d'amour et de haine, une histoire shakespearienne pleine de bruit et de fureur.

À Bocken, le domaine familial près de Zurich, Renée commande à tous : aux domestiques, aux jardiniers, aux chevaux, à ses cinq enfants. Peut-être même donne-t-elle des ordres au soleil et aux étoiles. Elle a surnommé Annemarie – troisième dans la fratrie – son « petit page ».

L'« Amazone » (c'est le surnom dont l'a affublée Ella Maillart) n'est pas qu'autoritaire. Elle est pétrie de contradictions insurmontables. Comme elle a un sacré caractère, elle parvient néanmoins à les surmonter sans se faire trop violence. Malgré les valeurs bourgeoises et conventionnelles qu'elle affiche, elle entretient une relation homosexuelle avec une cantatrice célèbre qu'elle appelle affectueusement sa « douce amie » et qui a quasiment pris ses quartiers à Bocken, grâce à la complaisance ou au déni, on ne sait, de son mari et de l'entourage familial.

Marguerite Duras a écrit des pages entières sur la folie de sa mère, Marie Donnadieu. Ou plutôt sur la folie familiale qui se transmet de génération en génération, touche, sans discernement, les fils, les filles. Duras a peut-être même bâti toute son œuvre sur cette névrose originelle. Et pourtant, elle n'a pas pu – ou pas su – tout dire. Elle en fit un jour l'aveu : « Cette histoire commune de ruine et de mort qui était celle de ma famille [...] est le seul lieu au seuil de quoi le silence commence. » J'évoque ici Marguerite Duras – sur laquelle un jour j'écrirai –, parce que je vois des similitudes entre la « Folie Duras » et celle d'Annemarie Schwarzenbach. L'une a tenté – en vain – de noyer ses démons dans l'alcool ; l'autre les a « shootés » à la morphine. La mère de l'une régnait en despote sur le « Château », tandis que la mère de l'autre disposait de Bocken pour tisser sa toile d'araignée et asseoir son pouvoir de matriarche.

Ella Maillart a cru bien faire en sortant un instant son amie du déni. Mais Annemarie n'est pas capable de cette mise au jour, elle n'en a ni la force ni le courage. Il est plus facile de jouer à l'archéologue, de diriger des fouilles pour sortir de terre des choses anciennes, des sépultures, des figures d'idoles ou des tessons d'amphores, et les affubler d'une belle étiquette, que de tenter d'exhumer, des tréfonds de l'inconscient, son histoire personnelle. Annemarie ne veut pas fouiller son passé. Elle reste esclave de la morphine. La drogue comme un anesthésiant. Ou une béquille pour tenir debout. Même bancale.

Ella Maillart est désemparée: elle ne pourra pas sauver sa compagne. Elle écrit avec lucidité: «Si la bonté avait été inhérente en moi, j'aurais aidé Christina [Annemarie se cache derrière ce prénom] d'une manière toute détachée et toute simple, ne pouvant pas faire autrement, comme le soleil réchauffe ou comme on tend la main à l'enfant qui tombe. Ainsi, je n'aurais pas vicié mon geste secourable en pensant: " Je dois réussir, il faut que je réussisse! " »

À Kaboul, les deux jeunes femmes se séparent. Ella part pour l'Inde rejoindre une communauté bouddhiste. Annemarie séjourne quelque temps dans la capitale afghane pour y recevoir des soins. Elle souffre de bronchite, de problèmes digestifs et est couverte de furoncles. Elle vomit, perd du poids. Son corps en souffrance est devenu une métaphore de son esprit en perdition. Elle attend d'aller mieux pour rentrer seule en Europe à bord de la luxueuse Ford. Elle sait que jamais plus elle ne reverra Ella.

De cette expérience, chacune des deux écrivains-voyageurs tire un livre. *Où est la terre des promesses?*, l'ouvrage d'Annemarie Schwarzenbach, est le double de *La Voie cruelle*, le récit dans lequel Ella Maillart raconte sa tentative d'arracher Christina (Annemarie) à la drogue: «Il fallait d'abord que je comprenne pourquoi, encore et toujours, elle choisissait la voie compliquée, la voie cruelle de l'enfer. Était-il possible qu'elle la préférât à une manière de vivre plus facile?» Désorientée par les pulsions de mort de sa compagne, Ella se livre à des conjectures vaines, se demandant par exemple si l'amitié d'Annemarie pour la famille Mann ne l'aurait pas insidieusement amenée à faire sienne la philosophie du héros de *La Montagne magique* pour lequel la «voie géniale» est doloriste. Annemarie croit-elle à la rédemption par la souffrance ? Peut-être. Mais il y a autre chose : une inextinguible quête d'absolu. Pour peu que les circonstances s'y fussent prêtées, Annemarie aurait pu être une mystique, une sainte. Une phrase de *La Voie cruelle* la dépeint dans sa profonde vérité : « Elle écoutait au-delà des mots prononcés, dans l'espoir d'y saisir comme une résonance d'un monde doté de plus de sens que le nôtre : elle attendait la note fondamentale. » Souvent, dans la période qui précède l'inéluctable séparation, Annemarie, fiévreuse, interroge Ella : comment faites-vous pour vivre ? Elle entend : comment pouvez-vous aspirer au bonheur ou à une forme de quiétude alors que le monde n'est que chaos ? Comment pouvez-vous supporter les creux du quotidien, dans leur effroyable banalité au point qu'on croit mourir, entre deux vagues d'intensité ? La réponse d'Ella est simple, poétique : « Je soulignais le "cri" d'une fleur rouge contre le bleu du ciel. » Trop simple pour une âme blessée.

Après les années orientales, place au rêve américain. La romancière Carson McCullers (qui figure elle aussi en bonne place dans cet éloge des Maudits) tombe follement amoureuse de l'ange déchu, dès leur première rencontre dans un hôtel new-yorkais au cours de l'année 1940. Plus tard, elle dédicacera à l'amante française *Reflets dans un œil d'or*, son meilleur roman. « [C'était] un Donatello, écrira-t-elle, ses cheveux souples et blonds étaient coupés comme ceux d'un garçon ; son regard bleu franc vous examinait avec lenteur, sa bouche était enfantine et douce. » « Elle avait un visage qui, je le savais, me hanterait jusqu'à la fin de ma vie. »

Alors qu'elle séjourne encore aux États-Unis, Annemarie affronte une grave crise psychotique. Elle est en proie à des hallucinations, perd le sens du réel. Elle tente de se suicider. Mais son heure n'est pas encore venue.

Le 15 novembre 1942, Annemarie meurt à trente-quatre ans des suites de ce qui semble n'être qu'un banal accident de bicyclette survenu à Sils, en Engadine, dans le canton suisse des Grisons. Que s'est-il passé ? Avait-elle bu ? Était-elle droguée à mort ? Le mystère demeure.

Carson est folle de chagrin.

Ella reçoit un télégramme : « Morte paisiblement 15 novembre 1942 suite accident bicyclette. »

Paisiblement ?

Dès le lendemain de la mort d'Annemarie, sa mère brûle le journal et toute la correspondance de la jeune écrivain-voyageur. Éviter le scandale. Ne jamais exhumer ce qui sent le soufre... Le feu, la terrible symbolique de l'autodafé. Des pans entiers de l'œuvre littéraire d'Annemarie Schwarzenbach partent en fumée.

Il reste ce qui a miraculeusement échappé aux flammes, et ce qu'elle avait eu le temps de publier avant de s'en aller à bicyclette : des lettres, des photos, quelques romans, des récits de voyage, les traces de son passage dans la Vallée heureuse. J'aime ce que signifie ce mot « trace » : présence, représentation d'une chose évanouie, absente, comme l'empreinte de l'animal qui est passé furtivement, ou les cendres du feu des nomades, mémoire éphémère de leur bivouac que bientôt le vent balaiera. Le titre de l'un de mes livres rend hommage à la philosophie de la trace telle que l'exprime René Char : « Un poète doit laisser des traces de son passage, non des preuves. Seules les traces font rêver. »

Annemarie Schwarzenbach, poète de sa vie, nous a laissé des traces comme cette photo et ces quelques livres évoqués plus haut. Puis elle est partie, mission terrestre accomplie…

Il faut lire ce qui nous reste de la baroudeuse zurichoise et de sa fuite éperdue. Le lire et s'en contenter : c'est remarquable. Sa prose est limpide – presque transparente –, poétique, puissante, envoûtante. Elle résonne longtemps en nous, diffusant lentement ses ondes vénéneuses. Comme l'écho d'un chant incantatoire.

Marina Tsvetaïeva
Une poétesse au bout d'une corde
1892-1941

Qu'ont-ils donc tous à tomber amoureux de Marina Tsvetaïeva ? Et pourquoi ai-je à mon tour ajouté mon nom sur son carnet de bal ? Bal tragique s'il en est…

Pasternak, Rilke, Todorov, tous l'ont aimée ou adulée. Maïakovski, Anna Akhmatova, Mandelstam, la liste est longue. En France aussi, Hélène Cixous, Dominique Desanti, Claude Delay ont admirablement écrit sur elle. Le grand poète russe Joseph Brodsky, prix Nobel de littérature, ne cesse lui-même de chanter ses louanges : « Jamais une voix plus passionnée n'a retenti dans la poésie russe du XXe siècle. » Et pourtant il ne l'a jamais croisée. Il est né quelques mois avant la fin misérable de Marina Tsvetaïeva, qui s'est pendue le 31 août 1941 parce qu'on lui refusait tout travail, au terme d'une vie minuscule de quarante-huit ans. Elle voulait juste décrocher un pauvre poste de « fille de vaisselle », simple plongeuse dans une cantine.

C'est une enfant surdouée, choyée par ses parents, un professeur d'histoire de l'art et une pianiste qui, ayant dû renoncer à une carrière de concertiste, aurait bien aimé que sa fille reprenne le flambeau de la musique. Mais Marina, née à Moscou en 1892, n'avait qu'une passion, ravivée par un voyage à Paris et des cours d'histoire de la littérature à la Sorbonne quand elle avait dix-sept ans : l'écriture. À cet âge-là elle publie d'ailleurs son premier recueil, *Album du soir*, remarqué par le grand critique et poète Maximilien Volochine, qui deviendra son mentor.

Le grand amour de sa vie, elle le rencontre l'année suivante : Sergueï Efron, élève officier à l'Académie militaire, a un an de moins qu'elle. Ils se marient en 1912, cinq ans avant la Révolution russe que rejette Sergueï. Il s'engage dans l'Armée blanche et laisse sa femme et ses deux petites filles bloquées dans Moscou, décimé par une effroyable famine. L'une d'elles, la petite Irina, va d'ailleurs en mourir. Ne reste aux côtés de sa mère que sa sœur Alia, et un petit garçon, Georges. « Dieu m'a punie », hurle Marina Tsvetaïeva. Sans nouvelles de son mari, elle collectionne les amants et les amantes. Quand enfin elle retrouve Sergueï cinq ans plus tard à Prague, elle se remet à écrire. Elle traduit le grand Pouchkine en français et la famille s'installe à Paris, rejetée à la fois par les Russes blancs… et les bolcheviks qui s'en méfient. Cela n'empêche pas Sergueï Efron d'être espion pour le compte du NKVD (le futur KGB) et de retourner en Union soviétique. L'année est mal choisie : 1939. Très vite son mari et sa fille Alia sont arrêtés pour espionnage. Ils ont vécu à l'étranger, c'est suspect. Efron est fusillé en 1941, Alia passe huit ans dans un camp de concentration. Pendant ce temps, Marina, évacuée en république de Tatarie, sombre dans une profonde dépression et finit par se suicider, à quelques mètres de son plus jeune fils.

Elle avait écrit :

Le vent s'est calmé, la terre est humide de rosée,
La tempête d'étoiles dans le ciel va s'arrêter.
Et bientôt chacun d'entre nous va dormir sous la terre,
Nous qui n'avons jamais laissé les autres dormir dessus.

On ne connaît même pas l'emplacement exact de sa tombe au cimetière de Yelabouga. Un manteau épais de neige et d'oubli la recouvre pendant des dizaines d'années. Elle n'est réhabilitée que tardivement, et son *Journal* n'est publié qu'en l'an 2000, près de soixante ans après sa mort.

C'est pourtant elle qui avait raison :

Éparpillés dans des librairies, gris de poussière,
Ni lus, ni cherchés, ni ouverts, ni vendus,
Mes poèmes seront dégustés comme les vins les plus rares
Quand ils seront vieux.

En 1994 sa biographe Dominique Desanti m'avait écrit : « Voilà le roman vrai d'une poète qui a cru pouvoir vivre le rêve et que l'Histoire ensevelit. » Et pourtant, pelletée après pelletée, la tombe inconnue finit par apparaître au grand jour. C'est celle d'une femme qui a aimé, passionnément aimé, démesurément. Celle d'un être d'une grande profondeur et d'un courage exceptionnel. Au plus fort de leur passion, en 1926, quinze ans avant qu'elle meure, Rainer Maria Rilke lui avait écrit : « Toute mort de poète, même la plus naturelle, est contre nature, c'est-à-dire un meurtre – donc incessante, continue, durant éternellement – dans l'instant... Orphée ne peut jamais être mort parce qu'il meurt en ce même moment (à jamais). »

Jacques Vaché

Élégant et scandaleux jusque dans la mort

1895-1919

Le Nantais Jacques Pierre Vaché, écrivain à la vie éphémère et provocatrice, mort tragiquement, n'a laissé aucune œuvre au sens universitaire du terme. Mais pendant la Grande Guerre, il écrit à son ami André Breton des lettres bouleversantes qui auront une influence considérable sur le mouvement surréaliste.

Élève au lycée de Nantes, il publie avec des camarades – on les appellera le « groupe de Nantes » – une revue intitulée *En route mauvaise troupe*, dédiée au poète maudit Paul Verlaine. La direction de l'établissement est choquée par le ton qualifié de pacifiste et de subversif. Vaché y exprime sa haine des carcans, du bourgeois, de l'armée. À cause de ce brûlot, il est exclu de l'établissement. Première révolte du jeune homme, première injustice à son encontre.

Pendant la Grande Guerre, il gagne le front sans enthousiasme. Blessé, il retourne dans sa ville natale pour y être soigné. En mars 1916, en convalescence à l'hôpital de Nantes, il se lie d'amitié avec un infirmier de son âge, un certain André Breton. Ce dernier est subjugué par l'élégant jeune homme roux, réfractaire, poète, admirateur d'Alfred Jarry. Le coup de foudre intellectuel est réciproque. Commence une correspondance imagée, au sens propre et figuré, car Vaché est aussi dessinateur.

Dans une lettre adressée à Breton le 18 août 1917, il clame : « L'art est une sottise – Presque rien n'est une sottise – l'art doit être une chose drôle et un peu assommante – c'est tout [...]. D'ailleurs – l'Art n'existe pas, sans doute – Il est donc inutile d'en chanter – pourtant : on fait de l'art – parce que c'est comme cela et non autrement – *Well* – que voulez-vous y faire ? »

Jacques Pierre Vaché retourne au front comme interprète pour l'armée britannique. Début 1918, il séjourne quelque temps en prison. Pour quelle raison ? Mystère. Insubordination ? Mœurs scandaleuses ? Les archives militaires de Vincennes ne gardent aucune trace de l'événement. Le 19 décembre 1918, un mois après l'Armistice, il écrit une dernière lettre à Breton : « Je m'en rapporte à vous pour préparer les voies de ce Dieu décevant, ricaneur un peu, et terrible en tout cas. Comme ce sera drôle, voyez-vous, ce vrai esprit nouveau se déchaîne. »

Démobilisé, il regagne Nantes. Pas pour longtemps. La grande faucheuse qui l'avait épargné sur le front le cueille à son retour. Le 6 janvier 1919, il est retrouvé sans vie, nu, en compagnie d'un autre jeune homme, nu lui aussi, sur le lit d'une chambre de l'hôtel de France. Ils seraient morts d'une overdose d'opium. Mais pourquoi sont-ils nus ? L'hypothèse d'une orgie sexuelle, à l'époque très choquante, est balayée par le journal *Ouest-Éclair* : « Leur déshabillé pouvait prêter à de fâcheuses interprétations si on ne savait pas que les militaires aiment se mettre à l'aise et que, d'autre part, dans les séances d'opium une certaine mise en scène est parfois de rigueur. » Le journal les présente comme de « jeunes écervelés » qui ne connaissaient pas les dangers de la drogue mais aussi « de braves soldats qui avaient fait leur devoir devant l'ennemi et avaient été blessés ». Leur nom n'est pas mentionné, juste un prénom suivi d'une initiale. Vaché n'a que vingt-trois ans.

Dans Nantes la très catholique, l'événement fait sensation. Deux de ses glorieux combattants, fils de bonne famille, sont morts nus dans le même lit, enlacés. La police cache le rapport d'autopsie qui, selon l'éditeur Raphaël Sorin, indique que les deux hommes ont eu des rapports sexuels endiablés et qu'ils n'étaient pas seuls. Les journaux taisent la présence dans la chambre de deux autres garçons venus fêter eux aussi leur démobilisation.

En apprenant la mort de Vaché, son ami André Breton est désemparé. Il pense d'abord à un assassinat. Vaché a milité contre la guerre. N'a-t-il pas été tué comme Jean Jaurès ou Karl Liebknecht ? Si ce n'est pas un assassinat, alors c'est un suicide, pense-t-il. Il relit une lettre reçue après l'Armistice, deux mois avant la tragédie : « Je mourrai quand je voudrai mourir... mais alors je mourrai avec quelqu'un. Mourir seul, c'est trop ennuyeux... de préférence avec un de mes meilleurs amis. »

En 1924, dans le *Manifeste du surréalisme*, André Breton l'homophobe qui a toujours nié l'homosexualité de l'ami cher à son cœur écrit : « Jacques Vaché est surréaliste en moi. »

Paul Verlaine

Poète éternel foudroyé par un adolescent

1844-1896

Qu'est-ce que Verlaine admirait le plus en Rimbaud ? Son génie, son caractère, sa beauté ? Le poète ordonné qui aimait sagement sa femme n'aurait jamais écrit ses plus grands textes sans la rencontre de celui qui passera dans sa vie comme un météore de lumière.

Paul Verlaine est le seul enfant d'une famille de Metz très attachée aux valeurs traditionnelles. Son père est capitaine de l'armée française. Sa mère, catholique et pieuse, entretient avec son fils une relation ambivalente et conflictuelle.

Les études de l'adolescent sont médiocres. Il est inscrit en faculté de droit mais fréquente davantage les cafés et les cercles littéraires comme les Vilains Bonshommes. Son homosexualité le torture. Il est amoureux de garçons : Edmond Lepelletier, son futur biographe, et Lucien Viotti, qui mourra pendant la guerre de 1870. Grand admirateur de Baudelaire, il écrit des vers. Pour essayer d'échapper à ses désirs, il se marie avec une jeune fille de dix-sept ans, Mathilde Mauté de Fleurville. Il commence à boire de manière déraisonnable.

En 1866 – il n'a que vingt-deux ans – il publie son premier recueil, *Poèmes saturniens*, un texte sage et délicat, qui l'installe dans le paysage littéraire parisien. Il est placé sous le signe de la mélancolie et du peintre Dürer, dont il admire la noirceur. Trois ans plus tard, *Fêtes galantes*, composé de vingt-deux poèmes, est dédié à l'amour courtois sur fond de *commedia dell'arte*. Pas un mot sur les désirs qui taraudent le jeune poète. Le recueil passe quasi inaperçu.

En 1871, un ange tombé du ciel débarque chez lui : Arthur Rimbaud. Un séisme dans la vie du bourgeois coincé qui tente de fuir ses fantasmes. Le garçon de Charleville est aussi fils de capitaine de l'armée, sa mère est castratrice comme la sienne, c'est un poète de génie et un adolescent à la beauté irrésistible. Rimbaud incarne ce que Verlaine désire le plus : la liberté. Subjugué, il délaisse sa femme qui vient d'accoucher. Le poète est partagé entre deux désirs, une vie normative ou une vie d'émancipation. Il frappe Mathilde et demande le divorce.

Le couple scandaleux s'enfuit de Paris pour échapper à l'opprobre. Rimbaud et Verlaine parcourent la Belgique, séjournent à Londres, puis reviennent en Belgique. Ils s'aiment et se détestent. À Bruxelles, désespéré, Paul tire avec un pistolet, sur l'« époux infernal », comme il le nomme lui-même, et le blesse au poignet. La police l'arrête. Il est enfermé pendant des mois dans la prison de Mons, autant pour son geste que pour son homosexualité. Rimbaud retire sa plainte, mais le détournement d'un mineur de dix-sept ans est une circonstance aggravante. Dans sa triste cellule, fou de douleur, Verlaine retrouve la foi catholique qu'il avait abandonnée dans son adolescence. Il écrit *La Bonne Chanson*, dont certains poèmes sont imprégnés de ses voyages en Belgique avec l'adolescent qu'il aime.

Si l'on veut comprendre la détresse profonde de Paul Verlaine, je recommande vivement la lecture des trente-deux poèmes de prison réunis – pour la première fois – et présentés par Jean-Pierre Guéno, dans une très belle édition illustrée par l'artiste peintre Marianne Montchougny. La pièce *Kaléidoscope* (composée en octobre 1873 – elle donne son titre au recueil) est d'une immense poésie. Dans son sommeil, grâce au rêve, le prisonnier échappe un moment à la noirceur de son univers carcéral :

> Dans une rue, au cœur d'une ville de rêve,
> Ce sera comme quand on a déjà vécu :
> Un instant à la fois très vague et très aigu…
> Ô ce soleil parmi la brume qui se lève !

En 1875, Verlaine tente de renouer avec Rimbaud sans succès. Le poète aux semelles de vent le hante mais la séparation est définitive. L'adolescent a écrit un texte en prose, *Une saison en enfer*, et des poèmes épars qui seront réunis sous le titre *Illuminations*, avant de disparaître à l'autre bout du monde. Ils se revoient une seule fois, à Stuttgart, pendant deux jours. Entre eux, tout est consommé. « Adieu » est le titre du dernier chapitre d'*Une saison en enfer*. Adieu de Rimbaud à son ami poète ? Le jeune homme incandescent est attiré par les grands espaces, l'infini de l'Afrique écrasée de lumière. Verlaine restera un petit-bourgeois enfermé dans son logis, une bouteille d'absinthe à portée de la main.

Pour ne pas mourir de faim, Paul Verlaine devient répétiteur dans un collège de jésuites à Rethel dans les Ardennes. Court-il encore après le souvenir de Rimbaud ? Il s'éprend d'un élève âgé de dix-sept ans, Lucien Létinois, fils de paysans. Le scénario se répète. Ils partent à Londres où ils donnent des cours. Ils deviennent amants. Lucien est moins beau, moins doué que Rimbaud, mais plus calme, plus posé, plus doux, plus conciliant. Verlaine n'est plus seul, mais le malheur frappe de nouveau : en 1883, comme Radiguet des années plus tard, Lucien meurt de fièvre typhoïde à l'âge de vingt-trois ans. Son mentor-amant est désespéré. Il lui consacrera vingt-cinq magnifiques poèmes à la fin du recueil *Amour.*

Certains textes de Verlaine restent très célèbres, comme celui qui, en juin 1944, a annoncé le Débarquement sur Radio Londres :

Les sanglots longs
Des violons
De l'automne
Blessent mon cœur
D'une langueur
Monotone.

Chanson d'automne

Voici des fruits, des fleurs, des feuilles et des branches
Et puis voici mon cœur qui ne bat que pour vous.
Ne le déchirez pas avec vos deux mains blanches
Et qu'à vos yeux si beaux l'humble présent soit doux.

Green

Green est le titre d'un spectacle que je donne depuis sept ans avec Jean-Philippe Collard, mon ami d'adolescence.

En 1885, Paul Verlaine vit avec sa mère, avec qui il entretient une relation orageuse, d'amour et de haine, dans une ferme ardennaise. Après l'avoir violentée, il est de nouveau incarcéré plusieurs mois. Rentré à Paris, il retrouve les milieux littéraires. Il publie son fameux essai des *Poètes maudits* consacré à Tristan Corbière, Arthur Rimbaud, Stéphane Mallarmé. Dans une seconde édition, il ajoute Marceline Desbordes-Valmore, Villiers de l'Isle-Adam et Pauvre Lelian – anagramme de Paul Verlaine. C'est ce texte de Verlaine qui a déclenché en moi le désir de cet *Éloge des écrivains maudits*. Dans *L'Art poétique*, il défend l'idée d'un art « sans rien en lui qui pèse ou qui pose». Malgré l'ignominie qui le frappe, il devient relativement célèbre. On le sacre «prince des poètes», comme Ronsard au XVIe siècle.

Sa gloire naissante n'empêche pas la solitude. Il est séparé de sa femme et de son fils. Ses deux amants ont disparu. Il se soûle à l'absinthe, ses accès de violence sont fréquents, phénoménaux. Il essaie d'oublier l'auteur du *Bateau ivre* qui a incendié sa vie. Il sombre dans le désespoir et devient à moitié clochard. Frappé de syphilis et de toutes sortes d'autres maux, il est hospitalisé à maintes reprises. Usé par les excès, la dépression, le sentiment d'abandon, il meurt le 8 janvier 1896 d'une congestion pulmonaire à l'âge de cinquante et un ans.

J'aime réciter ses textes incandescents pour des auditoires ravis de ces remontées de souvenirs, d'enfance ou d'adolescence. Par exemple *Colloque sentimental,* dernier poème du recueil *Les Fêtes galantes.*

Deux silhouettes spectrales à l'identité énigmatique, deux êtres qui se sont aimés d'amour fou, se retrouvent dans un parc et évoquent brièvement leur ancienne passion. L'un de ces personnages, encore amoureux et fébrile, conserve le tutoiement. L'autre répond froidement et adopte le vouvoiement :

Dans le vieux parc solitaire et glacé
Deux formes ont tout à l'heure passé.
Leurs yeux sont morts et leurs lèvres sont molles,
Et l'on entend à peine leurs paroles.
Dans le vieux parc solitaire et glacé
Deux spectres ont évoqué le passé.
– Te souvient-il de notre extase ancienne ?
– Pourquoi voulez-vous donc qu'il m'en souvienne ?
– Ton cœur bat-il toujours à mon seul nom ?
Toujours vois-tu mon âme en rêve ? – Non.
Ah ! Les beaux jours de bonheur indicible

Où nous joignions nos bouches ! – C'est possible.
– Qu'il était bleu, le ciel, et grand, l'espoir !
– L'espoir a fui, vaincu, vers le ciel noir.
Tels ils marchaient dans les avoines folles,
Et la nuit seule entendit leurs paroles.

Superbe poème d'amour. Mais d'amours mortes.

Ce poète qui fut l'incarnation même de la mélancolie nous a laissé une œuvre immense toute en suggestion, en touches impressionnistes, en musicalité. Oui, c'est ce qu'il nous a légué en héritage : « De la musique avant toute chose. » Celle des mots.

Boris Vian

Le déserteur de génie

1920-1959

Comme de nombreux très jeunes gens, j'ai découvert Boris Vian à la lecture de son roman le plus connu, *L'Écume des jours*. J'ai immédiatement aimé ce qui fait la marque de fabrique de cet écrivain et poète maudit : un singulier cocktail d'humour et de désespoir, de tendresse et de dérision, d'inventions « pataphysiques » et de merveilleux. Aujourd'hui encore, je m'interroge sur le sens de l'énigmatique épilogue de ce récit. La souris demande au chat de l'aider à se suicider. D'abord, le chat rechigne. Puis il finit par accepter pour rendre service. La souris place sa tête dans la gueule du chat, entre ses dents. Le chat laisse alors « reposer avec précaution ses canines acérées sur le cou doux et gris ». Et là, Vian pose deux phrases rébus qui clôturent le roman : « [Le chat] déroula sa queue touffue et la laissa traîner sur le trottoir. Il venait, en chantant, onze petites filles aveugles de l'orphelinat de Jules l'Apostolique. » Évidemment on imagine la suite tragique. La mort n'est pas montrée, pas même énoncée. On comprend que le destin est aveugle comme les fillettes qui vont innocemment, sans même s'en apercevoir (et pour cause !), marcher sur la queue du chat et susciter chez le félin débonnaire un « cruel » réflexe pavlovien (l'innocence va tuer l'innocence) ; et le désespoir de la souris ne nous échappe pas : il a pour pendant la désespérance de Colin, il en est la métaphore. Mais quel « message » a voulu faire passer Vian ? Celui d'un monde sauvé par la compassion (celle du chat) ? Ou bien celui de l'absurdité d'une condition (celle des chats et des souris, donc celle des hommes) régie par le hasard ? Disons plutôt que l'épilogue de *L'Écume des Jours* résume le sens aigu du tragique qui très tôt habite son auteur. Un tragique souvent masqué par un humour ravageur, des pirouettes burlesques, une « trompinette » jazzy, un dandysme raffiné et désinvolte, un talent protéiforme.

Boris Vian est l'homme de tous les combats artistiques : romancier, poète, chanteur, trompettiste, peintre, danseur. C'est aussi un grand fêtard qui a hanté les caves de Saint-Germain-des-Prés après la guerre. Mais derrière cette image lumineuse d'enfant prodigue et turbulent se cache un autre homme, celui d'une lutte permanente contre la maladie, la dépression et l'indigence matérielle. Il meurt foudroyé à moins de quarante ans lors de la projection d'un film adapté de son roman, *J'irai cracher sur vos tombes*, interdit pendant des années. J'admire sa grâce, son enthousiasme, sa créativité, sa fragilité d'écorché vif.

Il passe son enfance à l'orée du parc de Saint-Cloud, dans une villa cossue, non loin des étangs de Ville-d'Avray où il va pêcher des grenouilles, première facétie dans une courte vie qui en comptera bien d'autres. Son père s'est marié avec une riche héritière, mais la crise de 1929 fait fondre l'héritage comme neige au soleil. Les Vian, le père, la mère et quatre enfants, sont obligés de vivre dans la maison du gardien, tandis que la villa est louée à la famille Menuhin, dont le fils, Yehudi, est déjà un prodige du violon. La proximité d'un des plus grands interprètes du siècle marque profondément le jeune Boris qui, avec sa mère, elle-même musicienne, assiste à ses concerts dans de grandes salles parisiennes. Mais les problèmes de santé viennent tôt. À douze ans, il est frappé par une angine infectieuse accompagnée d'autres maux handicapants (rhumatismes articulaires, insuffisance aortique). Les parents, très inquiets, l'enferment dans une bulle dont il ne sortira jamais.

Bon élève, il entre à l'École centrale, ce qui ne l'empêche pas de devenir trompettiste. Il crée un groupe avec ses deux frères, Léo à la guitare et à l'accordéon, Alain à la batterie. Ils animent les surprises-parties de la chic banlieue ouest avant de devenir membres du très réputé Hot Club Jazz de France présidé par Louis Armstrong. Il se marie avec Michelle Léglise, issue d'une famille traditionnelle, avec qui il aura deux enfants. Bien que bon élève, les études l'ennuient à mourir. Il se sent à part, marginal dans un monde sérieux et stéréotypé. Il se met à écrire des poèmes et des morceaux de jazz. Il sait déjà que sa vie est ailleurs, en marge d'une société où il n'aura jamais sa place.

Pendant la guerre, il commence à écrire ses premiers grands textes comme son roman *Troubles dans les andains* qui ne sera publié qu'en 1966.

1944, année terrible. Le père est assassiné par deux inconnus le 22 novembre, on ne saura jamais par qui, ni pourquoi. Cet événement marquera profondément Boris jusqu'au dernier jour de sa vie.

Après la guerre, le jeune homme rencontre Raymond Queneau qui l'aide à publier *Vercoquin et le Plancton*, roman farcesque où sont mises en scène les surprises-parties que Boris affectionne. Il devient un proche de Sartre (le Jean-Sol Partre de *L'Écume des jours*), Simone de Beauvoir (la duchesse de Bovouard) et Camus. Il habite Paris et anime les nuits de Saint-Germain-des-Prés. On dit de lui qu'il est le prince d'un petit royaume dont trois cafés et une église marquent les frontières. Les années 1950 sont une explosion de joie et de fêtes. Pour échapper à un premier travail d'ingénieur au sein de l'Afnor (Association française de normalisation) qui ne l'intéresse pas, Vian hante la rive gauche branchée, les caves à jazz et s'adonne à des activités artistiques variées : peinture, arts plastiques, chansons.

En 1947, à vingt-sept ans, il abandonne son métier d'ingénieur et publie divers livres : *L'Automne à Pékin, L'Herbe rouge, L'Écume des jours,* son livre le plus célèbre, dont le style m'a chaviré : « À l'endroit où les fleuves se jettent dans la mer il se forme une barre difficile à franchir et de grands remous écumeux où dansent les épaves. Entre la nuit du dehors et la lumière de la lampe, les souvenirs refluaient de l'obscurité, se heurtaient à la clarté et, tantôt immergés, tantôt apparents, montraient leurs ventres blancs et leurs dos argentés. »

Sous le pseudonyme de Vernon Sullivan, il publie des romans noirs et érotiques : *J'irai cracher sur vos tombes, Les morts ont tous la même peau, Et on tuera tous les affreux, Elles se rendent pas compte* : « Elle était lisse et mince comme une herbe, et odorante comme un magasin de parfumerie. Je m'assis et me penchai au-dessus de ses jambes, et je lui embrassai l'intérieur des cuisses, à l'endroit où la peau des femmes est aussi douce que les plumes d'un oiseau. Elle resserra ses jambes et puis les écarta presque aussitôt, et je recommençai un peu plus haut. Son duvet brillant et bouclé me caressait la joue, et, doucement, je me mis à la lécher à coups légers. Son sexe était brûlant et humide, ferme sous la langue, et j'avais envie de la mordre… » (*J'irai cracher sur vos tombes*).

Boris Vian affectionne les farces : il fait croire que Sullivan est un écrivain américain qu'il a traduit. Il se lance dans une frénétique campagne de promotion de *J'irai cracher sur vos tombes*, ce qui instille le doute dans le cerveau de ses lecteurs : Vian et l'auteur américain ne sont-ils pas une seule et même personne ? Las ! Comme *Madame Bovary* un siècle plus tôt, le livre est attaqué en justice pour atteinte aux bonnes mœurs. Le procès a le mérite de faire connaître Boris Vian à un large public. Il finit par avouer que Sullivan et Vian ne font qu'un, mais le livre est interdit et l'auteur condamné à une forte amende. Tels les personnages de ses romans, il traverse des jours sombres : il n'a plus d'argent, il est poursuivi par le fisc, il se sépare de sa femme, sa santé se détériore, la mort rôde.

Il commence alors la rédaction de *L'Arrache-cœur*, qu'il met plusieurs années à écrire. Le texte est défendu par Raymond Queneau auprès de Gallimard mais l'éditeur refuse de le publier. Nouvelle déconvenue. Le joyeux drille des caves de Saint-Germain a le cœur détruit. *L'Arrache-cœur* finit par être publié chez un petit éditeur dans l'indifférence générale. Désabusé, Vian plonge dans la dépression.

L'interdiction qui frappe un de ses livres est finalement levée. Sa vie devient plus lumineuse. Il épouse Ursula Kübler, une danseuse rencontrée lors d'un cocktail chez Gaston Gallimard, fille d'un intellectuel raffiné que Boris aime beaucoup. Il enregistre un disque composé de plusieurs chansons magnifiques : *La Saga des bombes atomiques, Je suis snob*… Mais lors d'une tournée en province avec le comique Fernand Raynaud, il est sifflé à plusieurs reprises, notamment à Perros-Guirec et Dinard, à cause d'une chanson, *Le Déserteur*, qui, en pleine guerre d'Indochine, est considérée comme une trahison antipatriotique et un appel à l'insubordination. Elle sera interdite pendant des années sur les chaînes publiques.

Les problèmes de santé se succèdent et s'aggravent. En 1956, il est frappé par un œdème pulmonaire mais cela ne l'empêche pas de créer, comme si la maladie lui donnait des ailes. Articles, chansons, poèmes, traductions se succèdent.

Un cinéaste s'intéresse à *J'irai cracher sur vos tombes*. Vian signe un contrat avec lui, collabore au scénario avant d'en être écarté. Lors de la première projection privée du film le 23 juin 1959, il est d'emblée déçu, il n'aime pas cette adaptation. Terrassé par une crise cardiaque dans la salle au bout de quelques minutes, il n'aura pas à subir d'outrage. Il meurt sur le chemin de l'hôpital.

Boris Vian est enterré dans le cimetière de Ville-d'Avray au milieu des bois. Sur sa tombe, des cailloux blancs. Pas de nom pour éviter que ses détracteurs ne viennent cracher. Juste des photos noir et blanc déposées par des fans. Non loin de là j'ai retrouvé la tombe d'un autre homme célèbre, chanteur lui aussi, mais d'une célébrité grand public, le roi du music-hall Maurice Chevalier, couché avec son canotier dans un immense tombeau en marbre noir. J'avais été arraché d'un réveillon pour couvrir sur France Inter la fin de ce personnage que je n'ai jamais rencontré. Les deux chanteurs que tout oppose sont côte à côte, l'artiste officiel et l'artiste damné.

En 2010, j'ai eu la chance d'entendre Jean-Louis Trintignant, accompagné d'un accordéoniste et d'un violoncelliste, interpréter sur scène le poème *Je voudrais pas crever* que Boris Vian composa quatre ans avant sa mort. Ce texte est un chant d'espoir… désespéré qui nous étreint le cœur, surtout avec le timbre de voix et le phrasé inimitables de l'acteur :

Je voudrais pas crever
Avant d'avoir connu
Les chiens noirs du Mexique
Qui dorment sans rêver
Les singes à cul nu
Dévoreurs de tropiques
Les araignées d'argent
Au nid truffé de bulles
Sans savoir si la lune
Sous son faux air de thune
À un côté pointu
Si le soleil est froid

Si les quatre saisons
Ne sont vraiment que quatre…

Le recueil de poèmes *Je voudrais pas crever* publié après la mort du poète recèle une autre pépite noire qui inscrit Vian dans la lignée de François Villon et de sa *Ballade des pendus* :

Quand j'aurai du vent dans mon crâne
Quand j'aurai du vert sur mes osses
P'têt qu'on croira que je ricane
Mais ça sera une impression fosse

Théophile de Viau

Condamné au bûcher

1590-1626

Théophile de Viau est le poète le plus lu et le plus subversif de son temps. Il revendique son libertinage, qui n'est pas seulement une liberté sexuelle mais aussi une liberté de pensée. Il est condamné à mort pour avoir publié des textes licencieux. Son œuvre préfigure les grands mouvements littéraires et philosophiques des siècles à venir.

Né près d'Agen dans une famille noble engagée dans le mouvement protestant, il commence sa carrière d'artiste dans une troupe de théâtre ambulant avant de devenir poète de cour à Paris. Il est subjugué par les idées nouvelles du penseur italien Giulio Cesare Vanini qui critique certains dogmes religieux. Curieusement, sans doute pour avoir la paix, il se convertit bruyamment au catholicisme tout en restant libertin par sa vie, sa pensée, ses textes.

Pendant quelques mois, il est protégé par le jeune Louis XIII, mais il est banni du royaume en 1619 pour irréligion et obscénités, lui qui n'a jamais caché son attirance pour les deux sexes. Il gagne la pluvieuse Angleterre, pays des exilés dépourvu d'éclat. Là-bas, il s'ennuie à mourir et se hasarde à revenir en France. Il provoque de nouveau la colère de l'Église en publiant des poèmes licencieux dans le recueil collectif dit du *Parnasse satyrique*. Dans l'un des textes, un homme se plaint d'avoir contracté une maladie vénérienne et promet désormais de s'adonner à la sodomie, alors punie de mort. En est-il l'auteur ? On ne sait, car aucun des poèmes n'est signé, mais il est soupçonné de l'avoir écrit, si bien qu'il est jugé pour blasphème. En 1623, il est condamné à être brûlé vif devant Notre-Dame-de-Paris. Il réussit à prendre la fuite. À sa place, son effigie est embrasée de manière solennelle. Il tente de retourner en Angleterre mais il est arrêté, enfermé à la Conciergerie pendant deux longues années. Il supplie qu'on l'épargne. Le jésuite Garasse cherche à prouver qu'il a bien encouragé des pratiques contre nature dans ses poèmes. Le sort de Viau déclenche des débats exacerbés dans tout Paris. Certains intellectuels le défendent tandis que d'autres le vouent aux gémonies. Il cristallise les passions. Cinquante-cinq livrets polémiques sont publiés à son sujet. Il devient le poète le plus célèbre de son temps.

Finalement, la peine de mort est commuée en bannissement perpétuel. Théophile de Viau se réfugie chez son protecteur, le duc de Montmorency, au château de Chantilly où il meurt à trente-six ans d'épuisement et de maladie.

On conserve de lui une œuvre belle et forte, redécouverte au XIXe siècle par Théophile Gautier et Edmond Rostand, celle d'un homme qui refuse les chaînes de l'asservissement. Il rejette l'ordre nouveau des lettres imposé par Malherbe, ce qui lui vaut d'être détesté de Boileau, le censeur du Grand Siècle.

Sa pièce de théâtre, *Les Amours tragiques de Pyrame et Thisbé*, est une métaphore de sa vie hors de toute norme et de toute contrainte. Elle rappelle le *Roméo et Juliette* de Shakespeare. Thisbé aime Pyrame, mais leurs familles se haïssent, ce qui rend la passion impossible. Les deux amants meurent ensemble, suicidés d'amour l'un pour l'autre.

Relisons *Un corbeau devant moi croasse*, ce poème baroque d'une grande modernité (pourtant écrit en 1621 !), et d'une puissance d'évocation extraordinaire : une ombre, des fantômes, un soleil noir, le royaume des morts, une vision hallucinatoire…

Un corbeau devant moi croasse,
Une ombre offusque mes regards,
Deux belettes et deux renards
Traversent l'endroit où je passe :
Les pieds faillent à mon cheval,
Mon laquais tombe du haut mal,
J'entends craquer le tonnerre,
Un esprit se présente à moi,
J'ois Charon qui m'appelle à soi,
Je vois le centre de la terre.

Ce ruisseau remonte en sa source,
Un bœuf gravit sur un clocher,
Le sang coule de ce rocher,
Un aspic s'accouple d'une ourse,
Sur le haut d'une vieille tour,
Un serpent déchire un vautour,
Le feu brûle devant la glace,
Le soleil est devenu noir,
Je vois la lune qui va choir,
Cet arbre est sorti de sa place.

Philippe-Auguste de Villiers de l'Isle-Adam

La cruelle pauvreté d'un aristocrate

1838-1889

Ce Breton admirateur d'Edgar Poe et de Charles Baudelaire est resté pauvre et triste toute sa vie. Malgré une œuvre peu connue de son vivant en dépit de sa puissance et de sa beauté, il a inspiré le mouvement symboliste.

L'auteur des *Contes cruels*, Philippe-Auguste de Villiers de l'Isle-Adam, naît à Saint-Brieuc dans une famille aristocratique désargentée, austère, nostalgique de l'Ancien Régime. Après des études erratiques dans divers établissements scolaires de Bretagne – Tréguier, Laval, Rennes, Vannes –, il emménage avec ses parents à Paris à l'âge de dix-sept ans. Le jeune homme rencontre des écrivains comme Baudelaire ou Leconte de Lisle, mais les affaires de la famille ne s'arrangent pas. Son père est emprisonné pour dettes. Première humiliation dans une vie qui en comptera tant d'autres.

À l'âge adulte, il devient chroniqueur littéraire et se lance dans la publication de livres et d'articles qui, au départ, ne connaissent aucun succès. Il vit dans un dénuement complet. L'existence de cet aristocrate déchu est une lutte pour survivre : mendier un peu d'argent pour se loger, manger, se soigner.

Après la chute du Second Empire et le siège de Paris, il vit d'expédients en essayant de trouver une porte de sortie à sa misère matérielle, psychologique et sentimentale. Il cherche à se marier avec une riche héritière anglo-saxonne, Anna Eyre Powell. L'affaire est bien engagée mais échoue au dernier moment.

Sa vie est un labyrinthe dans lequel il trébuche à chaque instant. Il écrit des pièces de théâtre. L'une d'elles – *La Révolte* – n'est jouée que quelques jours. En 1881, il se présente à des élections législatives à Paris sous l'étiquette légitimiste. Il est battu à plate couture. Arrive la seule année de sa vie où il éprouve un semblant de joie. En 1883, Calmann-Lévy publie son recueil des *Contes cruels* qui passera à la postérité : une compilation de nouvelles éditées dans la presse et réunies sous un même vocable. Plusieurs écrivains saluent la sortie de cet ouvrage, dont son ami Stéphane Mallarmé : « Tu as mis en cette œuvre une somme de Beauté extraordinaire. La langue vraiment d'un Dieu partout ! Plusieurs des nouvelles sont d'une poésie inouïe et que personne n'atteindra : toutes, étonnantes. » Les textes sont d'une grande variété. Certains critiques affirment qu'il n'existe point d'unité dans le livre. L'auteur en définit une, essentielle, pour comprendre ce qui l'anime : la cruauté, d'où le titre. Dans une langue poétique imagée, incendiaire, incantatoire, il fustige la bourgeoisie, l'égoïsme humain, la méchanceté, l'ignorance. Face à l'injustice et à la bêtise, l'aristocrate pauvre et maudit se définit comme un révolté amoureux de la beauté : « Maintenant j'étais seul sur le grand chemin. J'entendais les mille bruits de la campagne. En rouvrant les yeux, je vis l'immense ciel livide où filaient de nombreux nuages ternes, cachant la lune, – la nature solitaire. Cependant, je me tins droit et ferme, quoique je dusse être blanc comme un linge.

« – Voyons ! me dis-je, du calme ! – J'ai la fièvre et je suis somnambule. Voilà tout. »

Sa mort est loqueteuse. À moins de cinquante ans, il est atteint d'un cancer des voies digestives. Il est si pauvre qu'il ne peut être soigné. Son ami Mallarmé organise une quête de charité pour lui porter secours. Avant de fermer les yeux pour l'éternité, il se marie avec une jeune femme, Marie Dantine, afin que son seul fils devienne son maigre héritier. Il succombe le 18 août 1889 dans une cruelle solitude.

Bien qu'ignoré par le public, Villiers de l'Isle-Adam a influencé le symbolisme, mouvement esthétique majeur des temps modernes. L'aristocrate monarchiste nostalgique d'un monde révolu écrit de manière moderne et innovante. Ce génie est incontestablement « un prosateur magnifique, plein d'harmonie et d'éclat », comme l'écrira Anatole France des années après sa disparition.

François Villon

Racaille notoire et poète de génie

1431-1463

On connaît mal sa vie chaotique où le génie côtoie la misère la plus noire. Ce délinquant multirécidiviste condamné à plusieurs reprises est aussi le plus grand poète du Moyen Âge. Inconnu de son vivant, il a été aimé par des rois – François Ier –, par d'autres écrivains – notamment ceux de la génération romantique –, par des chanteurs d'aujourd'hui et par un immense public qui, depuis des siècles, lui voue un véritable culte.

François de Montcorbier, dit Villon, du nom de Guillaume Villon, le chanoine qui l'élève, serait né en 1431 à Paris pendant la guerre de Cent Ans, sous le règne du roi Charles VII. Sa mère illettrée l'aurait abandonné en bas âge. Guillaume Villon le fait entrer très jeune à la faculté des arts de Paris, où il devient clerc, un privilège. Il porte la tonsure, le bonnet et la robe pourpre. C'est un brillant élève appelé aux charges les plus hautes. Mais il est indiscipliné, libertin et violent. À l'époque, les heurts entre les étudiants et la police sont déjà monnaie courante et Villon est de toutes les rixes. Les professeurs sont régulièrement en grève et pendant plus d'un an les cours n'ont pas lieu. Le jeune Villon, sans famille, est livré à lui-même.

Au soir du 5 juin 1455, jour de la Fête-Dieu, il tue – accidentellement ? – un prêtre, un certain Philippe Sermoise, au cours d'une bagarre confuse qui éclate rue Saint-Jacques. Le prêtre l'aurait attaqué le premier et Villon n'aurait fait que se défendre. Le prêtre, sérieusement blessé, meurt le lendemain. Par peur d'être emprisonné, Villon s'enfuit de Paris pendant plus de six mois. Un jour, il apprend que la chancellerie royale met fin aux poursuites contre lui grâce à l'intervention de Guillaume. Il revient dans la capitale. Mais il ne peut s'assagir. Avec d'autres malfaiteurs, à la Noël 1456, il commet un cambriolage au collège de Navarre, célèbre établissement scolaire de la rive gauche. Il aurait dérobé cinq cents écus d'or, une somme considérable. Il disparaît de nouveau par peur d'être inquiété. C'est à Angers qu'il écrit *Le Lais*, un poème sarcastique où il fait ses adieux à ses amis en leur offrant ironiquement une part de son héritage.

Quelque temps plus tard, il tente de rentrer dans le rang en devenant poète de cour auprès de René d'Anjou à Angers. Il espère avoir trouvé un mécène. Mais, sans certitude, le roi René se serait méfié de lui et Villon serait reparti. Il rend alors visite à Jean II de Bourbon à Moulins, puis, au début de l'année 1458, au prince Charles d'Orléans à Blois. Charles est l'un des plus grands poètes de son temps. Il s'entoure de fins lettrés qu'il entretient de ses largesses. Villon participe à des concours de poésie organisés par le prince mais ses vers sont considérés comme hostiles à l'homme qui l'accueille. Il doit quitter la cour. Déçu, Villon tente de séduire Charles en lui adressant d'autres poèmes, comme *La Ballade des menus propos*, sans succès.

Villon erre alors sur les routes, mourant de faim, misérable et dépenaillé.

En 1461, à la suite d'un nouveau larcin – on ignore lequel –, il est emprisonné à Meung-sur-Loire, près d'Orléans. Il est désespéré et appelle à l'aide dans son *Épître à ses amis*.

Il est gracié par Louis XI au moment où celui-ci entre dans la ville, la coutume consistant à libérer certains prisonniers à l'occasion de l'arrivée du roi.

Villon retourne alors à Paris où il compose son chef-d'œuvre, *Le Testament*, qui comprend des milliers de vers où triomphent la satire et l'ironie.

Lors d'une nouvelle bagarre entre voyous rue Saint-Jacques – l'histoire se répète –, il blesse un notaire pontifical. Le multirécidiviste est emprisonné au Grand Châtelet et condamné à mort. Il fait appel. Dans sa geôle humide, il écrit la célèbre *Ballade des pendus*, le plus beau poème du Moyen Âge que je reproduis ici en intégralité :

Frères humains, qui après nous vivez,
N'ayez les cœurs contre nous endurcis,
Car, si pitié de nous pauvres avez,
Dieu en aura plus tôt de vous mercis.
Vous nous voyez ci attachés, cinq, six :
Quant à la chair, que trop avons nourrie,
Elle est piéça dévorée et pourrie,
Et nous, les os, devenons cendre et poudre.
De notre mal personne ne s'en rie ;
Mais priez Dieu que tous nous veuille absoudre !

Se frères vous clamons, pas n'en devez
Avoir dédain, quoique fûmes occis
Par justice. Toutefois, vous savez
Que tous hommes n'ont pas bon sens rassis.
Excusez-nous, puisque sommes transis,
Envers le fils de la Vierge Marie,

Que sa grâce ne soit pour nous tarie,
Nous préservant de l'infernale foudre.
Nous sommes morts, âme ne nous harie,
Mais priez Dieu que tous nous veuille absoudre !

La pluie nous a débués et lavés,
Et le soleil desséchés et noircis.
Pies, corbeaux nous ont les yeux cavés,
Et arraché la barbe et les sourcils.
Jamais nul temps nous ne sommes assis
Puis çà, puis là, comme le vent varie,
À son plaisir sans cesser nous charrie,
Plus becquetés d'oiseaux que dés à coudre.
Ne soyez donc de notre confrérie ;
Mais priez Dieu que tous nous veuille absoudre !

Prince Jésus, qui sur tous a maistrie,
Garde qu'Enfer n'ait de nous seigneurie :
À lui n'ayons que faire ne que soudre.
Hommes, ici n'a point de moquerie ;
Mais priez Dieu que tous nous veuille absoudre !

Si la sentence avait été appliquée, François Villon aurait dû être étranglé et suspendu au gibet de Montfaucon dans le faubourg de Paris, mais le Parlement invalide le jugement. Villon est libéré et banni de la capitale pour dix ans. On perd alors sa trace. Il disparaît sur les routes du royaume de France. Les historiens supposent qu'il est mort en 1463 à l'âge de trente-deux ans, mais ils n'en ont pas la certitude absolue.

L'existence chaotique et les poèmes mirifiques du voyou incompris se transforment rapidement en légende. Son œuvre est éditée en 1489. Au XVIe siècle, le roi François Ier, ardent et cultivé, se passionne pour ses recueils, mais c'est la période romantique qui le transforme en mythe. Villon est le poète maudit par excellence, l'être sublime dont les vers magnifiques ont été rejetés par une société insensible à la beauté. Sur les bancs de l'école, l'adolescent Rimbaud est subjugué par lui. Il lui dédie un long pastiche endiablé : « Pipeur, larron, maistre François est pourtant le meilleur fils du monde. » Au XXe siècle, Georges Brassens, Serge Reggiani, Bernard Lavilliers, Léo Ferré chanteront certains de ses plus célèbres poèmes et m'en feront découvrir plusieurs. Vive la chanson quand elle se met au service de la poésie…

François Villon est le premier génie jeté de son vivant dans la boue de l'infamie avant de devenir, des années plus tard, l'un des symboles de la perfection poétique et de la révolte contre l'asservissement de l'homme. Sa voix étrange et forte résonne en nous depuis des siècles. Et pour longtemps encore.

Simone Weil

Crucifiée par amour pour son prochain

1909-1943

D'origine juive, Simone Weil est une mystique chrétienne, hantée par le sacré et la recherche de la vérité. Remarquable professeur, elle distribue une partie de ses revenus à des ouvriers vivant dans le dénuement. Elle s'identifie aux plus pauvres, y compris pendant la Seconde Guerre mondiale, alors que les Juifs sont traqués par les nazis. Elle meurt dans un dénuement complet. Sans qu'on en ait la preuve, elle aurait refusé de s'alimenter dans une sorte d'expiation mystique. Une figure féminine dont le parcours ressemble à celui d'une sainte.

Elle naît à Paris dans une famille alsacienne par son père, russe par sa mère. Les parents sont laïcs et ne s'intéressent pas à la religion. Elle est juive par ses origines, agnostique dans la vie quotidienne. Au lycée Henri-IV, elle a pour professeur le philosophe Alain, homme d'une très grande rigueur intellectuelle qui l'a beaucoup marquée. Elle entre à l'École normale supérieure, puis devient professeur de philosophie dans différents lycées de province. Elle est effarée par la misère sociale qui règne dans certains quartiers et milite en faveur des déshérités. Au Puy-en-Velay, elle participe à un mouvement de grève aux côtés d'ouvriers frappés d'injustice. Elle verse une grande partie de son salaire à une caisse de solidarité. Elle vit avec les mêmes revenus que ceux dont elle partage le combat. Elle devient communiste par conviction, mais s'oppose au stalinisme qu'elle juge tyrannique et sanguinaire à une époque où une grande partie des communistes ne jurent que par le Petit Père des peuples. D'origine bourgeoise, elle devient prolétaire. De formation classique, elle épouse la cause du peuple. À partir de 1932, sans adhérer à aucun parti, elle fréquente le Cercle communiste démocratique de Boris Souvarine, opposant à Staline.

En 1932, elle séjourne en Allemagne gangrenée par la peste brune pour essayer de comprendre les causes du nazisme. Comment une telle abjection, une telle folie, est-elle possible dans l'un des pays les plus cultivés du monde ? Elle pressent que Hitler va gagner les élections de 1933 et qu'il entraînera le peuple allemand dans une aventure sans issue. Son idéologie mortifère représente un danger fondamental pour le genre humain.

De retour en France, elle abandonne son métier de professeur, son salaire, son confort et décide de partager le destin des ouvriers des usines, le vrai peuple, soumis, aliéné, écrasé par un capitalisme sans foi ni loi. Elle est embauchée chez Alsthom puis chez Renault. Elle vit dans sa chair l'humiliation quotidienne des damnés du genre humain. Elle se sent meurtrie par leur sort indigne. Elle consigne ses pensées dans *Journal d'usine*.

Mais la jeune Simone, sorte de Jeanne d'Arc de Billancourt, est fragile et malade. À contrecœur, elle est obligée d'abandonner sa vocation aux côtés des plus pauvres, redevient professeur de philosophie, reverse une partie de ses revenus aux opprimés.

Pendant le Front populaire, elle participe à des manifestations et des grèves. Elle milite pour un pacifisme intégral, une paix absolue entre les peuples. Elle s'engage pourtant dans l'armée républicaine espagnole qui combat les troupes franquistes, une expérience qui la traumatisera. Elle constate que la violence est partout, y compris chez ceux dont elle défend la cause : les républicains commettent eux aussi des crimes abjects. Après avoir lu *Les Grands Cimetières sous la lune*, elle envoie à Georges Bernanos une lettre poignante : « On part en volontaire, avec des idées de sacrifice, et on tombe dans une guerre qui ressemble à une guerre de mercenaires, avec beaucoup de cruautés en plus et le sens des égards dus à l'ennemi en moins. Je pourrai prolonger indéfiniment de telles réflexions, mais il faut se limiter. Depuis que j'ai été en Espagne, que j'entends, que je lis toutes sortes de considérations sur l'Espagne, je ne puis citer personne, hors vous seul, qui à ma connaissance, ait baigné dans l'atmosphère de la guerre espagnole et y ait résisté. Vous êtes royaliste, disciple de Drumont – que m'importe ? Vous m'êtes plus proche, sans comparaison, que mes camarades de milices d'Aragon – ces camarades que, pourtant, j'aimais. Ce que vous dites du nationalisme, de la guerre, de la politique extérieure française après la guerre m'est également allé au cœur. J'avais dix ans lors du traité de Versailles. Jusque-là j'avais été patriote avec toute l'exaltation des enfants en période de guerre. La volonté d'humilier l'ennemi vaincu, qui déborda partout à ce moment (et dans les années qui suivirent) d'une manière si répugnante, me guérit une fois pour toutes de ce patriotisme naïf. Les humiliations infligées par mon pays me sont plus douloureuses que celles qu'il peut subir. »

Après avoir été victime d'un accident domestique sur le front espagnol, elle rentre en France. Elle ne retournera jamais en Espagne, écœurée par la violence de la guerre civile. La paix est-elle impossible ? L'homme est-il à ce point mauvais ? Comment sauver l'humanité de sa déchéance ?

Simone Weil se tourne alors vers le christianisme qu'elle considère comme la religion des opprimés, une sorte de communisme éclairé par une transcendance symbole d'amour infini. En 1937, elle se rend à Assise sur les pas de saint François, un converti qui a consacré sa vie aux pauvres. L'année suivante, à l'abbaye de Solesmes, comme Pierre Reverdy, elle est bouleversée par la beauté des chants grégoriens. Elle rencontre des prêtres avec qui elle dialogue, se confesse, confie ses tourments, ses doutes, sa révolte.

Quand la Seconde Guerre mondiale éclate, Simone Weil sait que celle-ci ne ressemblera à aucune autre. C'est un conflit d'un genre nouveau, idéologique et racial, dans lequel le peuple juif est persécuté en tant que tel. En mai 1940, les Allemands envahissent la France, la jeune fille se réfugie avec sa famille à Marseille. Elle commence à écrire ses fameux *Cahiers*, réflexion sur la place de Dieu et des religions dans la société. Elle questionne différentes traditions : égyptienne, hébraïque, hindoue, catholique. Elle les compare, médite, s'interroge. Comment percer le mystère de Dieu ? Est-ce le même dieu dans toutes les religions ?

Exclue de l'université par les lois antijuives, elle est accueillie dans une ferme viticole de la vallée du Rhône comme ouvrière agricole. Elle mène une vie ascétique, au pied des montagnes, elle contemple l'œuvre de Dieu, le ciel immense, étoilé : « Ceux avec qui je suis sont de très braves gens. La nature autour de moi est très belle avec un horizon bordé de collines et de montagnes… » L'aventure au milieu des vignes ne dure pas, elle retourne à Marseille où elle réunit des textes consacrés à Dieu. Elle est de plus en plus mystique, illuminée par la grâce. Elle donne des conférences dans la crypte d'un monastère dominicain. Sous le pseudonyme d'Émile Novis, elle collabore aux *Cahiers du Sud*, principale revue littéraire de la France libre. Elle entre en résistance contre les nazis en distribuant *Témoignage chrétien*, journal clandestin publié par des jésuites.

Les nazis resserrent leur étau sur les Juifs un peu plus chaque jour, les camps d'extermination fonctionnent à plein régime. La famille Weil se réfugie à New York. Mais Simone trouve cette ville trop éloignée des souffrances de la guerre et par solidarité avec les victimes, elle se rend à Londres où elle travaille aux côtés du général de Gaulle. Elle expose son humanisme chrétien dans son *Étude pour une déclaration des obligations envers l'être humain*. Elle veut rejoindre la Résistance sur le territoire français, mais plusieurs de ses chefs – comme Maurice Schumann – ont peur qu'elle soit déportée en tant que juive.

Simone est de plus en plus faible, de plus en plus malade, elle souffre de maux de tête insupportables. On lui découvre une tuberculose. En avril 1943, elle est admise à l'hôpital de Middlesex. Quelques mois plus tard, elle meurt dans un sanatorium à l'âge de trente-quatre ans. Elle aurait refusé de s'alimenter par solidarité pour les victimes de la guerre, de sorte que certains de ses biographes n'excluent pas la thèse d'une forme de suicide.

Je contemple à l'instant sa photo, son beau visage de femme libre, ses yeux rieurs cerclés de lunettes rondes : une écorchée vive, sensible à la détresse humaine comme peu le sont. Dans *La Pesanteur et la Grâce*, un recueil de textes publiés après sa mort, elle expose ses pensées empreintes d'un mysticisme très personnel : « Si je me dis tous les matins : je suis courageuse, je n'ai pas peur, je peux devenir courageuse, mais d'un courage qui sera conforme à ce que, dans mon imperfection actuelle, je me représente sous ce nom et qui, par suite, n'ira pas au-delà de cette imperfection. Ce sera une modification sur le même plan, non un changement de plan.

« La contradiction est le critérium. On ne peut pas se procurer par suggestion des choses incomparables. La grâce seule le peut. Un être tendre qui devient courageux par suggestion s'endurcit, souvent même il s'ampute lui-même de sa tendresse par une sorte de plaisir sauvage. La grâce seule peut donner du courage en laissant la tendresse intacte ou de la tendresse en laissant le courage intact. »

Oscar Wilde

De la gloire aux travaux forcés

1854-1900

Chacun connaît la fin tragique d'Oscar Wilde : condamné pour homosexualité en Angleterre, il meurt à quarante-six ans dans la misère à Paris. Je n'oublie pas qu'il a été aussi l'écrivain chéri de la période victorienne et qu'il a mené ses aventures amoureuses comme il l'entendait, en pensant que personne ne lui reprocherait jamais rien. Puis, en quelques mois, il est passé du paradis à l'enfer.

Il est issu d'une famille de la grande bourgeoisie dublinoise. Son père est un médecin célèbre, chirurgien attitré de la reine Victoria. Sa mère est une féministe, poétesse et militante de la cause irlandaise qui a pour nom de plume Speranza. Elle défend le nationalisme de ses compatriotes et milite pour le droit de vote des femmes. Le père et la mère sont très dissemblables : le premier est adoubé par la reine du plus grand empire du monde, la seconde conteste l'ordre établi. Ces deux visages seront ceux d'Oscar toute sa vie : écrivain coqueluche de la société britannique, homosexuel rejeté et condamné par cette même société. L'homme aux deux visages, celui qu'il met en scène dans *Le Portrait de Dorian Gray.*

Des drames terribles assombrissent une existence jusque-là sans histoire. Le père n'est pas un ange. Il est accusé d'avoir abusé d'une patiente et il est convoqué par un tribunal. Puis Oscar perd sa jeune sœur malade de la peste et deux demi-sœurs brûlées vives dans leur robe de bal.

Étudiant au Trinity College de Dublin, le jeune Wilde est remarqué pour son éloquence et ses tenues extravagantes. Il est considéré comme un dandy aimant la culture et les plaisirs. À vingt ans, il obtient une bourse qui lui ouvre les portes du Magdalen College à Oxford, habituellement réservé à l'aristocratie. L'un de ses professeurs est John Ruskin, le fameux critique qui considère que l'art doit être tourné vers le beau et lui seul, en dehors de toute considération morale ou politique. Oscar est ébloui par le maître, qui inspirera la plus grande partie de son œuvre. Son extravagance vestimentaire s'accroît, il publie ses premiers poèmes dans des revues littéraires. Il est l'amant incandescent, insatiable, de plusieurs étudiants issus de l'aristocratie.

À la fin de ses études, il s'installe à Londres où il fréquente les milieux artistiques. Il est remarqué autant par ses tenues et sa verve que par ses poèmes. Mais sa première pièce, *Véra ou les Nihilistes*, qui appelle à la liberté des peuples, est considérée comme une provocation à l'heure où l'Irlande milite pour son indépendance. La pièce est retirée de l'affiche avant même la première.

Le jeune homme trouve l'atmosphère londonienne pesante. Il habite quelque temps aux États-Unis où il donne des conférences dédiées à sa conception de l'art. Puis il séjourne à Paris, capitale culturelle de l'Europe. Il rencontre Zola, Mallarmé, Verlaine, Hugo. Il fréquente de jeunes artistes en herbe, pour la plupart homosexuels comme lui : Lorrain, Montesquiou, Louÿs, Proust, Gide.

Par conformisme ou par amour, mais surtout pour mettre fin aux rumeurs sur ses mœurs, il épouse une jeune admiratrice, Constance Lloyd. Ils s'installent dans une luxueuse demeure de

Chelsea où les artistes les plus en vue se donnent rendez-vous. Il a deux enfants qu'il aime, ce qui ne l'empêche pas de multiplier les aventures avec des hommes. Il est bon père, bon mari, mais il est aussi l'amant de garçons avec qui il entretient des relations passionnées.

En 1887, il devient le rédacteur en chef de la revue *The Woman's World*, où il défend des causes qui lui sont chères : l'art pour l'art et le droit des femmes. Il couche sur le papier un texte qui le rendra célèbre, *Le Portrait de Dorian Gray*, son unique roman. Le livre aux relents autobiographiques provoque un scandale : il raconte l'histoire d'un jeune hédoniste, aux mœurs légères et décadentes, fasciné par la beauté, mû par les plaisirs de la chair. Cette histoire s'apparente au genre fantastique : Dorian ne vieillit pas, ses péchés, ses débauches, son immoralité se dessinent peu à peu sur un tableau qui le représente et qu'il garde secrètement chez lui. Le livre est aussi une satire cruelle du siècle confiné de Victoria et une allusion à peine voilée à une sexualité qu'il considère comme libératrice. Mais pour Wilde, la chose la plus précieuse, la plus raffinée, est la beauté de l'art pour l'art en dehors de toute considération morale.

Plusieurs journaux conservateurs assènent que le livre est répugnant. La bonne société pudibonde et hypocrite s'insurge tout en étant fascinée par l'audace du jeune homme qui écrit dans l'*incipit* : « La meilleure façon de résister à la tentation, c'est d'y céder. » Un journal conservateur, *Le Scot Observer*, proclame : « L'intrigue – qui traite de sujets réservés au Service des enquêtes criminelles ou à une audience à huis clos – discrédite aussi bien l'auteur que l'éditeur. M. Wilde est un homme intelligent, artiste, élégant ; mais s'il ne peut écrire que pour des aristocrates dévoyés et des télégraphistes pervertis, plus tôt il se fera tailleur (ou tout autre métier décent), mieux cela vaudra pour sa réputation et pour la moralité publique. » L'allusion à l'homosexualité de Wilde est à peine voilée : en 1889, l'existence d'un bordel pour hommes fortunés et influents cherchant de jeunes prostitués avait défrayé la chronique : le scandale avait été baptisé l'« affaire des petits télégraphistes ».

Après le succès au parfum de soufre, Wilde écrit des pièces de théâtre mettant en scène la haute société, comme *L'Éventail de lady Windermere*. Hélas, l'année suivante, sa pièce *Salomé*, écrite en français pour Sarah Bernhardt, est interdite par la censure. En 1893, il donne *Une femme sans importance*, qui rencontre un grand succès. Il devient riche, vit dans le luxe, tout en continuant à critiquer le conformisme ambiant.

En 1891, il rencontre lord Alfred Douglas, surnommé Bosie, un jeune homme de vingt et un ans, troisième fils du marquis de Queensberry, au charme maléfique. Il étudie à Oxford comme Wilde vingt ans auparavant. Il est fasciné par *Le Portrait de Dorian Gray* qu'il a lu plusieurs fois, par l'intelligence de Wilde mais aussi par sa réputation sulfureuse. Ils deviennent amants. L'écrivain est subjugué par la beauté ténébreuse du garçon. Les deux hommes affichent au grand jour leur relation, ce qui déplaît au marquis de Queensberry qui vient de perdre son fils aîné d'un accident de chasse, c'est du moins la version officielle. En réalité, il s'est suicidé après avoir été éconduit par son amant devenu Premier ministre du Royaume-Uni de Grande-Bretagne, Archibald Philip Primrose, l'élégant comte de Rosebery.

Le marquis de Queensberry a deux fils homosexuels, le premier s'est suicidé, le second est dans le lit d'Oscar Wilde. Son désespoir est total. Il exige que son cadet revienne dans le droit chemin. Après plusieurs péripéties, trois procès successifs opposent le marquis à l'écrivain. Ce dernier se sent tout-puissant, auréolé de sa gloire. Il multiplie de manière théâtrale les attaques contre la morale officielle et scandalise le jury. En vertu d'une loi de 1885, le Criminal Law Amendement Act, interdisant l'homosexualité, il est condamné à deux ans de travaux forcés. Ses biens sont confisqués. Sa femme est obligée de fuir en Suisse avec ses deux enfants.

Commence alors une descente aux Enfers à laquelle il ne s'attendait pas. Le monde de Wilde s'effondre : il perd son amant, sa femme, ses enfants, son argent et se retrouve emprisonné. Après quatorze mois de travaux forcés, il arrive dans le pénitencier de Reading où il a la possibilité d'écrire des lettres. L'une d'elles, *De profundis*, est adressée à son amant : il dépeint la passion orageuse qui les unit mais l'accuse d'être immature et destructeur. Une lettre d'amour, mais aussi de haine, dont la version non expurgée ne sera publiée qu'en 1962. Il entame la rédaction de la *Ballade de la geôle de Reading*, peut-être le plus beau texte de Wilde, et qu'il achèvera lors de son exil en France.

À l'extérieur de la prison, l'adulation qu'éprouvait une partie de la société à son égard se transforme en haine farouche. Il n'est plus le génie provocateur qu'on admirait, mais le débauché homosexuel avide de chair fraîche. Toutes ses pièces sont déprogrammées. L'Angleterre victorienne qui s'était sentie piétinée et humiliée par le dandy à l'allure fantasque savoure sa victoire.

En 1897, il quitte sa geôle et s'exile en France. Il habite Dieppe, puis Berneval, non loin de là, où il se cache sous le pseudonyme de Sébastien Melmoth. Grandeur et décadence de l'enfant chéri de la société anglaise. Il retourne à Londres en secret, revoit son amant, avant de s'installer à Paris. Il côtoie Gide, Jarry, Toulouse-Lautrec, Rodin, Sarah Bernhardt. Il fréquente de nouveau Bosie, installé lui aussi dans la capitale française, mais celui-ci finit par l'éconduire à jamais : il vient de se réconcilier avec son père sur son lit de mort, il lui a promis d'abandonner son vice et de se marier.

Abandonné de tous, Oscar Wilde se considère comme une « épave à bout de nerfs ». Il s'installe dans un hôtel à l'époque bon marché au 13, rue des Beaux-Arts – appelé aujourd'hui L'Hôtel. Il quémande auprès d'amis. Il se prostitue. Il n'est plus que l'ombre de lui-même. Il erre dans Paris comme un clochard, ses anciennes relations détournent la tête. Contrairement à Dorian Gray dont le portrait vieillit à la place du héros, Oscar Wilde, à quarante-cinq ans, est un vieillard squelettique.

Pendant son incarcération, il a été blessé à l'oreille. Le 10 octobre 1900, à cause d'une syphilis contractée lors de ses études à Oxford, elle s'infecte. Après s'être converti au catholicisme dans un élan de foi mystique, il meurt dans la solitude, la pauvreté et le désespoir le 30 novembre 1900 à l'âge de quarante-six ans.

Wilde est enterré à Bagneux. Bosie est là, tout de même, mais ni Proust ni Gide, par peur d'être vus, n'ont fait le déplacement. Pendant des décennies, son nom restera symbole d'infamie. Un de ses fils ne pourra même pas s'inscrire à l'université d'Oxford à cause de la réputation sulfureuse de son père.

En 1909, le corps d'Oscar Wilde est transféré au Père-Lachaise. Le sphinx monumental d'inspiration assyrienne qui surmonte sa sépulture, nu et doté d'attributs virils, attise la colère des puritains. Mais le temps efface tout, même les haines les plus tenaces. Aujourd'hui, la tombe est devenue un lieu de recueillement. Pendant des années, des marques de rouge à lèvres – celles de ses admirateurs – ont piqueté la pierre.

Virginia Woolf

Des cailloux pour mourir

1882-1941

C'est certainement la romancière que je préfère. Tout en elle m'émeut.

Bipolaire, dépressive, Virginia Woolf est frappée par des troubles mentaux récurrents qui hantent son œuvre immense. Elle se suicide en remplissant ses poches de cailloux avant de s'enfoncer dans une rivière. Elle laisse à son mari une lettre magnifique qui décrit toute l'étendue de son désespoir.

Elle appartient à la haute société londonienne cultivée. Sa famille rassemble des enfants issus de trois mariages différents. L'une de ses demi-sœurs est handicapée mentale et vivra dans un asile pendant des années. Dès son plus jeune âge, Virginia s'intéresse à la littérature, qui l'aspire, remède à des traumatismes ineffaçables. Ses demi-frères auraient abusé d'elle quand elle était impubère. Elle perd sa mère à treize ans et plonge dans le désespoir. Neuf ans plus tard, son père meurt à son tour. La jeune femme sombre dans une dépression profonde qui nécessite un internement. La disparition de son père est un événement fondateur de son œuvre. Son premier livre, *Leslie Stephen*, raconte sa vie. Sans cet événement tragique, elle n'aurait peut-être pas écrit. Le deuil, la souffrance la poussent à marcher sur une voie singulière, celle de la création littéraire. Une création de chaque instant. Mais le malheur ne s'arrête pas là : elle perd sa demi-sœur et son frère. En pleine jeunesse, elle est obligée de vivre avec des morts. Il faut combler le silence. L'écriture est une thérapie de choc. Virginia Woolf croit qu'elle va la guérir de ses tourments.

Certains biographes prétendent qu'elle était folle et frigide, juste bonne à coucher des mots sur le papier. Cette vision est hâtive. Virginia Woolf n'est ni folle ni frigide. Elle est profondément dépressive, ce qui n'est pas la même chose, passant sans cesse de l'euphorie au désespoir. Elle n'est pas frigide, mais bisexuelle assumant pleinement ses désirs avec des hommes et des femmes. À trente ans, elle se marie avec Leonard Woolf, journaliste, éditeur, écrivain. Elle vit une belle histoire d'amour qui n'est pas exclusive. Elle se lie avec Vita Sackville-West, bisexuelle comme elle, avec qui elle partage une relation passionnée pendant des années.

Virginia est l'une des fondatrices du groupe de Bloomsbury qui lui permet d'échanger avec de nombreux intellectuels comme l'économiste John Keynes. Dans un essai intitulé *Une chambre à soi*, elle défend le droit des femmes à devenir écrivain. Avec son mari, elle crée une maison d'édition, Hogarth Press, où elle publie la plupart de ses livres.

Dévorée par la détresse, elle écrit quelques-uns des plus grands romans anglais du XXe siècle : *Mrs Dalloway, La Promenade au phare, Orlando.* La maladie psychique taraude sa création. Elle est insomniaque, fatiguée, agitée, perdue, épouvantée, mélancolique. Ses maux sont les « états d'âme de la création », dit-elle. Elle est désespérée au moment de commencer un ouvrage, désespérée quand elle le termine, désespérée quand elle le publie. Relire ce qu'elle a écrit est insupportable car elle voit sa souffrance comme dans un miroir.

Juste avant la guerre, son état s'améliore. La voilà devenue reconnue, aimée, admirée. Mais l'ascension de Hitler, le déclenchement du second conflit mondial, l'invasion de la France, les bombardements sur l'Angleterre l'affectent profondément. Son mari juif est sur la liste noire du Troisième Reich. Que peut un écrivain face au déluge de feu, à l'effusion de sang, à la folie des hommes ? Elle sombre de nouveau dans la dépression. L'écriture donne un sens à sa vie mais la guerre est plus forte, plus puissante que tous les mots.

À partir de 1940, parce que son appartement londonien a été endommagé par un bombardement, elle habite Rodmell, un village du sud de l'Angleterre, dans un cottage du XVIIIe siècle agrandi au fil des ans. Elle aime son logis, ses amis, son mari, mais rien ne peut guérir sa détresse.

Le 28 mars 1941, elle quitte sa maison à pied, traverse les champs boueux jusqu'à la rivière Ouse. Le printemps anglais est triste. Elle a lesté les poches de son long manteau. Elle s'enfonce dans l'eau glaciale. Elle se noie. Elle a laissé une lettre bouleversante à son mari pour expliquer son geste : « Mon chéri, j'ai la certitude que je vais devenir folle à nouveau : je sens que nous ne pourrons pas supporter une nouvelle fois l'une de ces horribles périodes. Et je sens que je ne m'en remettrai pas cette fois-ci. Je commence à entendre des voix et je ne peux pas me concentrer. Alors, je fais ce qui semble être la meilleure chose à faire. Tu m'as donné le plus grand bonheur possible. Tu as été pour moi ce que personne d'autre n'aurait pu être. Je ne crois pas que deux êtres eussent pu être plus heureux que nous jusqu'à l'arrivée de cette affreuse maladie. Je ne peux plus lutter davantage, je sais que je gâche ta vie, que sans moi tu pourrais travailler. Et tu travailleras, je le sais. Vois-tu, je ne peux même pas écrire cette lettre correctement. Je ne peux pas lire. Ce que je veux dire, c'est que je te dois tout le bonheur de ma vie. Tu t'es montré d'une patience absolue avec moi et d'une incroyable bonté. Je tiens à dire cela – tout le monde le sait. Si quelqu'un avait pu me sauver, cela aurait été toi. Je ne sais plus rien si ce n'est la certitude de ta bonté. Je ne peux pas continuer à gâcher ta vie plus longtemps. Je ne pense pas que deux personnes auraient pu être plus heureuses que nous l'avons été. »

Son corps emporté par le courant est retrouvé au bout de trois semaines. Telle la blanche Ophélie, elle a flotté comme un grand lys mais personne ne l'a vue passer. Ce suicide a été prémédité de longue date. Contrairement à ce qu'elle espérait, l'écriture ne l'a pas soignée de son désespoir.

À dix-sept ans, Virginia Woolf avait écrit un texte prémonitoire intitulé *Terrible tragédie dans la mare aux canards*. Elle raconte une noyade et le retour de la mort : « J'ai sombré et sombré et sombré, l'eau s'infiltrait dans mes oreilles, ma bouche, jusqu'à ce que je la sente se refermer au-dessus de ma tête. Cela, me suis-je dit, c'est se noyer. Une éternité sembla se passer sous l'eau... »

Stefan Zweig

Mort pour rester libre

1881-1942

Stefan Zweig est l'un des premiers à comprendre la monstruosité du nazisme. Après avoir erré à travers le monde, il s'installe en 1941 au Brésil d'où il assiste, désemparé et impuissant, au naufrage de l'Europe. Dépressif, malade, déchu, vieillissant, ne supportant pas l'idée que les barbares puissent gagner la guerre et détruire le monde qu'il aime, il se suicide avec sa femme.

Il est né dans la lumière et il est mort dans la nuit. Il voit le jour dans une capitale multiculturelle et tolérante, la Vienne des Habsbourg, il meurt en exil alors que la haine et le sang ont submergé le monde. Tout avait pourtant commencé sous de bons auspices. Son père, industriel juif fortuné, éclairé, tolérant, l'autorise à mener les études qu'il souhaite. À vingt-trois ans, le jeune prodige est docteur en philosophie. Il est happé par le bouillonnement intellectuel de la capitale de l'empire austro-hongrois. Les élégants cafés résonnent des valses de Strauss tandis que le parc de Schönbrunn et la grande roue du Prater voient passer quelques-uns des plus grands artistes et penseurs du siècle : Rilke, Freud, Gauguin, Klimt, Schnitzler. Il connaît Freud, même s'il ne comprend pas tous les aspects de la psychanalyse, tellement novatrice, tellement scandaleuse. Des silhouettes menaçantes rôdent à l'alentour, mais personne ne les remarque. Un certain Adolf Hitler, un certain Joseph Staline, un certain Léon Trotski fréquentent Vienne eux aussi. Zweig les a-t-il croisés au détour d'une rue ? Ce n'est pas impossible. Les futurs bourreaux de l'Europe, jaloux et frustrés, fourbissent leurs armes dans une ville cosmopolite où les Juifs sont respectés par décision de l'empereur François-Joseph. Ici, tout est en germe, sur quelques arpents, juste avant la Grande Guerre : l'avenir mouvementé du monde et le destin de Zweig. On dirait que le meilleur et le pire de l'humanité se sont donné rendez-vous à l'intérieur du Ring, boulevard circulaire de Vienne qui enserre l'antichambre du XXe siècle.

Zweig est optimiste, bouillonnant de vie. Il multiplie les conquêtes féminines qu'il appelle « mes épisodes ». Il croit naïvement que la culture sauvera le monde. Il visite Paris, Bruxelles, Florence, Londres. Il est enthousiasmé par la beauté de l'art. Il se lie d'amitié avec le Français Romain Rolland et le Belge Émile Verhaeren. Subjugué par la poésie française du XIXe siècle, il traduit Baudelaire, Verlaine, Rimbaud. Puis il prend le bateau jusqu'à New York. New York, autre métropole de la culture internationale, symbole de progrès et de rêve.

L'apocalypse – la première – commence en août 1914. La Grande Guerre éclate dans le ciel bleu azur de l'été. Comment en est-on arrivé là ? Cruelle ironie, c'est l'empereur de la tolérance François-Joseph qui a déclenché les hostilités après l'attentat de Sarajevo qui a tué son neveu, l'archiduc Ferdinand. Comme son ami Romain Rolland, Zweig est écœuré par la boucherie, les morts, la haine. Il défend la culture européenne contre la barbarie. Il milite de toutes ses forces dans le camp pacifiste en sachant que personne, ou presque, ne l'écoute. Le vernis de la société mondaine s'est transformé d'un coup en fleuve de sang et de larmes. Il est anéanti. Les valeurs morales sont des chimères. Des millions d'hommes sont massacrés dans une indifférence quasi générale.

La guerre nourrit la plupart de ses grands textes ultérieurs, même si elle n'est pas évoquée explicitement : *Vingt-quatre heures de la vie d'une femme, Amok, La Peur.*

Dans *La Confusion des sentiments*, un texte court et fulgurant, Zweig raconte l'amitié étrange et trouble entre un étudiant et un professeur âgé, magnétique, qui l'héberge : « Celui qui n'est pas passionné devient tout au plus un pédagogue ; c'est toujours par l'intérieur qu'il faut aller aux choses, toujours, toujours en partant de la passion. » Le livre rencontre un succès considérable. L'auteur est reconnu, puis adulé.

À l'aube des années folles, la Société des nations voit le jour. Les peuples ont compris que la guerre moderne menait à un anéantissement général. Elle est déclarée hors-la-loi. Des traités sont signés. L'Allemand Stresemann et le Français Briand réconcilient les deux grands peuples pour l'éternité. Ils obtiennent le prix Nobel de la paix. L'avenir est un champ de fleurs. Zweig reprend espoir. Il exalte la littérature dans des essais sur Dostoïevski, Tolstoï, Nietzsche, Freud, Stendhal.

Le fin lettré, l'hédoniste, le raffiné assiste à la montée du nazisme en pensant – en espérant – qu'il s'agit d'un feu de paille. Mais bientôt le feu de paille se transforme en immense autodafé qui brûle les livres. Hitler et ses chemises brunes ont pris le pouvoir. En anéantissant les Juifs, ils anéantissent l'Europe. Stefan Zweig est encore trop idéaliste pour deviner que cela va se terminer en nouvelle guerre mondiale, car les forces en présence sont pires que celles de 1914, plus violentes, plus haineuses, plus puissantes, plus sanguinaires, plus diaboliques. En apprenant que les livres du « Juif Zweig » sont brûlés en place publique, il émigre en Angleterre, abasourdi. Il a abandonné sa maison de Salzbourg où il ne reviendra jamais. Il fuit plus loin, toujours plus loin, jusqu'en Amérique. En 1938, Vienne l'adorée, la sensuelle, la cultivée, l'excentrique est aux mains des bourreaux. Le brouillard de la haine ensevelit tout. Les Juifs sont arrêtés et déportés, l'art moderne est exterminé, la littérature est crucifiée. Tout ce que le délicieux Zweig adule est en train de sombrer. Aux États-Unis, il continue à trembler de peur. En 1941, il se réfugie au Brésil, à Rio de Janeiro, où il espère apaiser ses tourments. Il vieillit, il est malade, il est dépressif, et le monde agonise.

Il écrit alors *Le Joueur d'échecs*, un court roman qui sera publié à titre posthume : des joueurs s'affrontent sur un paquebot en partance pour Buenos Aires. L'un, Czentović, est champion du monde. Monsieur B., personnage mystérieux, apparaît. Il défie Czentović. Son passé est révélé : il a été emprisonné pendant des mois par la Gestapo, il a appris les règles des échecs grâce à un livre oublié dans sa cellule. Solitaire, désespéré, il a joué avec lui-même des parties de haut vol qui lui ont permis de ne pas sombrer dans la folie. Son intelligence lui a donné la force de rester libre. Monsieur B. est la figure de Zweig qui a fui à l'autre bout du monde les persécutions antisémites et qui a réussi à survivre grâce à sa force créatrice : « Autour de moi, c'était le néant, j'y étais tout entier plongé. On m'avait pris ma montre, afin que je ne mesure plus le temps, mon crayon, afin que je ne puisse plus écrire, mon couteau, afin que je ne m'ouvre pas les veines ; on me refusa même la légère griserie d'une cigarette. Je ne voyais aucune figure humaine, sauf celle du gardien, qui avait ordre de ne pas m'adresser la parole et de ne répondre à aucune question. Je n'entendais jamais une voix humaine. Jour et nuit, les yeux, les oreilles, tous les sens ne trouvaient pas le moindre aliment, on restait seul, désespérément seul en face de soi-même, avec son corps et quatre ou cinq objets muets : la table, le lit, la fenêtre, la cuvette. On vivait comme le plongeur sous sa cloche de verre, dans ce noir océan de silence, mais un plongeur qui pressent déjà que la corde qui le reliait au monde s'est rompue et qu'on ne le remontera jamais de ces profondeurs muettes. »

Mais l'écriture ne l'empêche plus d'échapper au désespoir. Le 22 février 1942, il rédige un message d'adieu terrible et magnifique : « Avant de quitter la vie de ma propre volonté et avec ma lucidité, j'éprouve le besoin de remplir un dernier devoir : adresser de profonds remerciements au Brésil, ce merveilleux pays qui m'a procuré, ainsi qu'à mon travail, un repos si amical et si hospitalier. De jour en jour, j'ai appris à l'aimer davantage et nulle part ailleurs je n'aurais préféré édifier une nouvelle existence, maintenant que le monde de mon langage a disparu pour moi et que ma patrie spirituelle, l'Europe, s'est détruite elle-même. Mais à soixante ans passés, il faudrait avoir des forces particulières pour recommencer sa vie de fond en comble. Et les miennes sont épuisées par les longues années d'errance. Aussi, je pense qu'il vaut mieux mettre fin à temps, et la tête haute, à une existence où le travail intellectuel a toujours été la joie la plus pure et la liberté individuelle le bien suprême de ce monde. Je salue tous mes amis. Puissent-ils voir encore l'aurore après la longue nuit ! Moi je suis trop impatient, je pars avant eux. »

Un de ses traducteurs affirme qu'il se serait suicidé au gaz, comme un avant-goût des chambres de la mort nazies. Nullement. Il envoie sa lettre à des amis, au gouvernement brésilien, paye deux mois d'avance à son bailleur, puis avale du poison. Il n'admet pas de voir l'allemand, la langue de son œuvre, devenir celle des barbares. Sa femme Lotte l'imite. Elle se couche à ses côtés, avale du poison et plonge dans l'éternité.

Tragique hasard de l'histoire : son bourreau, le bourreau suprême des Juifs et de l'humanité, se suicidera de la même manière trois ans plus tard avec sa femme dans son bunker. Mais le nom du Sanguinaire restera pour toujours symbole de l'infamie tandis que l'écrivain de la grâce continuera à illuminer le destin des hommes.

Stefan Zweig est à l'image de la plupart des écrivains de cet éloge très personnel et subjectif : talentueux, prolifique, inventif, visionnaire, créateur d'une œuvre rare et précieuse qui inspire chacune de nos pauvres vies, à commencer par la mienne. Mais face à lui, à mesure que le temps passe, la réalité bascule dans une direction imprévue, en tous points différente de ses idéaux humanistes. L'écriture devient alors un refuge, l'exutoire suprême, le dernier, toujours parée d'une incomparable splendeur. De son exil brésilien, le grand auteur autrichien envoie à la chère Europe qu'il a quittée pour toujours un livre de souvenirs qui sera son testament : *Le Monde d'hier*, écrit l'année précédant son suicide. Cet ouvrage raconte la « Mitteleuropa » heureuse et humaniste de la fin du XIXe siècle, mais aussi l'écroulement de l'entre-deux-guerres marquant l'échec d'une civilisation, l'explosion du rêve européen, et la montée des populismes. Belle leçon d'histoire. Il montre comment un peuple cultivé et raffiné a pu sombrer en quelques années dans la haine, le racisme, puis la guerre et la barbarie. « J'ai connu la forme et le degré les plus élevés de la liberté individuelle et l'état de la pire dégradation qu'on eût vue depuis des siècles », écrit Zweig pour mettre en garde les nouvelles générations. Il a bien eu raison. Il y a quelques mois, je suis allé voir au théâtre la belle adaptation qu'en a faite Laurent Seksik pour le grand acteur Jérôme Kircher. Quelle force, quel écho pour le monde d'aujourd'hui !

Épilogue

Me voilà parvenu au terme de ce livre qui m'a permis pendant plus d'un an de voyager avec mes écrivains maudits. Et de donner peut-être l'envie à d'autres lecteurs de les découvrir ou de les redécouvrir. J'ai musardé en chemin, je me suis attardé dans les pas de ceux qui m'impressionnent au-delà de tout. Je me suis même attablé plus longtemps que prévu avec tel ou telle, des noms me sont revenus des profondeurs de l'enfance, puis de l'adolescence : des lectures-choc que j'avais enfouies sous la couche superficielle de nos neiges occidentales, des émotions violentes aussi.

En parlant de cet abécédaire autour de moi, je me suis ouvert à l'arborescence des goûts de mes amis proches. Et lui ? Et elle ? Et ce livre-là ? Grâce à eux, d'autres auteurs sont venus enrichir ce coffret aux trésors. Qu'ils en soient remerciés. J'ai eu le sentiment de retrouver avec eux le Cercle des poètes disparus. Il n'y a pas si longtemps, je me suis promené avec l'un de ces amis dans les Catacombes de Paris, au milieu de millions de crânes. Certains ont abrité des cerveaux qui se croyaient immortels ou supérieurs. Ils ne sont plus que poussière. Je me suis arrêté face à l'orgueilleux « tombeau » d'un poète que je ne connaissais pas et qui avait tout pour se retrouver dans ces pages tant il fut maudit, tout sauf le talent, quoiqu'en dise Alfred de Vigny. Il s'appelait Nicolas Gilbert, il est mort à trente ans dans la dépression, peu avant la Révolution, et dans un médiocre quatrain, il fait ses *Adieux à la vie* :

> Au banquet de la vie, infortuné convive,
> J'apparus un jour, et je meurs.
> Je meurs ; et sur ma tombe où lentement j'arrive,
> Nul ne viendra verser des pleurs.

Mais si, Nicolas, vous voilà aujourd'hui dans une ode à la gloire de la malédiction littéraire. Et bien entouré !

Ce livre terminé, je quitte avec regret le pays des écrivains maudits. Je m'étais fixé pour objectif de rendre hommage à ces parias des lettres. Je ne mettais aucun souci d'exhaustivité. Car alors, plusieurs volumes auraient été nécessaires. Sans doute même des dizaines. Mon ambition était plus modeste : mieux comprendre ce qui m'avait fabriqué et surtout éclairer en toute subjectivité quelques pans de la vie et de l'œuvre de ces auteurs. Des écrivains que j'ai lus au fil du temps et que je relis pour certains aujourd'hui. Mon tour du monde des lettres en quatre-vingts maudits. Deux tiers de Français, un tiers d'étrangers. Tous sont des inadaptés de la vie. Ils me touchent aussi pour cela. Ils ont souffert, parfois au point de choisir la nuit, une quelconque addiction ou la folie comme une fuite, ou encore l'errance. Leurs livres sont imprégnés de ces souffrances de l'âme et du cœur qui ont jalonné leur existence. Leur douleur a enfanté des chefs-d'œuvre dont nombre d'entre eux sont étincelants.

Ces écrivains illuminent nos vies, peut-être même parviennent-ils à donner plus de sens à l'humaine condition. C'est une chance pour moi de les avoir rencontrés. Avec eux, j'ai rêvé, voyagé, aimé, souffert, et aimé de nouveau. Je me suis déplacé dans le temps et l'espace, porté par la magie de leur verbe. Tous ces écorchés vifs, ces handicapés, ces solitaires m'ont entraîné sur les chemins mystérieux de leur quête existentielle et poétique. Ils m'ont conduit vers des contrées où l'on n'arrive jamais mais qu'ils m'ont fait entrevoir, au loin.

Aux côtés d'Alain-Fournier, j'ai marché jusqu'au « domaine sans nom », un territoire de forêts et d'étangs noyé dans les brumes de l'enfance. J'ai rejoint en compagnie de Baudelaire un pays de soleils mouillés et de ciels plombés, comme dans un rêve. Beckett m'a dépêché des clochards pour interroger le ciel et ses espaces infinis. Bernanos m'a entraîné jusqu'aux confins du monde, et j'ai vu, sur les flancs de la *Montagne morte de la vie*, des êtres pétrifiés qui avaient tenté d'atteindre les cimes. Plus tard – sans aucun souci chronologique, seul l'alphabet guidait mes pas –, j'ai parcouru, avec Emily Brontë, une lande balayée par les vents du nord, et construit un feu dans le blizzard avec London. Maupassant, me sachant amoureux de la mer, m'a embarqué sur les flots bleus de la Méditerranée à bord de son *Bel-Ami* et, tandis que je regardais, installé sur le pont du navire, tout à mon bonheur, les montagnes rouges de l'Estérel, il scrutait la Mort, elle semblait le suivre obstinément sur un vaisseau-fantôme gréé de voiles couleur d'ébène. Avec Rimbaud, j'ai descendu des fleuves impassibles et « je me suis baigné dans le Poème de la Mer » et dans le lac d'Ophélie aux côtés de ma fille Solenn… Verlaine, lui, s'est entremis pour que je croise, dans « un vieux parc solitaire et glacé », la silhouette d'une femme autrefois aimée.

Ainsi, tous ces Maudits ont bâti des mondes imaginaires qui donnaient sens à leur vie et enrichissent les nôtres. Leurs livres contiennent ces univers, mais aussi les joies, les souffrances des « travailleurs de la plume » qu'ils furent. Il suffit de tourner les pages et de lire: leurs émotions y figurent intactes. «Elles y figurent» n'est pas la bonne formulation: ces émotions vivent, palpitent, jaillissent de la matière inerte et nous font vibrer. Par quelle singulière alchimie l'encre et le papier les ont-ils conservées à travers les années et même les siècles, pour les offrir au lecteur? Certains textes – parfois même une phrase, un mot – ont une telle densité qu'au moment où on les lit, à l'instant où l'on s'en imprègne, un peu de l'âme de celui qui les a pensés vient jusqu'à nous, comme un parfum exhalant ses précieuses fragrances.

Le Monde d'hier de Stefan Zweig dont nous parlions en refermant cet *Éloge* offrait aux livres une place centrale. J'ai bien conscience que ce monde-là, celui des amoureux de la littérature, est en train de s'effondrer comme la banquise de l'Arctique et de l'Antarctique. Et puis, je me reprends à espérer en contemplant les rayonnages de mes pauvres livres de poche rapiécés achetés en solde juste en face de chez moi à Reims, passage Subé, et lus pour la plupart il y a un bon demi-siècle: la fille du bouquiniste qui me les a vendus est toujours là... Je me dis que tout n'est pas perdu, que mes enfants, mes petits-enfants, mes cadets en journalisme ou en littérature vont peut-être les ouvrir à leur tour et s'enrichir comme je le fus de ces pépites extraordinaires.

Les livres ont un pouvoir considérable. Les populistes de tout poil s'en méfient, ils les trouvent dangereux. Ils n'aiment pas les concentrés de culture, de dérision, de réflexion, de liberté que constituent ces petits objets qui de surcroît ont l'insolence d'être nomades tant ils sont légers, pliables... On les glisse dans un sac, une poche... Les livres sont imperméables à l'interdit. Et les écrivains maudits – parce qu'ils furent pour la plupart rêveurs en quête d'absolu, insatisfaits du monde tel qu'il est, «voleurs de feu», rebelles, tapageurs, insoumis – écrivirent les livres les plus transgressifs qui soient. C'est aussi pour cela qu'ils me sont chers. Arthur Rimbaud ne voyait-il pas le poète comme « le grand malade, le grand criminel, le grand maudit – et le suprême savant ! – car il arrive à l'inconnu ! » ? Oui, les Maudits sont des explorateurs de *terra incognita,* des défricheurs, des hommes et des femmes dans les limbes. Les lire, c'est accéder à l'inconnu.

À l'infini.

Table

Cet ouvrage a été achevé d'imprimer
en août 2017 dans les ateliers de
CPI France

N° d'imprimeur : 142595
Dépôt légal : octobre 2017
ISBN : 978-2-84876-640-9
Imprimé en France